Australien in 100 Tagen

Das Buch zum Film

MANA

Inhalt

Infokästen

JETZT IM KINO!

AUSTRALIEN
IN 100 TAGEN

EIN FILM VON: SILKE SCHRANZ UND CHRISTIAN WÜSTENBERG

PRODUKTION UND VERLEIH: COMFILM.DE   BUCH ZUM FILM: MANA VERLAG

INFOS ZUM FILM: WWW.AUSTRALIENFILM.DE

MIT FREUNDLICHER UNTERSTÜTZUNG VON:

BOOMERANG REISEN

Vorwort

„Das schafft ihr nie!", sind die spontanen Worte einer Australierin. Ihr erzählen wir, dass wir in 100 Tagen den gesamten Kontinent Australien bereisen wollen. Sie schüttelt den Kopf. „Das ist viel zu wenig Zeit! Wisst ihr denn, wie groß diese Insel ist?" „Oh ja", lächeln wir sie an und winken mit unserer riesigen Landkarte. Mit dem Finger fahren wir grob unsere Strecke ab, fast einmal um Australien herum. Sie schaut uns mit großen Augen an und wünscht uns viel Glück. „Ich beneide euch, es gibt so viel zu sehen und zu erleben. Aber auch so viel zu fahren! Vergesst nicht: It's a big country!" Ja, es ist ein großes Land, aber wir lassen uns davon nicht abschrecken. Wir wollen den Kontinent entdecken und unseren neuen Reisefilm drehen. „Australien in 100 Tagen" soll er heißen. Der Name ist Programm.

Damit wir zur richtigen Jahreszeit am richtigen Ort sind, brauchen wir dringend Hilfe von Australien-Kennern. Also rufen wir die Spezialisten von Boomerang Reisen an. Der Chef, Andreas Macherey, ist schon rund 50 mal in Australien gewesen. Ein paar Tage später brütet er mit uns über der Landkarte und lässt einen Tipp auf den anderen folgen: „Hier, zum westlichsten Punkt Australiens, den Steep Point, da müsst ihr unbedingt hin! Mit dem Allradfahrzeug geht's über eine hügelige Sandpiste bis zum rauen und wilden Westkap", sagt er begeistert „Ist nur ein Umweg von schlappen 300 Kilometern, aber das müsst ihr gesehen haben!" Über den Daumen gepeilt kommen wir auf gut 20.000 Kilometer, die wir in dreieinhalb Monaten zurücklegen wollen. Wenn wir alle seine Tipps beherzigen, dann kommen noch mal 5000 Kilometer dazu.

Und so sieht unsere grobe Route aus: Wir starten Anfang September in Perth, dort hat dann gerade der Frühling begonnen, und wir haben 35 Tage Zeit, um vor Beginn der Regenzeit in Darwin im Norden anzukommen. Mit dem Flieger geht's ins Rote Zentrum. Eine Woche sind wir rund um Alice Springs unterwegs, schauen uns den Uluru (Ayers Rock) und das Outback an und fliegen dann Ende Oktober nach Cairns an die Ostküste. Diese fahren wir runter über Brisbane, Sydney und Melbourne. Kurz vor Weihnachten, mitten im südaustralischen Frühling, kommen wir dann in Adelaide an. Wir hoffen auf viele Sonnenstunden, denn das ist die wichtigste Voraussetzung bei einer Reise mit der Kamera. Nur dann sind die Farben schön knackig und die Bilder verursachen bei unseren Zuschauern akutes Fernweh.

Unsere Reise hat durch die fest gebuchten Flüge einige Fixpunkte, aber wir entscheiden vor Ort, wo wir lang fahren und welche Geschichten wir erzählen wollen. Da wir im Westen mit dem Offroad-Camper und im Osten mit einem Wohnmobil unterwegs sind, können wir flexibel aufs Wetter reagieren und der Nase nach fahren. Und weil es nach 100 Tagen Australien noch viel mehr zu erzählen gibt, als wir in einem abendfüllenden Film unterbringen können, gibt es dieses Buch. Es ist das Buch zum Film, die Geschichte zur Reise und es sind unsere Tipps zum Nachreisen.

Silke Schranz und Christian Wüstenberg

Kapitel 1

Perth - Darwin

Anreise, 1. bis 35. Tag

Unsere Highlights:

- Die Pinnacles im Nambung Nationalpark sind Gesteinsformationen, die aussehen wie Hinkelsteine. Die schönsten Bilder gibt's bei Sonnenauf- oder untergang.
- Am Turquoise Bay im Ningaloo Marine Park schnorcheln gehen und sich mit der sanften Strömung über die bunte Korallenwelt treiben lassen.
- Einen Abstecher nach Tom Price machen und sich anschauen, wie Eisenerz abgebaut wird. Die Erde ist blutrot und die Mine gigantisch groß.
- In Monkey Mia in der Shark Bay eine Indigenous Tour mit Capes mitmachen. Wir lernen viel von ihm über das Land und die Kultur der Aboriginals.
- Über eine abenteuerliche Schotterpiste zum Cape Leveque fahren und auf dem Campingplatz im Kooljaman Resort mit Blick aufs türkisblaue Meer übernachten.
- In den Kimberleys durch die Höhle des Tunnel Creek wandern. Die Dunkelheit, die Flughunde und die Krokodile sorgen für ein echtes Abenteuer.
- Im Kakadu Nationalpark zu den Jim Jim-Falls fahren. Die Geländewagenstrecke ist eine Belastungsprobe für Mensch und Maschine. Der 215 Meter hohe Wasserfall ist auch in der Trockenzeit mit einem kleinen tröpfelnden Rinnsal ein spektakulärer Anblick.
- Den Litchfield Nationalpark mit seinen vielen Wasserfällen, natürlichen Pools und den riesigen Termitenhügeln erkunden.

Erste Woche

Anreise /
Von Perth bis Kalbarri

Flug Frankfurt – Singapur, 14225 km

Wir schwitzen. Hinten haben wir knapp 19 bzw. gute 17 Kilo festgeschnallt, vorne beide mehr als zehn und wir rennen zur Bahn. Wie immer sind wir viel zu spät, weil einer von uns immer noch mal durch die Wohnung galoppiert: Heizung „auf Urlaub" gestellt? Den Müll rausgebracht, auch gelbe Tonne? Herd ausgestellt? Szenen einer Abreise. Wir joggen zur U-Bahn, wenn man das überhaupt joggen nennen kann. Wie ein Magnet hält uns die Schwerkraft am Boden, es ist mehr ein hilfloses Dahingehüpfe. Karte ziehen, die U-Bahn fährt ein, wir erlösen uns von Vorder- und Hintergepäck, blicken nochmals hektisch in unsere Tasche, ob Tickets und Pässe da sind...

100 Tage Australien plus vier für An- und Abreise liegen vor uns. In Deutschland merken wir im September schon die Vorboten des Herbstes und erinnern uns mit Grausen an den letzten eiskalten Winter. In Westaustralien hat gerade der Frühling begonnen.

Am Flughafen gibt es glücklicherweise keine langen Schlangen am Schalter und wir können ohne jegliche Wartezeit bei Singapore Airlines einchecken. Jetzt die letzte Hürde: die Sicherheitskontrolle. Aus Erfahrung wissen wir, dass wir mit unseren Kameras im Handgepäck erstmal freundlich, aber bestimmt, in ein kleines Kämmerlein gelotst werden. Dort sitzt dann einer der Kontrolleure mit Gummihandschuhen und untersucht die Kameras auf Sprengstoff.

Dieses Mal fordert man allerdings keine zeitraubende Privataudienz. Das liegt wahrscheinlich daran, dass unsere Kameras kleiner sind als bisher. Für „Australien in 100 Tagen" sind wir auf die Canon 5D-

Spiegelreflexkamera um-
gestiegen. Wir haben die
Kamera getestet und waren
von den Ergebnissen be-
geistert. Die 5D hat einen
vollformatigen Sensor und
zeichnet Filme in FullHD,
also 1920x1080p auf. Durch
den großen Sensor und die
damit verbundene Schärfen-
tiefe bekommen die Bilder
einen Film-Look, denn es
ist möglich, nur das Objekt,
das man im Fokus haben
möchte, scharf darzustellen
und alles im Vorder- und
Hintergrund unscharf. Das

*Skyline des Stadtstaates Sin-
gapur, der flächenmäßig der
kleinste Staat Asiens ist*

bekommen sonst nur wahnsinnig teure Filmkameras hin, deren An-
schaffung unser Budget gesprengt hätte. Obwohl als Fotokamera kon-
zipiert, wird die 5D wegen der überragenden Filmfunktion eher von
Filmern als von Fotografen genutzt. Ein weiterer großer Vorteil neben
der Bildqualität ist für uns, dass die Kamera im Vergleich zu Filmkameras leichter ist. Dadurch sind wir viel flexibler, weil wir damit am
Tag problemlos 20 Kilometer wandern können, ohne dass uns gleich
die Arme abfallen. Im Kamerarucksack haben wir ein Weitwinkel-
16-35mm, ein 24-105mm-Objektiv, ein 70-300mm-Objektiv und ein
100er-Makroobjektiv dabei.
Außerdem begleitet uns als zweite Kamera eine Canon XF100. Klein,
handlich und Full HD, aber mit kleinerem Sensor. Gut für alle Re-
portage-Situationen, denn der Bereich, der im Bild scharf ist, ist hier
viel größer. Für Unterwasseraufnahmen haben wir uns eine GoPro
mit verschiedenen Halterungen zugelegt. Wir hoffen mit dieser Ausrüstung die richtige Wahl getroffen zu haben. Ein Drehbuch haben
wir nicht im Gepäck, denn wir können ja im Vorfeld nicht wissen, was
uns alles begegnet. Wir vertrauen unserer Neugier und dem Kontinent Australien, dass im Verlauf der Reise tolles Filmmaterial für unser Projekt zusammenkommt.
„Bing! Captain is speaking, we welcome you on board...“ Wir machen
es uns im Flugzeug gemütlich und haben Glück: Es sitzen nur nette, gut

riechende Menschen um uns herum und die Filme im Bordprogramm beschäftigen uns einige Stunden. Die Stewardessen und Stewards sind supernett. Die Frauen tragen tolle Sarongs, was nicht so förmlich oder spießig wirkt wie die übliche Kleidung bei einigen europäischen Fluggesellschaften. Man mag über das Essen im Flugzeug denken, was man will, aber wir finden, dass man die heute servierten asiatischen Nudeln, Curries und leichten Reisgerichte besser verträgt als so ´ne olle Schuhsohle, die man sonst gern aufgeklapptisch bekommt. Der Flug nach Singapur dauert 11 Stunden. Nach dem Mitternachtsabendessen werden die Luken dichtgemacht und das Licht gedimmt: Schlafen ist angesagt. Ist immer wieder komisch zuzusehen, wie jeder so seine Schlafstellung sucht. Der eine findet sie schnell und schläft mit zurückgeklapptem Nacken und offenem Mund sofort ein, der Seitenschläfer windet sich, bis er in Klappmesserstellung völlig übermüdet zusammensackt. Der Wein zum Essen verleiht uns die nötige Bettschwere und wir können ein paar Stunden Schlaf ergattern. Unser erster Tipp in diesem Buch lautet: Einen Abendflug buchen, dann verträgt man die Zeitumstellung am besten und ist nicht so müde bei der Ankunft. Und auf einen großen Sitzreihenabstand achten. Jährlich werden die besten Fluggesellschaften ausgezeichnet, ein Blick ins Internet verrät, wer sich da hervortut. Ankunft in Singapur ist nach Ortszeit 16 Uhr, nach unserer Zeit 10 Uhr morgens.

Flug Singapur – Perth, 3919 km

Man hat uns zwar sechs Stunden unseres Lebens geklaut, aber im Dezember bekommen wir sie ja wieder geschenkt. Wir haben Glück, unser Flug kommt in Singapur am benachbarten Flugsteig zum Anschlussflug nach Perth an, unsere Sitznachbarin hatte uns schon darauf vorbereitet, dass es von Terminal eins nach Terminal drei knapp 45 Minuten dauern kann. Um uns die Beine zu vertreten, trotten wir durch den Flughafen. Kostenlose Internetnutzung für 15 Minuten macht uns glücklich, und dann finden wir den Butterfly Garden. Über zwei Stockwerke tummeln sich dort viele Schmetterlingsarten, die es nur in Singapur und Malaysia gibt. Sie lassen sich von Ananashälften anlocken und von unserer Kamera glücklicherweise nicht stören. Die Schmetterlinge sind handtellergroß und schön gemustert, die Blumen duften und bei 35 Grad und gefühlter 100% Luftfeuchtigkeit kommen nicht nur wir, sondern auch unsere Kameras ins Schwitzen.

Vier Stunden 40, so kündigt der Kapitän an, dauert der Flug nach Perth. Ist ja ein Klacks! Wir haben uns abgewöhnt auf die Uhr zu schauen und fliegen daher ohne jegliches Zeitgefühl auf einen anderen Kontinent. Ankunft dort: 23:30 Uhr Ortszeit. Wir stehen in einer langen Schlange zur Einreise, hoffen, unser Einreiseformular im Flugzeug richtig ausgefüllt zu haben („Deine drei Komma fünf Monate sehen aus wie 35 Monate, so lange haben wir kein Visum, das gibt Ärger!") und begegnen zwei ausgesprochen netten Einreiseformular- und Reisepasscheckerinnnen, die uns nach nur einer Minute ins Land lassen. Wir scheinen einen vertrauenserweckenden Eindruck gemacht zu haben. Zum Glück haben wir alle Essensvorräte aufgegessen, denn alle, die das nicht getan und auch noch auf dem Formular bei der Frage „Haben Sie Essen im Gepäck?" ihr Kreuzchen bei „Nein" gemacht haben, bekommen spätestens jetzt Ärger. Der Koffer wird bei der Einreise durchleuchtet und es bleibt eben nichts verborgen.

Da so spät keine Busse mehr fahren, nehmen wir uns ein Taxi und rollen Richtung Perth City. 38 Australische Dollar (AUD) kostet eine Fahrt in die Innenstadt. Es ist Freitagabend und aus den umliegenden Pubs hören wir gut gelaunte, feiernde Menschen. Schade, dass wir so müde sind. Wir fallen um 2 Uhr nachts ins Bett.

Westaustralien

Westaustralien ist nicht nur eine geografische Bezeichnung, sondern auch der Name des größten Bundesstaats, der ein Drittel von Australien einnimmt, oder eingedeutscht ausgedrückt: Die Bundesrepublik würde sieben mal hineinpassen. In diesem riesigen Gebiet wohnen 2,3 Millionen Menschen (in Deutschland sind es über 80 Millionen), das sind umgerechnet auf den Quadratkilometer 0,91 Menschen. Das gern zitierte australische „a whole lot of nothing", also eine ganze Menge Nichts zwischen zwei Ortschaften, beschreibt die Einsamkeit und Abgeschiedenheit dieses Bundesstaats sehr treffend. Für die meisten Reisenden macht dies aber wohl gerade den Reiz Westaustraliens aus. Trotzdem haben wir uns dort niemals allein gelassen gefühlt. Alle Autofahrer grüßen sich und sobald jemand am Straßenrand steht, drosseln die Fahrer die Geschwindigkeit und fragen, ob alles in Ordnung ist. Supermärkte gibt's zwar nicht an jeder Ecke, aber genauso wie Tankstellen und Campingplätze sind sie auch in kleineren Orten zu finden. Das Abenteuer hält sich in Grenzen, wenn man in Westaustralien auf den Hauptrouten unterwegs ist. Die interessanten Ziele liegen allerdings oft am Ende einer langen Sand- oder Schotterpiste. Für Westaustralien lohnt sich also ein Geländefahrzeug. Da viele Gebiete ausgewiesene Nationalparks sind, für die man jeweils um die 10 -15 AUD Eintritt bezahlen muss, empfehlen wir einen Nationalpark-Holidaypass, der für ca. 40 AUD fast alle Parks abdeckt. Bevor es nun losgeht, wollen wir noch mit einer Mär aufräumen: Wann immer jemand „Westaustralien" sagt, heißt es oft „Igitt, da gibt's doch so viele giftige Tiere: Schlangen, Skorpione, Spinnen...!" Mag sein, wir haben jedoch in einem Monat außer einer Schlange und fetten Krokodilen nichts gesehen, wovor wir hätten Angst haben müssen. Wer aufmerksam unterwegs ist, dem kann so gut wie nichts passieren. Viele Urlauber werden wohl hauptsächlich deshalb von den gefährlichen Tieren erzählen, um sich bei ihren Freunden zu Hause als Abenteurer feiern zu lassen…

Perth ist die Hauptstadt Westaustraliens und in ihrem Dunstkreis leben 1,5 Millionen Menschen von den insgesamt 2,3 Millionen Westaustraliern, sodass für den riesigen Rest kaum noch jemand übrig bleibt. Was den Staat so reich macht, sind die Rohstoffe, die im Boden schlummern. Besonders Eisenerz, Nickel und sogar Diamanten werden abgebaut. Da die meisten Firmenzentralen in Perth stehen und hier big business betrieben wird, gibt's hier eine stattliche Ansammlung von Hochhäusern und Menschen mit richtig viel Schotter.

Westaustralien, das flächenmäßig größte Bundesland Australiens trägt in seinem Wappen und auf der Flagge den Schwarzen Schwan

Tag 1, Perth, sonnig, 22 Grad

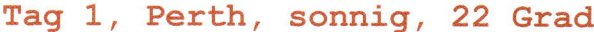

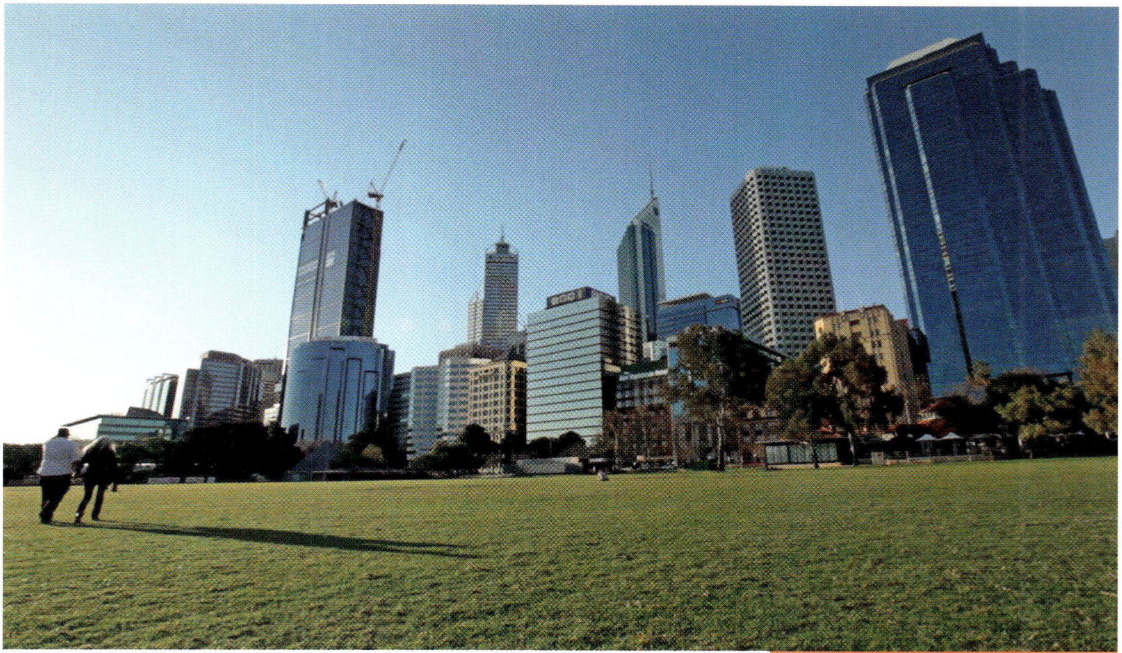

Perth ist berühmt für seinen strahlend blauen Himmel. Deshalb sind die Perther auch immer so gut gelaunt

Perth ist bekannt dafür, dass es hier viele Selfmade-Millionäre gibt. Man kann uns nicht gerade nachsagen, dass wir uns in Schicki-Micki-Kreisen bewegen, am Hummerschwanz knabbern und uns aus mangelndem Selbstbewusstsein irgendwelche Statussymbole angeschafft haben. Trotzdem möchten wir gerne mal wissen, was so besonders am Leben der Reichen und Schönen ist und wie es sich anfühlt, einen Tag auf einer dieser überdimensional großen Yachten zu verbringen. Aus diesem Grund haben wir schon von Deutschland aus Kontakt zu Claude aufgenommen, seines Zeichens Immobilien-Tycoon, der uns zu einem Ausflug auf seiner Yacht mitnimmt. Perth von der Wasserseite aus zu sehen, sei so beeindruckend, das dürften wir uns nicht entgehen lassen, meint Claude. Und tatsächlich ist dieser Ausflug ein Hammer! Im Sportboothafen wimmelt es von Motoryachten, die bei 2 Millionen Euro Anschaffungspreis überhaupt erst anfangen. Claude hat den richtigen Riecher, wenn es um den Verkauf von Immobilien geht, deswegen kann er sich so eine Yacht leisten. Es gebe in Australien wenig

Der Immobilienmakler Claude zeigt uns an Bord seiner Luxusyacht (unten rechts) Perth von der Wasserseite. 2600 PS bringt das Boot aufs Wasser

Neider, wenn man Erfolg hat, sagt er. Wer im Geld schwimmt, gibt es für Dinge aus, die Spaß machen. Auf Markenklamotten, Schuhe, Autos und sonstige Statussymbole pfeifen die Australier. Am liebsten latschen sie barfuß und mit Badeshorts durchs Leben. Mit an Bord sind Claudes Freunde Marc, dessen Frau Emma und Tochter Thalia. Als sie hören, dass wir gerade mal zehn Stunden in ihrem Heimatland weilen, stoßen sie mit uns mit leckerem australischen Weißwein auf unsere Ankunft und unsere bevorstehende Reise an und erzählen, was Australien für sie so besonders macht. Marc ist vom Spirit begeistert, das Leben – und besonders das in Perth – sei so unbeschwert. Er zeigt auf den strahlend blauen Himmel und erklärt, dass dies der Normalfall sei. Und weil immer die Sonne scheint, seien die Menschen hier eben bester Dinge, sagt er. Heute, am 10. September, vergleichbar mit dem deutschen März, sind es tagsüber 25 Grad. Als wir ablegen, fühlt es sich auf Grund der Größe der Yacht eher an, als würden wir mit einer Fähre fahren. Über den Swan River heizen wir mit schlappen 2600 PS direkt auf die Skyline von Perth zu. Die Hochhäuser wecken Erinnerungen an Frankfurt, aber die Sonne, die frische Brise und die salzige Seeluft verscheuchen den Gedanken an die sticke Stadtluft zu Hause. Weil sich Perth über eine riesige Fläche verteilt, sieht man ihr die Millionenmetropole nicht an. Es gibt eine überschaubare Shoppingzone, eine Ausgehmeile und eine alternative Fress- und Kunstmeile. Die Mischung macht's. Auch bei den Einwohnern: An Bord der

Yacht sind zwar alle dem Pass nach Australier, aber da zumindest die weißen Australier immer irgendwelche Vorfahren aus anderen Ländern haben, lebt Australien auch von den vielen verschiedenen Kulturen, die die Einwanderer mitgebracht haben. Marcs Frau Emma ist Halbitalienerin, in Australien geboren, und sie erklärt uns, dass besonders in Perth das multikulturelle Leben pulsiert. Wir kommen aus dem Quatschen mit den Vieren gar nicht mehr raus, vieles davon nehmen wir mit der Kamera auf und unsere Chipkarten laufen zum ersten Mal heiß. Schade, dass Claude uns schon wieder Richtung Hafen schippert. Er muss heute noch ein paar Runden in seinem Rennwagen drehen. Was Millionäre halt so machen…

Nicht nur Europäer bevölkern Perth, auch aus dem Rest der Welt kommen viele Einwanderer. Wir sehen auf der Straße viele Vietnamesen, Inder und Afrikaner und an jeder Ecke bekommen wir andere kulinarische Highlights geboten. Viele Glashochhäuser stehen neben alten Fassaden, die sehr englisch aussehen. Besonders die nebeneinander stehenden Gegensätze finden wir schön und filmen sie. Abends bringen wir die Kameras aufs Hotelzimmer und folgen einem Reiseführer-Essenstipp auf der William Street. Ein schlichtes vietnamesisches Restaurant mit dem Charme einer Bahnhofshalle mit Neonröhren an der

17

Decke. Wir sehen aber von außen, dass es rappelvoll ist, was meistens ein Garant dafür ist, dass es auch gut schmeckt. Das Laksa-Curry und das Reisgericht mit vietnamesischen Kräutern sind dann auch echt lecker. Da wir als Australien-Frischlinge nicht auf die Details geguckt haben, trinken wir statt Wein ein Glas Wasser, denn das Restaurant ist wie so viele ein BYO - Laden („bring your own"). Es gibt Restaurants, die keine Lizenz zum Alkoholausschank haben, was nicht bedeutet, dass man auf dem Trockenen sitzen bleiben muss. Wer also Bier oder Wein zum Essen will, kann sich etwas mitbringen und ohne schlechtes Gewissen auspacken und trinken, manchmal zahlt man Korkgeld. Eine komische Vorstellung, unser eigenes Gesöff mitzubringen und auf den Tisch zu stellen, aber wir werden uns sicher daran gewöhnen.

Ein vietnamesisches Restaurant mit dem Charme einer Bahnhofshalle

Übrigens, sich mit Bargeld einzudecken, ist in Australien kein Problem. Mit Euroscheckkarte oder Kreditkarte kann man an den unzähligen Geldautomaten australische Dollar holen. Für uns lohnt sich auch eine australische Sim-Karte fürs Handy. Allerdings machen wir den Fehler, auf die günstigen Preise von Vodafone reinzufallen. Günstig wird es tatsächlich für uns, aber nur weil wir an der Westküste mit Vodafone so gut wie kein Netz bekommen. (An der Ostküste hingegen funktioniert es problemlos.) Dann doch lieber für die abgelegenen Gebiete Telstra nehmen, die australische Telekom.

Tag 2, Perth – Yanchep Lagoon, 109 km, sonnig 23 Grad

Wir fahren mit dem Bus zur Mietwagen-Abholstation von Britz in der Nähe des Flughafens und bekommen einen 4WD - Geländewagen mit aufstellbarem Dach, „Challenger" heißt das Modell. Bei dem Auto, das von außen riesig aussieht, wurde an alles gedacht: Schränke mit Kochgeschirr, ein geräumiger Kühlschrank, Stromkabel für die Steckdosen auf den Campingplätzen, Wassertank, Gasflasche, Klappschaufel, Abschleppseil, Wäscheleine und vieles mehr. Innen gibt's eine Couch, eine Küchenarbeitsplatte und wenn das Dach aufgestellt ist, ein Schlafzimmer. Die „gasflammige Küche" und das „Allwetter-Wohn-und Esszimmer" sind unter freiem Himmel.

Da wir das Zusatzpaket gebucht haben, bekommen wir Schlafsäcke, Kopfkissen, Laken, einen Tisch und zwei Campingstühle sowie Handtücher gleich mit dazu. Für die nächsten 34 Tage leben, wohnen und arbeiten wir in dem Geländewagen. Das Verstauen unserer Rucksäcke erweist sich aber noch als intellektuelle Herausforderung. Anschließend lassen wir uns mit Hilfe einer deutschsprachigen DVD in

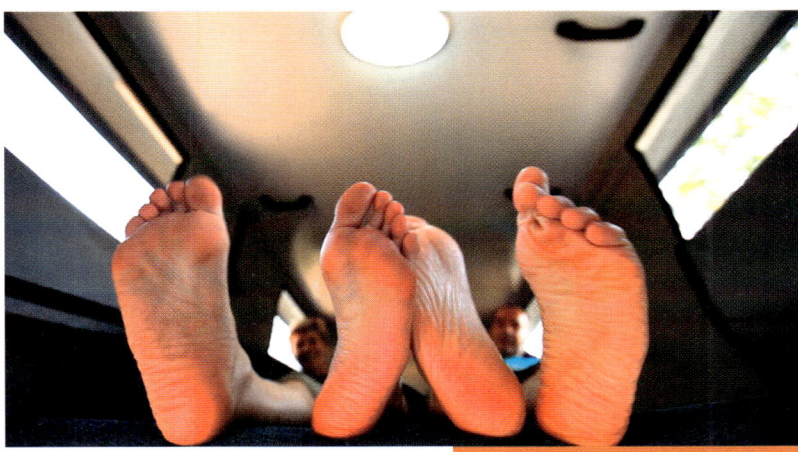

„Britz" präsentiert uns ein geländegängiges Wohnmobil mit allen Schikanen

die Geheimnisse des Geländewagens einweihen und überprüfen unser Gefährt ausgiebig. Dann geht es los. An den Linksverkehr müssen wir uns erst wieder gewöhnen. Wollen wir blinken, betätigen wir den Scheibenwischer und auch das Schalten geht mit links – eigentlich, aber stattdessen knallen wir mit der rechten Hand ans Fenster. Wir schaffen es dank des Navigationssystems bis zum Hotel und checken aus. Nachmittags fahren wir zum Kings Park. Es scheint so, als ob

Der Kings Park in Perth

sonntags sämtliche Bewohner Perths einen Picknickausflug in den vier km² großen Park machen. Eine Band spielt, Kids vergnügen sich am Springbrunnen, Leute liegen im Schatten der Bäume. Der Park liegt etwas oberhalb der Stadt auf einem Hügel und bietet einen tollen Ausblick auf die Skyline und den Swan River.

Dennoch wollen wir raus aus der Stadt, denn die wahren Schönheiten Australiens sollen ja mitten in der Pampa liegen. Bis Darwin haben wir in den kommenden 35 Tagen etwa 7500 Kilometer plus Abstecher vor uns. Außerdem wollen wir morgen zu den Pinnacles - außergewöhnliche Gesteinsformationen - 200 Kilometer nördlich von Perth, also machen wir Strecke. Da es schon reichlich spät ist und die Sonne im September kurz nach sechs Uhr untergeht, müssen wir uns um einen Schlafplatz kümmern. Die Australier haben uns den Rat gegeben, bloß nicht im Dunkeln zu fahren, weil da viele Kängurus, Wallabies und anderes Getier aus dem Gebüsch auf die Straße hüpft. Kaum haben wir Perth hinter uns gelassen, können wir uns auf der Landstraße direkt davon überzeugen, dass die Aussies Recht hatten. Die ersten fünf Kängurus, die wir in Australien sehen, liegen leider tot am Straßenrand…Zum Übernachten haben wir uns für einen kleinen Ort namens Yanchep entschieden, 50 Kilometer nördlich von Perth an der Küste. Dort soll es laut Karte einen Campingplatz geben. An der Hauptstraße weist ein riesiges blaues Schild zum Campingplatz. Wir fahren nach Yanchep rein - und auf der anderen Seite wieder raus, kein weiteres Schild in Sicht. Acht Kilometer weiter landen wir am Strand von Two Rocks. Auf einem kleinen Parkplatz treffen wir ein deutsches Rentnerpärchen mit Campingbus, das wir fragen, ob wir hier stehen bleiben können. „Das weiß nur der da oben", antwortet der Mann, „wir hatten aber bisher wenig Probleme und stehen immer wild". Wir klappen also unser Dach aus und gehen zum gemütlichen Teil des Abends über. Die erste Campingnacht begießen wir mit einem australischen Rotwein. Es dauert keine Stunde, da kommt ein Auto angefahren, ein Typ steigt aus und klopft an die Seitentür. „Hello – you have to move, camping is not allowed". Mist, denken wir: Campen ist nicht erlaubt, aber auch nicht trinken und Auto fahren. Die Promillegrenze liegt bei 0,5. Wir wollen uns natürlich keine der gefürchteten australischen „Fines" einhandeln. Die Geldstrafen müssen wohl nach den Sternen, den Ölpreisen oder dem Gusto von ein paar Spießern berechnet worden sein, denn alles, was Spaß macht, kostet horrende „Fines", „Penalties", „Prosecutions", die gleich mehrere hundert Dollar betragen. Das Schlimmste, was man in Australien machen kann, ist, die Regeln zu übertreten, die sich ein paar Leute am Schreibtisch ausgedacht haben. Da auch das Rentnerehepaar sofort geflohen ist,

Die fünf ersten Kängurus, die wir sehen, liegen tot am Straßenrand

bleiben wir mit unserem Geländewagen lieber auch nicht stehen, fragen aber noch den netten, jedoch sehr bestimmten Kontroletti vom Council, wo wir uns denn nun hinstellen dürfen. Er empfiehlt uns die acht Kilometer entfernte Yanchep Lagoon, wo sie es nicht so ernst mit dem Campingverbot nähmen. Nun gut, andere Dörfer, andere Sitten. Wir tuckern also acht Kilometer weiter. Vor Müdigkeit fallen uns fast die Augen zu, doch wir finden den Platz, hören das Meer rauschen und bauen das Bett. Dafür müssen wir erst einmal die Gepäckstücke von rechts nach links räumen, die Schlafsäcke von links nach rechts und dann nach oben, den Einkauf in den Schrank, und der Rest wie Klappstühle und große Wasserflaschen bleiben da, wo sie sind. Es gibt für unsere Ausrüstung nicht genug Stauraum und einer von uns beiden ist dem anderen immer im Weg. Auf Augenhöhe bugsieren wir drei Holzplatten auf zwei Meter Länge aneinander, es kommen drei Matratzenteile drauf, ein Laken und die Schlafsäcke - und fertig ist das Bett. Was wir nicht so recht bedacht haben: In dem Pop-Up-Dach aus Zeltstoff ist es nachts bei acht Grad Außentemperatur drinnen auch nicht gerade viel wärmer, also frösteln wir uns so durch die Nacht.

Tag 3, Yanchep Lagoon – Coronation Bay, 255 km, sonnig, 24 Grad

Am nächsten Morgen wachen wir früh auf und schieben die Vorhänge zur Seite: Eine grandiose Kulisse! Wir stehen tatsächlich direkt am türkisblauen Meer, wie man es eher in der Karibik vermuten würde. Dass das Meer hier im Südwesten so exotisch anmutende Farben hat,

Zimmer mit Aussicht: Nach unserer ersten Nacht im Camper wachen wir mit Blick auf türkisblaues Meer auf

Unsere erste Offroad-Erfahrung: Sanddünen bei Lancelin

hätten wir nicht gedacht. Und hinter uns öffnet gerade die Strandcafeteria. Perfekter Start in einen sonnigen Tag. Wir fahren weiter Richtung Norden und machen Halt in Lancelin, 110 Kilometer von Perth entfernt. Die schönsten und größten und weißesten Dünen soll's hier geben. Na und, schon mal auf einer ost- oder nordfriesischen Insel gewesen? Ausgeschildert sind die Dünen nicht, aber am Ende des Ortes folgen wir einem einfachen Schild, das auf eine 4-Wheel-Drive-Strecke hinweist. Dann verschlägt es uns die Sprache. Eine ausladende Dünenlandschaft liegt vor uns, so weiß wie Schnee, was unfassbar toll aussieht zu dem blauen, wolkenlosen Himmel. Also dann mal rein ins Gelände, der dazu passende Wagen juchzt und wir fahren um die Dünen herum. Ohne Sonnenbrille ist der Kontrast nicht auszuhalten. Und wir müssen zugeben: Der Sand ist noch feiner als auf Amrum oder Juist. Lime Stone ist das, also Kalksandstein, von der Natur extra fein gemahlen, wie Mehl, und genauso weich.

Nun machen wir unsere erste Offroad-Erfahrung. Als wir stecken bleiben, erinnern wir uns an die Einweisung bei Boomerang Reisen in Trier, wo wir extra an einem 4WD- Schnupperkurs teilgenommen haben. An den Rädern gibt es Schrauben, die man um 90 Grad auf die „Lock"- Position stellen muss, damit das Differential nicht mehr greift und die Räder im Sand nicht durchdrehen. Und siehe da: Es funktioniert! Unser Auto bewegt sich wie ein Panzer vorwärts durch den tiefen Sand. Schön, dass wir die mitgelieferte Schaufel nicht schon heute auspacken müssen. Der Ausflug hat sich schon mal gelohnt. Gegen Abend fahren wir Richtung Nambung National Park zu den Pinnacles.

Die Pinnacles vor Sonnenuntergang

Hunderte und tausende von Steinsäulen stehen hier von ganz klein bis überlebensgroß. Wir fahren in den Nationalpark rein und kommen uns schlagartig wie auf dem Mond vor. Wie in einer Kunstausstellung stehen in kargem Gelände Statuen aus Stein in Reih und Glied. Wie Hinkelsteine, so weit das Auge reicht.

Kaum zu glauben, dass die Dinger nicht dahingestellt worden sind, sondern dass die Natur das Ganze im Laufe der Jahrtausende so geformt hat. Auf Sanddünen wachsende Pflanzen drangen mit ihren Wurzeln in den unter den Dünen liegenden Kalksandstein ein. Das Wasser in den Wurzeln reagierte mit dem Kalk. Die Wanderdünen wanderten weiter, die Pinnacles blieben. Um die Säulen führt eine einspurige Besichtigungs-Auto-Strecke. Um kurz vor 5 Uhr abends kurven wir nur mit wenigen anderen durch das Gelände. Am schönsten lassen sich die Gesteinsformationen bei Morgen- oder Abendlicht ablichten, dann bekommen sie lange Schatten und die Sonne strahlt sie orangerot an. Ein ganz besonderes Spektakel ist auch das, was sich auf der Besucher-Route tut. Eine japanische Kleingruppe besteigt gegen die Vorschriften des Nationalparks jeden Stein und kreischt dabei weithin hörbar, eine amerikanische Gruppe macht sich gar nicht erst die Mühe auszusteigen, sondern „Drive-In-Sightseeing". Nur eine Handvoll Urlauber bleibt, bis die Sonne untergeht, und wird belohnt durch das Schauspiel der Farben von orangerot bis dunkellila. Heute ist Vollmond, also bleiben wir noch eine Viertelstunde länger in der Dämmerung stehen, um dann auf der anderen Seite über den Steinen den Mond aufgehen zu sehen. Heidewitzka, das hätten wir uns in den kühnsten Träumen nicht so schön vorgestellt und finden, das ist tatsächlich ein Muss an der Westküste. Ausgekühlt und mit dem Gedanken an letzte Nacht beschließen wir, den Campingground von Cervantes (25 AUD un-powered) zu nutzen, zur Abwechslung mal das Bett unten auszuprobieren (sehr viel schmaler, aber vielleicht wärmer?) und uns über eine heiße Dusche morgen früh zu freuen. Was uns allerdings nicht sehr freut, ist der Zustand unserer Kameras. Obwohl wir bei den Schotterpisten immer brav die Fenster im Auto schließen und die Lüftung auf Vollgas dre-

Die Pinnacles nach Sonnen-untergang

hen, kommt ganz feiner Staub ins Auto. Besonders Christian hat damit zu kämpfen. Für seine Aufnahmen muss er ständig die Objektive wechseln und einen staubfreien Raum haben wir leider nicht im Gepäck. Hartnäckige Staubkörner verursachen kleine schwarze Punkte auf dem Bild. Wir haben zwar extra Müllbeutel für die Kameras mitgebracht, aber da wir überall drehen, wo wir es schön finden, und ja auch mal die Wegstrecke mit Auto zu sehen sein soll, zieht der Staub in der Kamera bis in die hinterletzte Ecke. Immer wieder die Linse zu reinigen, kostet uns ganz schön viel Zeit. Den halben Abend sind wir damit beschäftigt, unsere Ausrüstung für den nächsten Tag vorzubereiten, die Akkus zu laden und alle paar Tage die Aufnahmen von der Chipkarte auf eine externe Festplatte zu kopieren.

Tag 4, Cervantes – Coronation Beach, 315 km, sonnig, 22 Grad

Stromatolithen am Lake Thetis

Blumenwiese direkt am Highway

Okay, verstanden, 90 Zentimeter Bettbreite sind für zwei zu wenig. Obwohl wärmer und besser gefüttert, nehmen wir ab heute Nacht statt der Sardinen-in-der-Dose-Lage wieder das Hochbett. Wir verlassen Cervantes nicht, ohne uns noch die Stromatolithen am Lake Thetis anzuschauen. Diese sehen laut Reiseführer aus wie Blumenkohlköpfe und dümpeln im seichten Wasser des Sees. Gut beschrieben, finden wir. Optisch nicht gerade spektakulär, aber man nimmt an, dass Stromatolithen Leben auf der Erde überhaupt erst möglich gemacht haben, denn die Fossilien produzieren schon seit sehr langer Zeit Sauerstoff. Die ältesten lebenden Organismen existieren seit etwa 3,5 Milliarden Jahren. Unsere Fahrt geht weiter an der Küste entlang. Rechts und links der geteerten Straße blitzt roter Sand durch, daneben niedrige Büsche, zwischendrin Blumenwiesen in gelb und blau und die Indian Ocean Road verbindet fast schnurstracks einige Kilometer vom Meer entfernt die einzelnen Orte. Die sind zum Teil sehr klein, haben meist aber eine Tankstelle und damit auch einen kleinen Tante-Emma-Laden, aber den Dörfern fehlt bis auf Dongara ein bisschen der Charme. Dafür entschädigt jedes Mal der Ausblick aufs Meer. Im-

mer andere Schattierungen von türkis bis ultramarinblau glitzern uns entgegen. In Geraldton, mit 19.200 Einwohnern die größte Stadt zwischen Perth und Port Hedland, wollen wir unsere Kühlbox neu auffüllen. Aber vor dem Einkauf nutzen wir für die Kameraaufnahmen noch die letzten Sonnenstrahlen.

Wir folgen einem „Scenic Route Drive"-Schild und kommen an einem Leuchtturm vorbei, rot weiß geringelt, da müssen wir natürlich kurz vor Sonnenuntergang noch mal ein Bild machen. Oder auch zwei. Ja, auch drei bis vier. Wie an jedem Tag rennt uns so die Zeit davon. Mit den neuen Bildern im Gepäck fahren wir in die Stadt und stehen vor verschlossenen Ladentüren. Woolworth und wie die anderen Supermärkte heißen machen schon um sechs Uhr zu! Das heißt, nichts mehr zum Frühstücken, Wasser wird wohl reichen, aber kopfschüttelnd stehen wir da, die Stadt ist seit Sonnenuntergang wie ausgestorben. Wir beschließen, noch ungefähr 20 Kilometer zu fahren und am Coronation Beach den Campingplatz zu suchen. 16 Dollar die Nacht, Toilette und Meeresrauschen inklusive. Die Fahrt in der Dunkelheit ist unangenehm, wir überfahren fast ein Känguru, das am Straßenrand frisst, und nehmen uns fest vor, ab jetzt nur noch im Hellen irgendwo anzukommen.

Tag 5, Coronation Beach – Kalbarri, 285 km, Sonne, 28 Grad

Wie sich Kühe fühlen, die von Fliegen geplagt werden, können wir uns spätestens seit heute vorstellen. Seitdem wir Zwischenstopps Richtung Kalbarri einlegen, werden wir von Fliegen gepiesackt. Ständig schwirren die kleinen Dinger in Augen und Ohren, ein Wunder, dass sie nicht den Nebenhöhlen guten Tag sagen. Das einzige Rezept, das scheinbar hilft, ist, sich einfach nicht davon stören zu lassen. Dies ist natürlich immer dann blöd, wenn man gerade ein schönes Motiv vor der Linse hat, die Blende eingestellt, die Schärfe gezogen, gerade die Filmaufnahme gestartet hat – und dann fünf bis zehn Viecher ssssum einem ins Ohr krabbeln. Dabei reflexartig nicht den Kopf zu schütteln, ist hart. Aber Wegjagen bringt gar nichts, es gibt einfach zu viele davon. Unser Ziel ist heute der Kalbarri National Park, berühmt für seine Felsbuchten am Meer und Schluchten am Murchison River. Wir fahren von Northampton die Scenic Route und kommen bald an

Die Steilküste im Kalbarri Nationalpark

der Küste an, wo Wegweiser uns an die verschiedenen „Scenic Places" führen.

Die Küste hier sieht ganz anders aus als die bisherige Dünenlandschaft der letzten paar hundert Kilometer. Zerklüftete Klippen und rotbraune Sandsteinfelsen, die flach übereinander geschichtet wie Pfannkuchen aussehen. Eine Frau erzählt am Aussichtspunkt, dass sie drei Kilometer weiter einen Wal mit Baby gesehen hat. Wir rennen sofort zum Auto, suchen den nächsten Lookout, starren aufs Meer - und sehen einen Buckelwal, der seine Flossen zig mal aufs Meer klatscht. Eine Gruppe Delfine, die an uns vorbeizieht, macht das Bild perfekt.

Buckelwale sind Akrobaten. Weil sie ihre Kunststücke in Küstennähe vorführen, kann man auch Whale Watching von der Küste aus machen

30 km Piste bis zum Murchinson-Nationalpark

Nature's Window, ein Fenster der Natur im Murchinson-Nationalpark

Das Außergewöhnliche am Nationalpark soll die Schlucht des Murchison Rivers sein. Nach einem kurzen Einkauf in Kalbarri geht's nach ca. 12 Kilometer auf Asphalt auf eine Schotterpiste. Der Eintritt in den Park kostet elf AUD und wir rattern 30 Kilometer Richtung The Loop. Der Aussichtspunkt dient als Start- und Endpunkt für eine acht Kilometer lange Wanderung. Von hier aus laufen wir zum „Natures Window". Eine Felsformation, die aussieht wie ein Bilderrahmen. Und natürlich kommen alle Besucher her, setzen sich auf die Steine davor und lassen sich von der Natur eingerahmt fotografieren. Wir verbringen hier fast eine Stunde, weil der Blick so beeindruckend ist. Es ist kurz nach drei Uhr, der perfekte Sonnenstand für den steinernen Bilderrahmen und die Schlucht. Bis wir hier endlich fertig sind mit Gucken und Filmen, dämmert es schon wieder und wir beschließen, den letzten Aussichtspunkt auszulassen. Getreu dem Motto eines Australiers, den wir eben im Felsenrahmen fotografiert haben: „This is such a big country, you can't see everything". Australier sind sehr kommunikativ. Entweder sprechen sie uns wegen unserer Kameraausrüstung an oder einfach nur so. Die immer gleichen Fragen lauten: Wo kommt ihr her? Wo wollt ihr hin? Und dann staunen sie: „Das ganze Land in

100 Tagen bereisen? Oh, das ist schwer!" Und dann kommt wieder der Satz: „It's such a big country." Jeder Australier fügt an dieser Stelle allerdings noch einen ultimativen Reisetipp an. Dankeschön! Alle Tipps haben sich bislang ausgezahlt. Das Weglassen aber macht es nicht gerade einfacher…

Unsere Tage werden immer strukturierter, denn wir versuchen, uns an den Rhythmus der Leute anzupassen. Aufstehen mit der Sonne, also gegen 6:30 Uhr, den Tag nutzen, ab 16 Uhr langsam Land gewinnen und um 18 Uhr die Schicht im Schacht akzeptieren. Auf unserem Campingplatz (35 AUD inkl. Strom) sind jetzt um halb 9 schon alle geschnudelt, gewudelt und gepudelt und haben sich hingelegt. Nur die zwei Touris aus Deutschland sitzen mit ´nem Handtuch aufm Kopp vor ihrem Camper und hoffen, beim Reiseberichtschreiben nicht von den Moskitos aufgefressen zu werden…

Der Murchison River ist der zweitlängste Fluss Westaustraliens. 820 KM schlängelt er sich durchs Land, bevor er in Kalbarri in den Indischen Ozean mündet

Zweite Woche

Von Kalbarri bis Tom Price

Tag 6, Kalbarri – Monkey Mia, 415 km, Sonne, ein paar Wolken, 27 Grad

Seit einer gefühlten Stunde können wir nicht mehr schlafen. Es ist fünf Uhr und aus irgendeinem Zelt spielt ein Wecker eine schlechte Version von „Für Elise", der letzte Ton ist immer voll daneben. Hallo! Kann den jemand mal ausstellen? Wir wollen pennen! So langsam wachen auch die vielen Vögel auf und singen die verschiedensten Melodien direkt über uns im Baum. Es dauert etwas, aber allmählich sickert es in unser müdes Hirn: Der „Für Elise-Sänger" muss wohl auch ein Vogel sein! Bereits um 6:30 Uhr schwingen wir die Beine aus dem Bett. Da die Sonne hier so früh untergeht und abends nicht viel los ist, verschiebt sich der Tag immer mehr nach vorne. So können wir auch länger die wunderbare Landschaft genießen.

Wir fahren am Ortsausgang von Kalbarri zum Wildflower Center. Eine Frau hat dort in Eigeninitiative sämtliche Wildblumen, die es in dieser Gegend gibt, zusammengetragen und einen riesigen Garten angelegt. Die Blüten an den Büschen sind farbenfroh, aber sehr winzig. Was hier in Westaustralien wächst, muss ganz schön viel aushalten. Der Boden ist sandig, von oben brennt tagsüber die Sonne, nachts ist es im Frühjahr sehr kühl und feucht. In den Jahren 2006/2007 gab es eine Dürre, die zum Absterben vieler Bäume und Pflanzen geführt hat. Diese Gerippe stehen jetzt immer noch zwischen den blühenden Pflanzen und im Gegenlicht sehen die abgestorbenen Büsche fast gespenstisch aus. Mit europäischem Maß darf man die Wildblumenblüte nicht messen. Die Pflanzen hier sind auf eine andere Art schön. Da sie kaum Wasser

bekommen, sind die Blüten und Fruchtstände klein. Man muss mit dem Auge schon ganz schön nah herangehen, damit man die Schönheit der Blüten erkennt, oder man hat einfach ein Makro-Objektiv dabei, dann kommen die Blumen bildfüllend zur Geltung.

Heute haben wir uns eine große Etappe vorgenommen, über 400 Kilometer bis nach Monkey Mia hoch, ein Resort mitten im Francois-Peron-Nationalpark an der Shark Bay. Unsere zwei 100-Liter-Diesel-

Im Wildflower Center sind viele Arten von Wildblumen zu sehen, die in Westaustralien wachsen

Tanks gehen langsam zur Neige und es gibt auf dem gesamten Weg nur drei Tankstellen. Die isolierte Lage lassen sich die Tankstellenbesitzer auf dem Lande mit hohen Spritpreisen vergolden. Wer sparen will, sollte also schon möglichst vor Überlandfahrten in größeren Orten tanken. Wer behauptet, in Westaustralien würde sich das Land auf vielen 100 Kilometern kaum verändern, der tut dem Landstrich unrecht. Man muss allerdings ein Auge fürs Detail entwickeln: Manchmal sieht die Vegetation aus wie tausende aneinander gereihte Broccoli, manchmal stehen einzelne hohe Bäume da, oft ist die Erde neben der Asphaltspur richtig rot, manchmal ockerfarben. Im seit 1991 bestehenden UNESCO-Weltnaturerbe Monkey Mia sieht es auf den ersten Blick nicht viel anders aus als auf dem Gelände davor. Aber wir lesen, dass schon im letzten Jahrhundert die Besonderheit der Halbinseln erkannt wurde und ein Zaun errichtet wurde, um die endemische Pflanzen- und Tierwelt zu schützen. Noch heute fährt man durch ein Tor in das Gebiet. „Wuffwuff!", macht es, als wir durch das Tor fahren. „Hast du das auch gehört, Christian? Haben wir einen Hund überfahren?" Wir machen kehrt und fahren wieder aus dem Nationalpark heraus. Just am Gatter hören wir es wieder: „Wuffwuff!" Wir halten an und inspizieren das Tor. Tatsächlich entdecken wir eine Lichtschranke, die einen elektronischen Hund zum Bellen bringt! Ob sich Fuchs und Hase davon wirklich abhalten lassen?

„Wuffwuff" ertönt es aus einem Lautsprecher als wir auf das Gebiet des UNESCO-Weltnaturerbes Monkey Mia fahren

Wir fahren bis ans Ende der Halbinsel und stellen uns auf den Campingplatz auf dem Monkey Mia Resort. Monkey Mia ist kein Dorf, sondern besteht aus einer Anlage mit unterschiedlichen Unterkunftsmöglichkeiten. Es gibt sechs tolle Holzhäuschen mit Blick auf den Strand, ein Feriendorf mit den typischen kleinen Cabins, einen Backpacker mit Doppel- und Mehrbettzimmern und einen Campingplatz. Es ist nett, dass sie hier an jede Geldbeutelgröße gedacht haben. Wer mehr Geld ausgeben möchte, lässt sich abends im Restaurant Kaviar servieren, und wer es nicht so dicke hat, kocht mit anderen Backpackern zusammen etwas in der Gemeinschaftsküche. Bei Sonnenuntergang gehen wir an den Strand. Drei Delfine schwimmen keine drei Meter von uns entfernt am Strand entlang und lassen sich von den Urlaubern ausgiebig bestaunen und fotografieren. Die Rückenflossen glänzen in der Abendsonne. Ein Bild, das glücklich macht... Von so vielen optischen Eindrücken abgelenkt, verpassen wir es, lästige Mücken daran zu hindern, ihren Stachel in unser Fleisch zu rammen. Mit vielen neuen Moskitostichen

Am Strand von Monkey Mia tummeln sich drei Delfine in der Abendsonne

gehen wir Richtung Bar. Wir bestellen einen Seafood Basket. Serviert werden Fish 'n Chips, panierte Calamares und frittierte Shrimps, dazu gibt's einen Salat und Wein.

Tag 7, Monkey Mia, 115 km, Sonne, keine Wolke am Himmel, 28 Grad

Schon seit den 60er Jahren kommen in Monkey Mia fast täglich Delfine bis an den Strand. Als Ninni Watts 1964 vom Fischerboot ihres Mannes das erste Mal einen Delfin fütterte, konnte sie nicht ahnen, dass sie damit eine Touristenattraktion ins Leben rief. Denn der Delfin kam wieder. Jeden Tag. Und brachte seine Freunde mit. Waren es gestern Abend

Zahlreiche Zuschauer finden sich zur Delfinfütterung ein, die um 7:45 beginnt

nur drei, sind es heute Morgen schon fünf Bottlenose Dolphins, Große Tümmler. Bis an den Strand heißt, dass sie wirklich bis ins seichte Wasser schwimmen und an die Wasserkante herankommen, an die Beine der Urlauber schwimmen und neugierig aus dem Wasser gucken. Dieses Schauspiel beobachten heute Morgen an die hundert Menschen. Es sollen in der Hauptsaison fünf- bis zehnmal so viele Menschen sein, die bei der Delfinfütterung zugucken wollen.

Damit die Leute nicht hinter den Delfinen herschwimmen, sie womöglich anfassen oder streicheln wollen, sind Ranger vor Ort, die das Zusammentreffen von Mensch und Tier für die Delfine nicht zu einem unangenehmen Erlebnis werden lassen. Um 7:45 Uhr beginnt das Warten auf die Delfine in der sogenannten „Interaction-Area". Da

die Delfine keine Armbanduhr tragen, lässt man sie einfach kommen, wann sie wollen. Heute dauert es eine halbe Stunde, bis die ersten zwei Delfine angeschwommen kommen. Die Gruppe der Delfine umfasst 14 Tiere. Rangerin Marie kennt jedes der einzelnen Tiere beim Namen und erkennt sie schon aus der Ferne an den unterschiedlich geformten Rückenfinnen. Der erste schwimmt direkt neben Maries Beine und guckt aus dem Wasser. Sie erzählt, dass Delfine im Gegensatz zu allen anderen Walen in der Lage sind, in seichtes Wasser zu schwimmen oder dort zu jagen und auch wieder zurück ins Meer zu finden. Einmal gestrandet, verenden andere Walarten unter der Last ihres eigenen Gewichts an Land. Maria bittet ein paar Kinder und Erwachsene, die Delfine mit Fischen aus einem bereitgestellten Eimer zu füttern. Wahrscheinlich auch ein Grund dafür, dass die Delfine auch morgen wiederkommen. Allerdings geben die Ranger nur so wenig Fisch,

Übrigens...
Der Große Tümmler, auf Englisch Bottlenose Dolphin, wird bis zu 4 Meter lang. Er verfügt wie alle Zahnwale über Echolotortung.

37

Vom Guide Capes auf einer einfachen Feuerstelle zubereiteter frischer Fisch

dass die Delfine nicht von den Fütterungen abhängig werden, denn sie verputzen täglich ein Vielfaches der verfütterten Menge. Die Kinder und die Erwachsen sind sichtlich beeindruckt von dem hautnahen Erlebnis mit den Delfinen. Nach einer knappen Stunde beendet Maria das Zusammentreffen und die Delfine ziehen weiter. Verbringt man den Tag am Strand, hat man gute Chancen, die Delfine in einer Privataudienz wiederzusehen. Wenn man sich ins Wasser stellt, kommen sie nicht selten angeschwommen. Wichtig dabei ist nur, dass man am besten nichts tut, sondern einfach die Delfine machen lässt und sie dabei beobachtet. Anfassen und streicheln ist verboten und macht ehrlich gesagt auch keinen Sinn. Wer will sich schon täglich von Hunderten Leuten befummeln lassen.

Unser nächster Programmpunkt: Monkey Mia von der Anhöhe aus betrachten. Der Spazierpfad beginnt direkt hinter dem Resort in weißem Sand, der urplötzlich rot wird. Wir begegnen Capes. Mit ihm sind wir für den frühen Mittag verabredet, denn Capes macht Führungen durch den Bush, er erzählt dabei, wie er als Aboriginal mit dem Land seiner Urahnen verbunden ist. Er lädt uns spontan ein, bei seiner Tour gleich mitzugehen, ein kleines Grüppchen reiselustiger Australier jenseits der 70 und ein nettes deutsches Paar, das sich als Camper Westaustralien anschaut, sind mit dabei. Schon nach den ersten hundert Metern wird jedem klar: Capes weiß, wovon er spricht. Er geht an keinem Busch vorbei, und sei er noch so verdörrt oder hässlich, ohne auf gut schmeckende Beeren, die heilende Wirkung von Myrrhe oder eine moskitoabweisende Pflanze hinzuweisen. Und auch sonst lässt er keinen Haufen links liegen. Er erklärt: „This is Emu pooh." Aha! Die Haufen, über die wir hier hinwegsteigen, sind die eines flugunfähigen Emus und sehen aus wie Spinat mit Blubb. Aber manchmal sind noch Reste von Früchten mit dabei und da sich nach der Aboriginalkultur Menschen und Tiere von den gleichen Dingen ernähren, erkennt er an dem Haufen, dass es hier leckere Beeren geben muss. In welcher Richtung sich diese befinden, verraten ihm die Emu-Spuren. Dann hören wir einen Vogel trällern. Capes übersetzt: Ein Warnruf, ganz in unserer Nähe muss sich ein Reptil aufhalten und zielsicher zeigt er uns im Busch eine Echse. Die Gruppe bezeugt durch Ahs und Ohs, dass sie beeindruckt ist. Capes zeigt die gesamte Bandbreite seines Könnens: Er grillt frisch gefangenen Fisch auf einer einfachen Feuerstelle, spielt Didgeridoo und erzählt vom Respekt der Aboriginals gegenüber der Natur und den Menschen. Da wir es genauer wissen möchten, fragen wir ihn nach Verabschiedung der Reisegruppe Löcher in den Bauch.

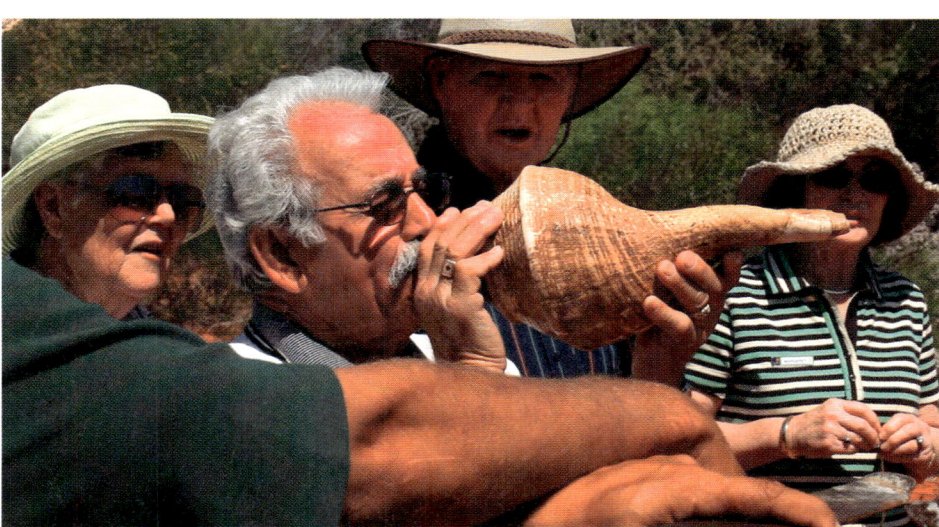

Gar nicht so leicht, einer Schnecke einen Ton zu entlocken

Interview mit Capes

Wir: Warum bietest du Bushwalks für Urlauber an?

Capes: Ich versuche den Leuten diese Region näherzubringen und sie mit den Augen eines Aboriginals sehen zu lassen. Ich möchte, dass sie ein Bewusstsein entwickeln für die Natur und unsere Kultur und dass sie verstehen, warum dieses Land so wichtig für die Aboriginals ist. Unser Volk ist seit über 20.000 Jahren in dieser Region verwurzelt und wir leben immer noch hier. Die meisten Touristen kommen nach Monkey Mia, sie sehen die hübschen Delfine und die schönen Farben des Meeres und dann sind sie wieder weg. Ich denke, wenn sie das nur als Unterhaltung sehen und sie nach dem Urlaub wieder zu Hause sind, fühlen Sie sich innerlich ein bisschen leer, weil sie nichts mitgenommen haben. Ich möchte ihnen unsere Verbundenheit mit dem Land vermitteln und dass sie wissen, wie es sich anfühlt. Wenn du zum Beispiel diese frische Luft hier tief einatmest (er nimmt einen

Der Aboriginal Capes bietet in Monkey Mia Führungen für Touristen an, um ihnen die Welt der australischen Ureinwohner näher zu bringen

tiefen Atemzug), dann ist das wie Medizin für uns. Das ist das Erste, was du lernst, und wie du dieses Land spüren kannst. Ich möchte, dass die Leute die Natur respektieren, die Kultur und das Land. Lange bevor es uns gab, gab es schon dieses Land und es wird auch immer noch da sein, wenn wir gehen.

Wir: Wie müssen wir uns Australien aus Aboriginalsicht vorstellen? Ist es ein großes Land oder ist es unterteilt in unterschiedliche Völker und Sprachen?

Capes: Es gibt in Australien ungefähr 250 verschiedene Aboriginal-Länder. Man muss sich das so vorstellen wie in Europa. Es gibt dort auch viele Länder auf einem Kontinent und jedes dieser Länder hat unterschiedliche Kulturen. Kein Land sollte dem anderen etwas vorschreiben oder für ein anderes Land sprechen. So ist es auch hier. Wie kannst du für ein Land sprechen, aus dem du nicht kommst und von dem du keine Ahnung hast?

Wir: Nun sind ja vor einiger Zeit viele Menschen aus Übersee gekommen und sprechen auch heute noch für ein Land, aus dem sie nicht stammen. Wird die Aboriginal-Kultur nicht in ein paar Jahrzehnten ausgestorben sein und sich der westlichen Kultur anpassen?

Capes: Viele Leute in Australien sagen, die Kultur der Aboriginals ist verloren. Das stimmt nicht. Die Kultur hat nur die letzte Zeit geschlafen. Nun wacht sie langsam wieder auf. Viele Australier verstehen unsere Kultur nicht. Es ist immer noch so, dass viele nur die negativen Seiten sehen. Die Leute sagen, die Aboriginals seien alle Alkoholiker oder drogensüchtig. Das denke ich nicht. Alkohol ist ein Problem, ja. Aber Drogen suchen dich nicht aus, weil du Aboriginal bist, weiß oder schwarz, alt oder jung. Alkohol und Drogen werden dich bestimmen, wenn du einen schwachen Geist hast und es gibt so viele Gründe, warum Leute heutzutage einen schwachen Geist haben.

Wir: Woher kommen die Urlauber, die mit dir auf Bushwalk gehen?

Capes: Das Schöne ist, dass in der jüngsten Zeit immer mehr Australier meine Aboriginal-Touren buchen und mit mir auf Bushwalk gehen, eine Kajaktour machen und interessiert an der Kultur der Aboriginials sind. Mittlerweile wird sogar unsere Sprache an Schulen unterrichtet. Ich finde das gut, weil die Kinder damit ganz selbstverständlich aufwachsen. Je mehr die Leute über unsere Kultur wissen, desto mehr verlieren sie die Furcht vor dem Unbekannten.

Wir fragen Capes, was er sich wünschen würde, wenn er einen Wunsch frei hätte: Ich habe nur einen Wunsch: Ich würde mich freuen, wenn Australien lernt, die älteste lebende Kultur auf diesem Planeten mehr zu schätzen. Australien interessiert sich immer noch viel mehr für andere Kulturen. Sie gucken nach Europa, nach Japan, nach China, anstatt etwas über die Aboriginal-Kultur wissen zu wollen. Ich möchte, dass die Aboriginals in die Entscheidungen einbezogen werden, die diese Generation unmittelbar beeinflussen und die Kinder und deren Kinder und deren Kinder...

Wir: Was macht denn die Politik in Australien für die Aboriginals?

Capes: Die letzten Regierungen in Australien haben nicht gerade dazu beigetragen, dass sich die Beziehungen der Ureinwohner und der Australier verbessern. Die letzte Regierung hat versucht, Angst zu schüren. Aboriginals haben Ansprüche auf Land erhoben, um dort leben zu können. Man hat der weißen australischen Bevölkerung erzählt: „Wenn du nicht aufpasst, nehmen die Aboriginals dir dein Grundstück und dein Haus weg." Dabei ging es gar nicht darum. Die Regierung wollte Handel mit großen Minenunternehmen treiben, was sie auch heute noch tut. Es geht um viel Geld und unglücklicherweise sieht man die Aboriginals nur als Verhinderer, wenn man ihnen zu mehr Rechten verhelfen würde. Die Regierung hat Angst, dass sie die Berechtigung verlieren könnte, mit internationalen Unternehmen zu handeln, die aus der Erde alle möglichen Bodenschätze wie Eisen, Gold oder Aluminium gewinnen. Das Gerücht vom bösen Aboriginal wird immer noch gerne gestreut, um uns aus Regionen zu vertreiben, wo diese Firmen Tonnen von Ressourcen aus dem Boden holen. Australien kümmert sich um die Menschenrechte in anderen Ländern, aber im eigenen Land bekommen sie es nicht geregelt. Es ist sehr traurig, wie wenig man uns in unserem eigenen Land respektiert. Man hat uns über Jahre hinweg einfach getötet, man hat uns regelrecht abgeschlachtet. Wisst ihr, seit wann Aboriginals in ihrem eigenen Land wählen dürfen? Seit 1967! Davor waren wir keine australischen Bürger. Wir waren nicht einmal Menschen, sondern wurden unter der Rubrik „Flora und Fauna" erwähnt. Es gibt das, was wir die „Stolen Genaration" nennen. Kinder von Aboriginals und Weißen wurden den Eltern weggenommen, um sie zu besseren Menschen zu erziehen. Vor 50 Jahren hätte ich hier nicht unter diesem Baum sitzen dürfen und mit euch über unsere Kultur sprechen dürfen, sie hätten mich dafür eingesperrt. Glücklicherweise dürfen wir jetzt unsere Kultur leben, darüber sprechen und stolz auf unsere Herkunft sein. Ihr seid auf Reisen und wenn ihr Leute aus anderen Ländern trefft, ist doch meistens die erste Frage: Wo kommt ihr her? Und diese Frage möchte ich genau wie alle anderen Menschen auf der Welt beantworten dürfen. Ich mache diese Touren für Touristen auch deswegen, weil Tourismus eine gute Sache ist, den Aboriginals eine Stimme zu geben. Ihr seid heute hier und tragt vielleicht das, was ich euch sage, in die Welt hinaus. Auch das ist Teil des Wiedererwachens der Aboriginal-Kultur.

Jeder, der das liest, weiß, dass in Australien auch heute noch nicht alles Friede, Freude, Eierkuchen ist zwischen den Weißen und den Aboriginals. Der erste Eindruck, der sich uns in allen Klein- und Großstädten bietet, ist, dass wir höchst selten einen Aboriginal sehen, der einen Job hat oder sonstwie Teil hat an der Gesellschaft. Viele Aboriginals sitzen wie Obdachlose bei uns auf der Straße und machen nicht den Eindruck, glücklich zu sein. Wir verstehen das Zusammenleben noch nicht. Für uns scheint es gar kein gemeinsames Leben von Ureinwohnern und Weißen zu geben... Hoffentlich gibt es auf unserer Reise noch öfter die Gelegenheit, Aboriginals dazu zu befragen.

Capes hat uns noch einige Reisetipps mitgegeben. Wir wollen morgen an den westlichsten Punkt Australiens fahren, zum „Steep Point". 97 Kilometer auf unbefestigter Straße und 43 Kilometer auf einer Sandpiste haben wir vor uns. Dafür braucht man unbedingt einen 4WD (haben wir) und ein Reifendruckmessgerät mit angeschlossenem kleinen Kompressor (haben wir natürlich nicht). Auf weichem Sand sollen wir die Hälfte an Luft rauslassen, erklärt uns Capes, und damit wir die Reifen später wieder aufpumpen können, sollen wir uns eine Pumpe kaufen. In Denhams kleinem, aber gut sortiertem Baumarkt lassen wir uns beraten und entscheiden uns für einen billigen Mini-Kompressor. Der nette Mann mit dem Grinsegesicht wünscht uns einen tollen Trip und warnt uns, bloß nicht zu schnell zu fahren. „Wie schnell sollen wir denn fahren?", wollen wir arglosen Twingo-Fahrer aus dem Großstadtdschungel wissen, „eher so 30 oder 40?" Da lacht er uns ins Gesicht, „nein, schon so um die 80, das ist ja wohl langsam!"

Tag 8, Monkey Mia über Steep Point nach Hamelin Station, 295 km, Sonne, wolkenlos, 28 Grad

Silkes Magen hüpft beim Anblick eines Schildes: Bäckerei! Leckere Brötchen mit Toastbrotknautschfaktor, bunter Süßkram und leckerer Kaffee. Die nette Bäckereifachverkäuferin

---

Silke beim Brötchenkauf

Anstatt alles einfach in eine Tüte zu packen und an die Kaffeemaschine zu gehen, steht die Verkäuferin vor mir mit einem Zettel in der Hand und schreibt in der Geschwindigkeit einer Schnecke auf: „1 x Capp" für Cappucino und „1 x LB" für meinen schwarzen Kaffee, genannt Long Black. Und dann sagt sie „Naiiim?" Ich antworte „Pardon?" Sie sagt lauter „Naaaiiim!?" Ich schaue Christian an und frage mich, was mein Englisch eigentlich wert ist. „Näääääiiiiiiiiiiiiiiim!!?" quietscht sie freundlich, aber bestimmt. Während ich noch mit den Schultern zucke, fällt bei mir der Groschen: Ach so, ich soll meinen NAMEN sagen! Ich frage mich, warum sie das wissen will, wir sind schließlich die einzigen Kunden in der Bäckerei „Oi haav to wreit your naaiiim". Also gut, wenn sie es denn wissen will: „Mei Nehm is Silke." „What?" „SILKE!" „Hä?" Ich buchstabiere: „ES-EI-EL-KÄ-IIIH". Jetzt schaut sie mich ziemlich entgeistert an. Ich höre förmlich das Knacken in ihren Gehirnwindungen und nach 15 Sekunden macht es Klick bei ihr. Sie strahlt mich an und sagt: „Erica! Your naim is Erica!!" „Exactly!!"

Zur Erklärung: In Bäckereien oder Kneipen bekommt man meistens nach der Bestellung, die man am Tresen aufgibt und auch direkt bezahlt, ein Schild mit einer Nummer oder es wird der Name notiert. Dann sucht man sich einen Tisch und wartet, bis der Name aufgerufen wird, oder die Bedienung kommt und die Nummer ansteuert. Da die Australier dieses System auch bei einem Kaffee zum Mitnehmen praktizieren, dauern die kleinen Ausflüge in Bäckereien meist ein wenig länger. Dafür bekommen wir aber auch keine Filterkaffeeplörre, sondern ziemlich guten Kaffee in allen Variationen.

ist begeistert, mehrfach die Namen der Brötchen nennen zu dürfen und trotzdem in ratlose Gesichter zu schauen. Das ist aber auch ein straffer Akzent, der hier gesprochen wird! Wir deuten mit den Fingern auf die rein optisch leckeren Teile und ordern noch einen Kaffee.

Von Monkey Mia aus fahren wir nun zum westlichsten Punkt Australiens, dem „Steep Point". Auf dem Weg liegen mehrere Aussichtspunkte, die in den örtlichen Broschüren alle einen Abstecher wert sein sollen. „Eagle Bluff" heißt der erste Stopp. Von einer auf einem Felsen gelegenen Promenade können wir auf die Shark Bay gucken. Wir sehen türkisblaues Wasser und viele große dunkelblaue Stellen, die große Seegrasflächen markieren. Von hier oben soll man Dugongs (Seekühe) und Haie beobachten können. Bei genauerem Hinsehen und selbst mit dem Zoomobjektiv auf der Kamera kann man die Haie aber nur als kleine Punkte erkennen. Um die Tiere zu beobachten, sind wir an diesem Punkt einfach viel zu hoch über dem Wasser. Ein Fernglas wäre jetzt die Lösung...
Wir fahren weiter zum Shell Beach. Ein Strand, der aus bis zu zehn Meter hoch aufgehäuften kleinen, knallweißen Herzmuscheln besteht.

Es blendet, dass man ohne Sonnenbrille kaum auf den Boden gucken kann. Seit 6000 Jahren spülen die Wellen die fingernagelgroßen Muscheln an den Strand. Im Wellensaum kullern die Muschelschalen noch übereinander. Da, wo das Meer nicht hinkommt, hat der Regen das Kalziumcarbonat aus dem Schalen gelöst und die Muscheln zementiert. Früher gab es hier einen Steinbruch, denn das Material war bis in die 50er Jahre billiges Baumaterial. Seitdem jedoch das Gebiet „Marine Park" ist, darf nichts mehr abgetragen werden. Auch für Touris gilt: Wer eine Muschel einsteckt, riskiert eine Geldstrafe. So außergewöhnlich und schön es auch ist, der Shell Beach ist kein Ort, an dem man sich den ganzen Tag aufhalten möchte, denn es gibt keinen Baum, der Schatten spendet. Aber einen Abstecher ist der Strand auf jeden Fall wert. Die nächsten 130 Kilometer zum westlichsten Kap legen wir auf Schotterpisten unterschiedlicher Beschaffenheit zurück. Anfangs fahren wir noch auf einer breiten Straße aus roter Erde, die aber zusehends schmaler und hoppeliger wird. Plötzlich krabbelt vor uns etwas langsam über die Straße, sodass wir eine Vollbremsung machen und mit der Kamera aus dem Auto springen. Ein kleiner Dornenteufel überquert im Zeitlupentempo die Straße und lässt sich dabei wun-

Fingernagel-große Muschelschalen bedecken den Strand und reflektieren das gleißende Sonnenlicht

Ein trotz seines gefährlichen Aussehens völlig harmloser Dornteufel (oben) und ein Pine cone lizard, zu deutsch: „Kiefernzapfeneidechse" kreuzen unseren Weg

derbar filmen. Die Echse sieht mit ihren Stacheln, die übrigens nicht gefährlich sind, ziemlich urzeitlich aus. Ein paar Meter weiter halten wir schon wieder an, diesmal wegen eines Lizards, der von weitem aussieht wie ein Stock. Wir halten ständig die Augen offen, um keine Tiere zu überfahren. Bevor wir uns auf die letzten 43 Kilometer wagen, weisen Warnschilder darauf hin, dass man ab hier nur noch mit einem Allradfahrzeug unterwegs sein darf und dass man ungefähr die Hälfte der Luft aus den Reifen lassen soll. Wir fahren erst einmal weiter, um zu gucken, ob das nicht alles ein bisschen übertrieben ist und wir das nicht auch ohne den ganzen Aufwand schaffen können. „Ist ganz einfach", sagt Christian, „schön mit Gefühl fahren und nicht zu viel Gas geben. So wie auf einer frisch verschneiten Straße…" Wir kommen noch ungefähr drei Kilometer weit, dann geht es auf tiefem, weichen Sand eine Steigung hoch, Silke schaltet vom dritten in den zweiten Gang, braucht dafür ein bisschen zu lange, gibt dann zu viel Gas und schon graben sich die Reifen in den Sand. Also lassen wir uns ein bisschen zurückrollen und nehmen im ersten Gang Anlauf - aber schon nach zwei Metern bleiben wir wieder stecken. Capes hatte hoffentlich

Die Mulgaschlange, eine Giftschlange

Recht und das Luftablassen kann Abhilfe schaffen, denn wir stehen mitten auf der nur zwei Meter breiten Piste, so dass der Gegenverkehr warten müsste. Wir stecken den Autoschlüssel in das Reifenventil und mit einem Zischen kommt viel nach Gummi stinkende Luft aus dem Reifen. Man kann deutlich sehen, wie sich der Reifen über der Standfläche ausbeult. Fast zehn Minuten braten wir in der Sonne, bis alle Reifen halbschlapp sind.

25 km/h auf der schmalen Dünenpiste mit halbplatten Reifen

Dann geben wir wieder Gas und siehe da: Es funktioniert! Mühelos tuckert unser Camper im ersten Gang über die schmale Dünenpiste. Eine Düne nach der anderen geht es rauf und wieder runter. Für 25 Kilometer brauchen wir allerdings über eine Stunde. Nur ein einziges Auto kommt uns entgegen. Sieben Kilometer vor dem Ziel wieder

Steep Point, der westlichste
Punkt Australiens
Rechts: Eintrag ins Gästebuch
Das muss begossen werden

ein Schild: „Stopp! Vor der Weiterfahrt in jedem Falle beim Ranger vorsprechen." Der Ranger lebt hier draußen mit seiner Frau und ist ein netter Typ. Er begrüßt uns herzlich. Wir erzählen ihm, dass wir am Steep Point gerne ein Stündchen Aufnahmen machen wollen. Er meint, bei dieser wunderschönen Umgebung sei eine Stunde Zeit schon eine Schande, eine Woche sollte man sich für die Region Zeit nehmen und wenn wir das nächste Mal kämen, dann würde er uns viele schöne Plätze zeigen. Wäre natürlich eine tolle Sache, aber wenn wir das an jedem Ort so machen würden, dann wären wir wahrscheinlich nicht nach 100 Tagen, sondern nach 100 Monaten wieder zu Hause... Als wir wieder ins Auto steigen, liegt plötzlich eine drei Meter lange rabenschwarz glänzende Schlange auf dem Sand. Wir zücken sofort die Kameras, machen das Fenster ein Stückchen auf und versuchen trotz ungünstiger Perspektive ein vernünftiges Bild zu schießen. Obwohl Außenspiegel und Fensterrahmen noch im Bild sind, können wir die vor uns liegende Schlange ablichten. Als wir den Motor wieder anlassen, schlängelt sie sich in einer irren Geschwindigkeit ins Gebüsch. Es bleibt ein gewisses Unbehagen, als wir sehen, wie schnell sich eine Schlange bewegen kann. Um unsere Schlange zu identifizieren, blättern wir im Buch „Gefährliches Australien". Da wir die Unterseite der Schlange nicht sehen konnten, können wir es zwar nicht mit absoluter Sicherheit sagen, aber wir tippen auf eine Tiger Snake oder eine Mulgaschlange - beide ziemlich giftig. Wir lesen, dass von den 25 giftigsten Schlangen auf der Erde 20 in Australien zu finden sind. Zwischen 1500 und 3000 Menschen würden pro Jahr gebissen, aber da es mehr als 100 Schlangenarten gibt, von denen nur die wenigsten einen Menschen töten können und weil nicht bei jedem Biss Gift injiziert wird, sterben in Australien jährlich „nur" ein bis zwei Menschen an einem Schlangenbiss.

Nach 20 Minuten Fahrt kommen wir am Steep Point an und haben den windumtosten westlichsten Punkt ganz für uns alleine. Die Wellen des Indischen Ozeans klatschen an die Felsküste und der Blick auf die Shark Bay Richtung Monkey Mia und übers Kap hinweg ist großartig. Die Fahrt hierher hat sich auf jeden Fall gelohnt. Wir sind an ein paar Campern vorbeigefahren und finden es schade, dass wir hier nicht wenigstens über Nacht bleiben können. In einem Metallkästchen liegt ein Gästebuch, in das wir uns eintragen. Wir sind heute die Ersten! Und wir machen noch ein Erinnerungsfoto. Es steht extra ein Metallposten bereit, auf dem ein Gewinde für einen Fotoapparat oder eine Videokamera montiert ist. Schlaue Sache, denn die Wahrscheinlichkeit, dass man hier jemanden findet, der einen fotografiert, ist gering.

Der Weg zurück ist zwar derselbe, aber doch anders, weil wir die Abendsonne im Rücken haben, die die vielen weißen Sanddünen in einen goldgelben Schimmer taucht. Leider müssen wir uns ganz schön beeilen, auf dem Weg zum Übernachtungsplatz beginnt es bereits zu dämmern. Jetzt bloß kein Känguru erwischen, denken wir, deshalb fahren wir in der Mitte der Straße und halten Ausschau, ob sich am Straßenrand etwas bewegt. Die drei Kängurus, die wir sehen, hüpfen uns zum Glück nicht vor das Auto, sondern in sicherer Entfernung neben uns her. Um unsere Reifen wieder aufzupumpen, schließen wir den Kompressor an die Zigarettenanzündersteckdose an und lassen pumpen. Zehn Minuten pro Reifen sind weitere 40 Minuten Wartezeit. Vielleicht hätten wir doch ein bisschen mehr Geld für einen größeren Kompressor ausgeben sollen... Um acht Uhr kommen wir endlich beim „Hamelin Farmstay" an, eine Unterkunft, die man uns empfohlen hatte. Der Farmer ist wahnsinnig nett, bietet uns für 10 AUD einen Platz ohne Strom an, unsere Akkus können wir in seinem Haus aufladen. Wir zeigen ihm das Bild von der Schlange, die wir heute gesehen haben. Er weiß zwar nicht genau, um welche Schlange es sich handelt, sagt uns aber, er sei glücklich darüber, dass wir die Autotür nicht aufgemacht haben. Eine Schlange dieser Größe könne

Unser Mini-Kompressor hat arge Mühe, das Auto wieder fir für die Straße zu machen:

ziemlich schnell sein, was unser Film eindrucksvoll beweist. Da der Hof weit ab vom Schuss ist und da es rundherum keine weiteren Häuser oder Straßenlaternen gibt, ist es stockduster. So dunkel, dass der Sternenhimmel unglaublich hell zu sehen ist. Sogar die Milchstraße ist wunderbar zu erkennen.

Rumpelige Pisten, aber...

...Verfahren ist angesichts solcher Schilder kaum möglich

Tag 9, Hamelin Station – Canarvon – Coral Bay, 405 km, wolkig, nachmittags heiter, 18-22 Grad

Der Wecker schmeißt uns um 6 Uhr aus dem Schlafsack. Ab unter die Dusche. Mit den aufmunternden Abschiedsworten von Australierin Debbie „Australien in 100 Tagen, das schafft ihr nie!" verlassen wir die Station. Es regnet. Ein grauer Himmel ist ein guter Grund, einen Fahrtag einzulegen. Es geht über Carnarvon mit einem Einkaufsstopp nach Coral Bay. Der Weg dorthin führt durch grünes Buschland, ab und zu blitzen gelbe, pinkfarbene, rote oder blaue Blüten auf. Sehr hübsch, aber über die gesamten 400 Kilometer bietet sich das gleiche Bild, was auf Dauer doch leicht ermüdend ist. Wir bekommen noch einen Platz auf einem der beiden Caravan Parks in Coral Bay (powered 36 AUD). Weil es aber auch hier zu ungemütlich ist, um draußen zu sitzen, verziehen wir uns in den Camper und hoffen auf besseres Wetter. Denn wir sind hier, um schnorcheln zu gehen. Coral Bay ist der südlichste Ort am Ningaloo Reef. Das Riff liegt nahe am Strand und hier soll man schon beim Schnorcheln vom Strand aus die wunderbare Welt der Fische bestaunen können.

Tag 10, Coral Bay – Exmouth, 235 km, wolkenlos, sehr windig, 18-23 Grad

Coral Bay ist bei Tag betrachtet eine nette Ansammlung von Backpackern, Caravan Parks und Hotels, einem Supermarkt und einer Bäckerei. Es weht eine steife Brise, das Meer ist rau und weil man wegen der aufgewirbelten See unter Wasser nichts sehen kann, entscheiden wir uns schweren Herzens ohne Schnorchelgang Richtung Exmouth zu fahren. Die ersten Kilometer geht's über asphaltierte Straße, danach wollen wir eine 4WD-Strecke nehmen, die an einigen Stränden vorbeiführt, die uns Capes empfohlen hat. Verfahren können wir uns nicht. An jedem Tor, an jeder Gabelung, steht genau geschrieben, wo es langgeht. An der Stelle, an der die Straße durch Nationalparkgebiet führt, steht ein Häuschen mit Informationen und der Aufforderung, 11 Dollar in einen vorgefertigten Umschlag zu stecken, ihn mit Datum, Namen und Autokennzeichen zu versehen, um ihn dann in einen kleinen Briefkasten zu stecken. Den Durchschlag sollen wir uns für eventuelle Kontrollen hinter die Windschutzscheibe klemmen. So oder so ähnlich läuft das übrigens in fast jedem Nationalpark an der Westküste ab. In sehr gut besuchten Parks steht dann auch schon mal ein Ranger da zum Abkassieren. Wir nehmen uns vor, im nächsten Visitor Center endlich einen Nationalpark-Holiday-Pass für 40 AUD zu kaufen, der Eintritt in die meisten Nationalparks wäre dann bereits abgegolten.

Wir rumpeln über eine holprige Piste an den schönsten Stränden vorbei. Aber unser Ziel heißt Turquoise Bay. Die ist zwar auch asphaltiert zu erreichen, aber es macht mehr Spaß, fernab der Zivilisation unterwegs zu sein, auch wenn die Fahrt ganz schön lange dauert. Die Turquoise Bay ist ein ganz besonderer Strand. Das Korallenriff liegt keine 30 Meter vom Strand entfernt, doch das eigentlich Besondere hier ist die starke Strömung. Nachdem wir am linken Rand des Riffs ins Was-

Die Turquoise Bay macht ihrem Namen alle Ehre

Immer wieder begegnen uns Emus, die den ganzen Tag rumlatschen, um genügend Wasser und Nahrung zu finden

ser gegangen sind, treibt uns die Strömung sofort über die Korallen und Fische hinweg. Hier kommt nun auch unsere kleine Unterwasserkamera, die GoPro, zum ersten Mal zum Einsatz. Ohne auch nur einen Flossenschlag tun zu müssen, ziehen wir über eine bunte Unterwasserwelt. So irre das ist, manchmal ist es auch schade: Da haben wir gerade einen außergewöhnlichen Fisch entdeckt, schon treibt uns die Strömung wieder weiter. Auf einer Landzunge spült uns dann das Meer sanft auf den Strand. Das war ein sagenhafter Ritt, der bestimmt eine Viertelstunde gedauert hat. Mehr davon!

Diesen Tag ernennen wir zum „Tag des Tieres", denn auf der Strecke begegnen uns immer wieder Rinder, Ziegen, Schafe, zig Kängurus und einige Emus. Am Abend fahren wir nach Exmouth, dem größten Ort in der Gegend. Hier möchten wir einen Tauchgang buchen, denn wir wollen unbedingt die riesigen Mantarochen sehen. Der Tauchladen „Whaleshark'n Dive" bietet an, mit Walhaien schnorcheln zu gehen, sodass wir dort vorbeischauen. Mit bis zu 13 Metern ist der Walhai der größte Fisch. Er frisst nur Plankton und kleine Fische und ist für Menschen ungefährlich. Nur leider sind die Walhaie nicht das ganze Jahr an einem Ort, sondern schwimmen ihrer Nahrung hinterher. Deshalb ist die Saison von Mai bis Juli und jetzt Mitte September eigentlich vorbei. Aber bei dem Tourenanbieter erzählen sie uns, dass vorgestern noch ein Walhai gesichtet wurde. Ob das morgen auch wieder so sein wird, könne man nicht sagen. Lassen wir uns überraschen...

Tag 11, Exmouth – Nanutarra Roadhouse, 281 km, sonnig, keine Wolken. Sehr windig, 20-26 Grad

Wir sind schon um acht Uhr im Tauchladen. Leider ist die Tour für heute abgesagt, die Wellen schlagen zu hoch an die Pier, von der der Tauchgang starten soll. Zum ersten Mal packt uns die Sehnsucht, einfache Urlauber zu sein. Dann könnten wir uns den Luxus leisten, so lange am Ningaloo Reef zu bleiben, bis wir allen Tieren unter Wasser begegnet sind. Aber nach einem Blick auf die Karte ist klar: Wir müssen weiter. Wir sind noch 24 Tage von Darwin entfernt und können nicht einschätzen, wie wir vorankommen. Um die beeindruckenden Walhaie zeigen zu können, fragen wir nach, ob nicht jemand hochauflösende Aufnahmen von den Tieren gemacht hat und wir bekommen

Red stellt uns seine wundervollen Aufnahmen von einem Walhai-Rendevous für unseren Kinofilm zur Verfügung

die Antwort: „Klar, da müsst Ihr zu Red gehen, der hat spitzenmäßige Unterwasseraufnahmen gemacht, hier ist die Adresse von dem Laden, in dem er arbeitet." Kurz darauf treffen wir Red. „Echt, ihr braucht meine Aufnahmen für einen Kinofilm?", sagt er und verschwindet aus dem Laden. „Wartet hier, bin gleich wieder da!" Mit seinem Laptop unterm Arm kommt er nach zehn Minuten wieder. Er zeigt uns einige tolle Szenen von Walhaien und wir dürfen die Aufnahmen sogar in unseren Film schneiden. Von ganzem Herzen danke, Red!

Wir machen uns auf den Weg Richtung Tom Price, eine Eisenerzminenstadt im Landesinneren, über 600 Kilometer entfernt. Und dann sehen wir kleine rote Hügel, die aus der Steppe herausragen. Als wir den ersten in der Ferne sehen, halten wir ihn für einen rötlichen Stein, aber dann stehen rechts und links der Straße immer mehr Hügel. Wir halten am Straßenrand an. Nachdem wir ein paar Meter durchs Buschland gestapft sind, haben wir einen der circa zwei Meter hohen Hügel direkt vor uns. Er sieht aus wie eine aus Lehm und Wasser gebaute Hütte. Millionen von kleinen Termiten müssen wohl sehr lange daran arbeiten, um solch ein Gebilde zu bauen. Jeder Termitenhügel ist ein Königreich für sich, mit König, Königin, Soldaten und Arbeitern. Die Arbeitertermiten kleben die rote Erde mit ihren eigenen Sekreten zusammen. Sie bauen ein komplexes System von Tunneln, in denen die Ameisen leben. Ihre Arbeit ist von so guter Qualität, dass diese Gebäude Jahrhunderte überdauern.

Unser erster Termitenhügel

Weiter geht's durch absolut plattes Buschland. Die Farben sind zwar sehr schmeichelhaft fürs Auge, aber immer noch wenig abwechslungsreich. Nach etwa 159 Kilometern Fahrt kommt ein Berg zum Vorschein. Ziemlich exponiert und wenn wir ihn nicht schon auf 1000 Bildern gesehen hätten, könnte man meinen, es wäre der Ayers Rock - nur in klein.

Die Abendsonne leuchtet für die nächsten 50 Kilometer mehrere Felsen an, so dass die letzte knappe Stunde Fahrt wieder etwas mehr Spaß macht. Bis Tom Price schaffen wir es heute auf keinen Fall mehr. Wir stoppen an einem Roadhouses am Highway Nummer 1. Hier gibt's Benzin, Fish ´n Chips und einen Caravanpark. Für 25 AUD übernachten wir direkt an der Straße. Hört sich schlimmer an, als es ist: Nachts fahren höchstens zwei Autos pro Stunde vorbei. Ein paar Road-Trains, LKW mit bis zu vier Anhängern, machen hier Halt. Viele sind dreckig vom roten Staub auf der Straße. Aber es gibt auch Straßenzugführer, die offensichtlich schwer in ihr Gefährt verliebt sind und jedes Körnchen Staub auf den Rastplätzen von der Motorhaube wischen und stündlich die Chromleisten wienern. Ein ganz besonders schickes Exemplar in pink-metallic wird vor unseren Augen eine Stunde lang in Topform gebracht.

Die Sonne geht unter und in der Dunkelheit sehen manche Roadtrains mit ihren bunten Lichtern aus wie der weihnachtliche Cola-Truck. Es ist 18:30 Uhr und damit sind wir schon ziemlich spät dran. Wir bekommen auf dem gut besuchten Platz noch einen Stellplatz weiter hinten und ab 19:00 Uhr ist es auf der Autobahnraststätte so still und gemütlich wie auf einer einsamen Insel. Erst jetzt wo Ruhe eingekehrt ist, merken wir, dass wir genau neben einem Stromaggregat geparkt haben. Bis zu diesem abgelegenen Roadhouse haben die Australier leider keine Stromleitung verlegt. Und nun brummt es - 24 Stunden lang. Wir beschließen, uns bei der nächsten Roadhouse-Übernachtung einen leiseren Platz auszusuchen. Im Moment versuchen wir eben, uns das Brummen als Meeresrauschen vorzustellen...

Am Nanutarra Roadhouse machen Camper wie wir und Roadtrains Halt. Die Riesen-LKW ziehen bis zu vier Anhänger hinter sich her

Tag 12, Nanutarra Roadhouse – Tom Price, 335 km, sonnig, 28 Grad

Wir packen unsere Sachen zusammen und dabei kommt uns die Idee, mal das Auto zu überprüfen. Alles in Ordnung, aber - kein einziger Tropfen Öl mehr drin! Wie gut, dass uns diese Erfahrung mitten auf der Strecke erspart geblieben ist... Wir fahren weiter Richtung Minenstadt Tom Price. Die Erde sieht inzwischen blutrot aus. Immer wieder unterbrechen wir unsere Fahrt, weil uns faszinierende Tiere begegnen:

Die Umgebung der Minenstadt Tom Price ist vom Eisenerzbergbau geprägt

Wir sehen Adler am Himmel und Echsen auf der Straße. Je näher wir Tom Price kommen, desto tiefer wird das Rot der Erde. Die Erklärung ist ganz einfach: Es handelt sich um Rost, denn die Erde enthält hier einen großen Anteil Eisen. Schließlich kommen wir an einem textmarkergrünen See vorbei. Ein Schild weist darauf hin, dass der See giftig ist und man nicht darin schwimmen darf. Das hätten wir allerdings auch nie getan und hoffen nur, dass es sich bei dem See nicht um das Auffangbecken für die ungefilterten Abwässer aus der Eisenerzmine handelt... Überall in Tom Price begegnen uns gleiche Autos, weiße Jeeps mit roten Fähnchen. Drinnen sitzt immer nur ein Mann, und jeder trägt die gleiche Ausrüstung: gelbe Warnweste, Jeans und braune Sicherheitsschuhe. Bei unseren Hamsterkäufen im Supermarkt sieht das sehr lustig aus, denn wir haben ständig das Gefühl, immer wieder derselben Person zu begegnen.

Seit Frankfurt sehen wir zum ersten Mal wieder Eisenbahnschienen. Sechsmal am Tag kommt hier ein Zug vorbei, der Eisenerz aus der Mine in Tom Price an die Küste zu den riesigen Frachtern bringt. Wir schaffen es gerade noch rechtzeitig auf die Eisenbahnbrücke, um den längsten Zug unseres Lebens zu sehen. Zwei Triebwagen, die 240 Wagons hinter sich herziehen. Der Zug ist sage und schreibe zweieinhalb Kilometer lang.

Wir fahren in Tom Price auf den über 1000 Meter hohen Mount Nameless. Von hier oben haben wir einen guten Blick über die Stadt, die vielen kleinen Baracken für die Minenarbeiter und auf die Berge, beziehungsweise was davon übrig geblieben ist, nachdem riesige Maschinen die roten Berge Schicht für Schicht abtragen haben. Wir kommen für 38 AUD auf dem Caravanpark in Tom Price unter. Heute ist Wäsche waschen angesagt.

Dritte Woche

Von Tom Price bis Derby

Tag 13, Tom Price – Auski Roadhouse, 405 km, Sonne, 36 Grad

Eigentlich wollen wir uns ja die Natur angucken. Aber wir sind ganz schön neugierig, wie es wohl in einer Eisenerzmine aussehen mag. Zu unserem Erstaunen werden tatsächlich solche Touren angeboten, wobei man auch Fotos machen und filmen darf. Wir buchen eine Tour für 28 AUD pro Person in die Mine der Firma Rio Tinto.

„Good Morning, folks, let's start the mining tour with a brief Safety Regulation Advice." Im vollbesetzten Reisebus gibt uns der Tourenführer natürlich erst einmal Sicherheitshinweise. So müssen wir beispielsweise während der gesamten Tour einen Helm und eine Plastik-Schutzbrille tragen. Das Problem dabei ist nur, dass wir mit der klobigen Brille nicht mehr richtig durch den Sucher unserer Kamera gucken können. Auf Nachfrage sagt man uns, dass wir sofort von der Tour ausgeschlossen würden, sollten wir es wagen, Helm oder Brille abzusetzen. Wir fahren also angezogen wie die nächste Bauarbeiterschicht auf das riesige, rot eingenebelte Minengelände. Wegen der umfassenden Sicherheitsvorschriften, die wir eingetrichtert bekommen, nehmen wir an, dass wir bestimmt öfter mal aussteigen dürfen, um uns das Gelände anzuschauen. Aber weit gefehlt! Die meiste Zeit sitzen wir im Bus. Nur ein einziges Mal dürfen wir an einem Aussichtspunkt aussteigen, von dem man in einen riesigen, treppenförmigen Trichter schauen kann. Die Erde hier ist rot, orange und schwarz. Der Tourenführer erklärt uns, dass es zwar Unterschiede in der Qualität des Eisenerzes gebe, diese aber nicht an der Farbe abzulesen seien.

Leider liegt der Trichter still und verlassen da, da bereits alles Eisenerz abgebaut worden ist. Schade, denn gerade den Abbau hätten wir natürlich besonders gerne gefilmt.

Wir lernen, dass hier sowohl hochwertiges, als auch minderwertiges Eisenerz abgebaut wird, insgesamt 25 Mio. Tonnen im Jahr. Um an das Eisenerz zu gelangen, werden auf einer Fläche von 8 x 15 Kilometer die Berge weggeschaufelt, um dann bis zu 125 Meter tief zu graben. Eine Milliarde Tonnen Eisenerz und Gestein wurden hier in den letzten 40 Jahren schon abgetragen. Aus dem Eisenerz entstehen Brücken, Züge, Hochhäuser, Autos und Bratpfannen, vielleicht verbirgt sich ja bei uns zu Hause auch in irgend einem Gebrauchsgegenstand australischer Boden? Nicht vergessen darf man allerdings, dass die ganze Buddelei tiefe Wunden in der Natur hinterlässt. Um an das Eisenerz zu kommen, muss das Unternehmen Rio Tinto erst einmal Millionen Tonnen unbrauchbares Material zur Seite schaffen. Für diese Arbeit nutzt die Firma riesige Fahrzeuge, deren wahre Größe erst richtig zur Geltung kommt, wenn ein Mensch daran vorbeiläuft. Man beachte: Die Lastwagen wiegen 200 Tonnen, ihre Reifen haben einen Durchmesser von 3 Meter 70, wenn sie bergauf fahren, verbrauchen sie 2000 Liter Diesel auf 100 Kilometer, behauptet zumindest unser Tourenführer. Alle Fahrzeuge zusammen verbrauchen pro Woche eine Million Liter Diesel. Die Mine ist immer in Betrieb, in drei Schichten fahren die Fahrzeuge den Berg hinauf, werden mit

Gestein beladen und fahren wieder herunter. Wir sehen unzählige Riesenlaster und XXXL-Bagger in der Mine herumfahren. Mit lautem Getöse brausen sie mit 40 km/h an uns vorbei und hüllen uns in eine rote Staubwolke. Für unsere Kameras ist der mikrofeine Staub pures Gift. Aber wer schöne Bilder haben will, muss das in Kauf nehmen.

Übrigens stellen die Minenfirmen als Riesenlasterfahrer am liebsten Frauen ein. Die würden ihr Fahrzeug schonender behandeln, hätten weniger Unfälle und arbeiteten konzentrierter, sagt Mister Tourguide. Ein Raunen geht durch die Menge, als er erzählt, wie viel so ein Riesenlasterfahrer im Durchschnitt verdient: Um die 200.000 AUD. Viele Minenarbeiter werden von Rio Tinto für drei Wochen Schichtdienst eingeflogen. In dieser Zeit wohnen sie in Containern direkt an der ständig brummenden Mine. Anschließend geht's dann für eine Woche wieder zurück zur Familie nach Perth. Vorausgesetzt, man hat eine Familie. Viele Minenarbeiter sind Singles, weil nur wenige Frauen so ein Leben auf Dauer mitmachen. Natürlich leben auch viele Familien gemeinsam in Tom Price, was sicherlich auch an dem Monatseinkommen von über 10.000 AUD liegen mag. Arbeit gibt es mehr als genug, die Nachfrage nach Eisen aus Brasilien, Indien und China steigt ständig. Das Eisenerzgeschäft in der Pilbara-Region boomt also.

Zum Schluss kurven wir noch mit dem Bus unter den Förderbändern hindurch und erfahren, dass es vier Stunden dauert, bis ein zweieinhalb Kilometer langer Zug beladen ist. 116 Tonnen Eisenerz fallen in 19 Sekunden in einen Waggon. Rückblickend müssen wir sagen, dass die Tour für 28 AUD eine ziemliche Abzocke ist, mit uns sitzen noch 42 andere Personen im Reisebus und nach anderthalb Stunden ist die Führung auch schon wieder vorbei.

Von roter Erde haben wir aber noch nicht genug und wenden uns nun der unberührten roten Erde im Karijini Nationalpark zu. Im Reiseführer steht, dass man 150 Kilometer zurücklegen müsste, wenn man sich alle wichtigen Attraktionen anschauen möchte. Wir beschränken uns auf die Hauptstrecke auf dem Banjima Drive und halten am Oxer Lookout. Hier treffen drei Schluchten aufeinander. Ungewöhnlich ist, dass wir erst einmal nur auf plattes, mit Spinifex-Gras bewachsenes Land gucken, von Schluchten keine Spur. Doch dann, als wir kurz vor der Besichtigungsplattform sind, spaltet sich vor unseren Augen die Erde. Zum Glück sind wir um die Mittagszeit da, sodass die Sonne die 100 Meter tiefe Schlucht unter uns zum Leuchten bringt, ein grünblaues Flüsschen wird sichtbar. Wenn man die tiefen Schluchten fotografie-

Die Haupstrecke im Karijini Nationalpark: der Banjima Drive

ren oder filmen möchte, muss man entweder Zeit haben oder Glück, dass die Sonne gerade die richtige Seite der Schlucht beleuchtet. In dem Flüsschen entdecken wir eine Gruppe, die auf LKW-Reifen von einer Schlucht in die andere paddelt.

Im Visitor Center empfiehlt uns eine nette Angestellte, dass wir jetzt noch unbedingt zur Dales Gorge fahren sollen, dort gäbe es auch einen Wasserfall, der allerdings nach 15 Uhr schon im Schatten liege. Mist, denken wir, aber wir fahren trotzdem. Nur ein Rinnsal plätschert in den Pool, kein Wunder, hier hat es schon seit 176 Tagen nicht mehr geregnet. In der breiten Schlucht wachsen River Red Gum-Eukalyptusbäume an den Felswänden und mit ihren weißen Baumstämmen und lindgrünen Blättern sind sie sehr schmeichelnd für die Kameralinse. Der Höhepunkt unserer Tour sind die Fortescue Falls. Über einen kurzen, steilen Wanderweg stapfen wir über Stufen, die die Natur geschaffen hat nach unten zum Pool. Der Fern Pool ist umrahmt von roten Felsen und satten grünen Pflanzen. Es sieht aus, als hätte jemand ein Freilufttheater gebaut, denn zum Pool hin führen hundert Stufen, auf denen sich eine Handvoll Leute sonnt

Oxer Lookout im Karijini Nationalpark (oben) und River Red Gum-Eukalyptusbaum in der Dales Gorge (unten), der sich einen nicht gerade wirtlichen Platz zum Wurzelnschlagen ausgesucht hat

Roadtrains sind in Westaustralien die wichtigsten Transportmittel. Die Fahrer legen tausende Kilometer auf schnurgeraden Strecken zurück und versorgen das Land mit allem, was man zum Leben braucht

und den anderen beim Baden zuschaut. Der Weg hierher hat sich gelohnt.

Wie immer ist es spät geworden, zu spät, um heute noch die 300 Kilometer bis Port Hedland zu fahren. Also entscheiden wir uns, zumindest noch einige Kilometer zurückzulegen und leider nicht in der Nähe des Wasserfalls auf den Campingplatz zu gehen. Schade, sah schön aus und am frühen Morgen hätte man den Pool bestimmt ganz für sich alleine...

Auf dem Weg Richtung Port Hedland übernachten wir im Auski Road-House. Auch hier ist der Campingplatz in Ordnung. Mit leckeren Fish 'n chips, einem Bier beziehungsweise Rotwein machen wir es uns im Roadhouse gemütlich, denn draußen lauerten wieder unsere kleinen Freunde, die Moskitos. Dafür haben wir jetzt einen freien Blick durchs Fenster auf die langen Road Trains, die nachts besonders schön aussehen. Die Straßen-Züge sind hier so gefragt, weil es keine Eisenbahnverbindung gibt und Lebensmittel und andere Güter ja auf irgendeine Art in die entlegensten Gebiete transportiert werden müssen. Weil auf den Straßen vergleichsweise wenig los ist, dürfen die LKW hier mit Überlänge fahren. Über 50 Meter kann ein Road Train lang sein, dann hängen vier Anhänger an einem chromblitzenden Sattelschlepper. Um die träge Masse in Bewegung zu setzen, muss die Zugmaschine mindestens 500 PS stark sein. Wenn dann ein Road Train endlich in Bewegung ist, sollte man allerdings in Deckung gehen. Bei 100 km/h macht er alles platt, was sich in den Weg stellt. Beim Aufprall eines Kängurus auf die großen Kuhfänger, die die Australier „Roobar" nennen, verliert in jedem Fall das Känguru und der Road Train hat oft nicht einmal einen Kratzer. Am schlimmsten ist es, den Road Trains mit dem Auto auf einer Schotterpiste zu begegnen. Die Aussies haben uns erklärt, wir sollen dann sofort links ranfahren und mit gespreizter Hand von innen gegen die Windschutzscheibe drücken. Dann würde diese nicht sofort zerspringen. Die Flut an kleinen Steinen, die mit der Staubwolke übers Auto zieht, ist gewaltig. Sie hört sich an wie der Schleudergang in der Autowaschanlage, fühlt sich an wie ein kleines Erdbeben und hallt lange nach wie ein Gongschlag.

Wir sind im Roadhouse besonders schnell als Touris zu erkennen, denn alle anderen tragen blau-gelbe Warnwesten und sind mit einem eigenen 4WD da, der ein orangefarbenes Fähnchen auf dem Dach hat. Es scheint gerade Schichtende zu sein, denn die Arbeiter treffen sich hier im Roadhouse und verputzen riesige Portionen von Fleisch mit Kartoffeln.

Touristen müssen draußen bleiben

Tag 14, Auski Roadhouse - Port Hedland – Marble Bar, 493 km, Sonne, 37 Grad, wolkenlos

Wir haben kaum ein Auge zugetan, denn der Generator, der das Roadhouse am Leben erhält, brummte die ganze Nacht vor sich hin. Je nach Windrichtung mal lauter, mal leiser. Wir stehen früh auf, um am Vormittag in Port Hedland anzukommen. Zuerst sind wir auf dem Highway noch alleine unterwegs, kurz vor der Stadt begegnen uns dann immer mehr Road Trains und der Verkehr nimmt ordentlich zu. Mit 11.500 Einwohnern ist der Ort für hiesige Verhältnisse fast schon eine Großstadt. Die Hafenstadt ist der wichtigste Umschlagplatz für Eisenerz in der Pilbara-Region und der größte Minerialienhafen ganz Australiens. Wir haben Glück, gerade als wir auf die Eisenbahnbrücke zufahren, hören wir von Weitem schon das Signalhorn des Zugs. 2 x 116 Waggons randvoll mit Eisenerz beladen, angetrieben von vier Lokomotiven, rattern 10 Minuten später unter uns hindurch. Das Erz kommt im Hafen auf einen sehr großen Haufen, der die Ausmaße eines Kleingebirges hat, und per Förderband geht's dann aufs Schiff. Die Verladung wollen wir auch filmen. In der Stadt gibt es gegenüber der Verladung einen Picknickplatz. Vielleicht haben wir Glück und eines der Schiffe legt gleich ab? Da sich nach einer Stunde immer noch nichts getan hat, fahren wir ins Visitor Center, um nachzufragen. Direkt vor dem Center stehen große Tafeln, auf der die Ankunft und Abfahrt der Schiffe und Züge steht, sehr praktisch. Zurzeit liegen direkt in Port Hedland drei große Schiffe im Hafen. Die „Iron Fortune" liegt hier schon seit heute früh. 35 Stunden dauert es, das Schiff zu beladen.

Das Förderband steuert unterschiedliche Kammern des Schiffs an, damit die knapp 200.000 Tonnen gleichmäßig aufs Schiff verteilt werden. Erst in einem Tag legt es ab, Ziel ist China. In der Touristeninformation sagt man uns, dass in China eine komplette Stadt aus dem Boden gestampft werde und da brauche man Unmengen von Eisen. Die Chinesen würden immer mehr von dem Rohmaterial ordern, das später mal zu Gittern im Stahlbeton, zu Eisenbahnschienen oder zu Autos wird. Die Australier sind gerade dabei, das Hafengebiet zu erweitern: Statt neun Schiffe pro Tag an 365 Tagen im Jahr sollen es bald 20 sein. Pro Schiff liege der Profit übrigens bei 12 Mio. AUD, weiß die nette Frau im Visitor Center zu erzählen.

Übrigens ist die ganze Stadt von einer roten Staubschicht bedeckt, denn die Weiterverladung des Eisenerzes staubt, was das Zeug hält. Sogar beim Händewaschen fällt uns auf, dass rostrote Farbe ins Wasch-

Übrigens...
Port Hedland schlägt, gemessen in Tonnen, mehr Güter um als alle anderen australischen Häfen und ist die größte Stadt in der Pilbara-Region – mit 14.900 Einwohnern. Hier wird vor allem Eisenerz verschifft.

becken läuft und unsere Haut fühlt sich auch ganz verdreckt an. Deshalb ist hier wohl die Waschmittelabteilung im Supermarkt so groß... Es gibt aber auch weiße Berge mitten in der Stadt, denn „Rio Tinto" macht auch in Salz. Riesige Salinen sehen wir vor der Küste. Das Meersalz, das eine rote Pistenraupe zusammenschiebt, möchten wir aber wegen des roten Staubes nicht unbedingt in der Suppe haben...

Nachdem wir uns im Supermarkt mit allem Wichtigen eingedeckt haben, setzen wir unseren Weg Richtung Norden fort. Von Port Hedland machen wir einen Abstecher ins Hinterland nach Marble Bar. Was man in Australien so einen Abstecher nennt... Hier bedeutet es nicht mal eben 10 Kilometer Umweg, sondern gleich ein paar hundert Kilometer. Vom Highway abgefahren geht's 180 Kilometer stur geradeaus. Wir sehen roten Sand rechts und links der Straße und so weit das Auge reicht Büsche, Büsche und noch mehr Büsche. Als wir in Port Hedland losfahren, steht die Sonne schon wieder tief und wir kommen erst im Dunkeln in Marble Bar an. Ganze 190 Einwohner leben hier. Es gibt einen Laden, eine Kneipe und eine Polizeistation (was die dort zu tun haben sollen, ist uns allerdings schleierhaft). Auf dem Campingplatz

65

in Marble Bar (35 AUD powered) werden wir herzlich begrüßt, denn nicht viele Urlauber finden wohl den Weg hierher in die Einsamkeit. Es ist der heißeste Ort Australiens, mit einem Eintrag ins Guinness Buch der Rekorde ist das besiegelt. Heute ist der 23. September, also herrscht Frühling, und die frühlingshafte Temperatur beträgt nachts 30 Grad, tagsüber sind es jetzt um die 40 Grad und im Sommer legt die Sonne noch mal 10 bis 15 Grad drauf. Vom 31. Oktober 1923 bis zum 7. April 1924 sei die Temperatur hier täglich nicht unter 37,8 Grad gefallen. Diese schweißtreibenden 161 Tage führten zum Eintrag ins Buch der Rekorde. Den Titel „Australians hottest town" trägt Marble Bar auch heute noch unangefochten. Und auch in dieser Nacht fällt die Temperatur nicht unter 30 Grad. Jetzt sind wir für die luftige Zeltplane unseres Pop-Up-Dachs doch sehr dankbar. Während wir auf dem Campingplatz vor unserem Auto sitzen, fliegen viele Moskitos, ein paar Heuschrecken und viele nervige Fliegen um uns herum. Es ist Freitag und von der Bar in der Dorfmitte klingen die Lieder einer Countryband bis auf den Campingplatz.

Tag 15, Marble Bar – 80 Mile Beach, 322 km, 37 Grad, wolkenlos

Wir wollen uns alles anschauen, was Marble Bar zu bieten hat. Kurz nach Sonnenaufgang sind es bereits 36,4 Grad, wie wir an einem Thermometer im Ort ablesen können. Zuerst fahren wir auf einen mitten in der Stadt gelegenen kleinen Hügel mit einem Wasserreservoir, um uns einen Überblick zu verschaffen. Auf dem Tank steht drauf: Unser Sommer ist heiß, unser Winter ist warm und unser Wasser ist kostbar. Das glauben wir sofort, denn in der Hitze gedeihen nur wenige Pflanzen. Marble Bar ist wirklich das übersichtlichste Nest, das wir bislang gesehen haben. Die Ansammlung von Einfamilienhäusern wirkt ein bisschen trostlos, vielleicht auch, weil auf der Straße so wenig los ist. Weiter geht's. Ungefähr 6 Kilometer außerhalb der Stadt soll es die Hauptattraktion geben, den „Chinaman Pool". Da es ja schon lange nicht geregnet hat, ist der Pool aber nur eine kleine grüne Pfütze. Das Besondere um das Gewässer herum sind Steine, die in der Sonne hübsch meliert und gestreift aussehen. Und weil die ersten Siedler genau dieses Quarzgestein, genannt Jaspis, mit Marmor verwechselt haben, der wie ein Riegel hier liegt, nannten sie den Ort

Die für den Ort Marble Bar namensgebende Gesteinsart hat mit Marmor (marble) nichts zu tun, sieht aber schön marmoriert aus

Marmor Riegel, also Marble Bar. Ein paar ausgemergelte Rinder stehen in dem vertrockneten Flussbett und komplettieren das Bild aus einem Westernfilm. Warum sich hier überhaupt eine Menschenseele niedergelassen hat, hängt mit Goldfunden zusammen. Massenweise Edelmetall-Glücksritter aus ganz Australien sind hierhergekommen. Sogar eine Goldmine soll es noch geben, auf die ein kleines Schild hinweist. Nach sieben Kilometern über eine Schotterpiste kommen wir dort an. Die Goldmine wurde 1936 in Betrieb genommen, aber von Dauer war der Goldrausch nicht. Nach drei umfangreichen Goldfunden und vielen kleineren war es dann auch schon fast wieder vorbei und die Goldsucher zogen weiter. In den Fünfzigern wurde die Mine endgültig von allen guten Geistern verlassen und so sieht sie auch aus. Verfallen und verrostet sind die Gebäude und kurz vor dem Eingang warnen Schilder: „Keep out", „No entry" und „Trespassers will be prosecuted". Dafür gibt es auf dem Gelände ein kleines Museum, wo die Geschichte der Goldgräberzeit aufgearbeitet wird. Die drei Dollar Eintritt sind knapp bemessen angesichts der Tatsache, dass sich hier-

Relikte vergangener Zeiten im Museum der ehemaligen Comet Goldmine

hin nicht viele Leute verirren. Eine andere Überraschung erwartet uns ebenfalls: Statt eines alten, kauzigen Golddiggers erzählt uns ein junges Mädchen, dass Marble Bar wegen des Goldrausches einmal 5000 Einwohner hatte. Heutzutage hätten viele nur noch durch den Besuch in der örtlichen Kneipe einen Rausch...

In Marble Bar wollen wir mal jemanden auf der Straße befragen, wie es ist, im heißesten Ort Australiens zu leben. Es kommt aber leider keiner vorbei. Um die Mittagszeit scheinen sich alle in den Häusern zu verkriechen, auf der Straße hört man das Brummen der Klimaanlagen. So verlassen wir den Ort und stellen die Klimaanlage im Auto auf volle Touren. Hat sich denn der Abstecher nun gelohnt? Ja, es war zwar einsam und skurril, doch gerade das hat Spaß gemacht, und besonders eindrucksvoll waren die Relikte aus vergangenen Zeiten.

Über eine richtig gute Gravel Road kürzen wir den Weg zurück zur Küste ab. Uns wurde als nächster Stopp das Cape Keraudren empfohlen. Für 10 AUD dürfen wir die neun Kilometer Richtung Strand fahren, für weitere 6,50 AUD pro Person hätten wir dort auch campen dürfen, erklärt uns der nette Ranger. Da wir aber heute noch weiter zum 80 Mile Beach wollen, schauen wir nur, wie schön und rau es hier an der Küste ist. Die Camper stehen weit verstreut über ein großes Areal. Ein Fluss mündet ins Meer, es ist Ebbe und die Angler ziehen ihre Boote wieder an Land. Wenn wir Zeit hätten, blieben wir für eine Nacht. Dummerweise ist Zeit aber das, was uns in dem riesigen Land am meisten fehlt.

Wir schaffen es gerade noch vor Sonnenuntergang zum Caravan Park am 80 Mile Beach. Ein Schweizer Pärchen in Tom Price hatte uns diesen empfohlen und wir werden nicht enttäuscht. Ganz nah stehen wir

Wildes Camping ist nicht erlaubt. Am Cape Keraudren hätten wir übernachten dürfen (oben). Wir brauchen aber Strom, deshalb fahren wir zum 80 Mile Beach Campingplatz direkt am Strand – einer der schönsten Campingplätze an der Westküste.

mit unserem Camper am Indischen Ozean, nur eine Düne trennt uns vom türkisblauen Meer und einem endlos langen weißen Sandstrand. Das letzte Stückchen Sonne versinkt gerade im Meer. www.eightymilebeach.com.au

Tag 16, 80 Mile Beach – Broome, 390 km, Sonne, 35 Grad

Wir wachen mit der aufgehenden Sonne auf und beschließen, mit den Kameras sofort zum Strand zu gehen. Dort sind wir allerdings nicht alleine, eine Handvoll Angler steht bereits bis zu den Waden in den Wellen.Noch zwei Stunden läuft das Wasser auf, da beißen die Fische besonders gut. Wir lernen Graham kennen. Er ist Australier und zum ersten Mal an diesem Strand, da er gehört hat, dass man hier leicht Lachse und Haie angeln kann. Wir fragen ihn, ob wir ihn filmen dürfen, und er ist einverstanden. Er befestigt Tintenfischstücke und einen kleinen Fisch, der wie eine Sardine aussieht, an seinem Haken und wirft den Köder aus. Während er auf den ersten Fisch wartet, erzählt er leuchtenden Auges davon, wie schön es sei, am frühen Morgen ans Meer zum Angeln zu kommen. Leider ist er nicht sehr erfolgreich. Nach fünf Minuten zerrt und zieht es an der Rute und Graham kurbelt schnell, damit ihm der Fang nicht entgeht. Gespannt schaut er aufs

Am 80 Mile Beach darf man mit dem Auto an den Strand fahren

Wasser und endlich kommt das Ende der Schnur zum Vorschein. Es scheint so, als habe ein ganz dicker Fisch den Köder abgenagt, denn Graham steht ohne Fang in den Fluten. Er zuckt mit den Schultern und watet zurück an Land, um den nächsten Köder aufzuspießen. Fischen ist Volkssport bei australischen Männern. Ob seine Frau denn auch gerne angele, fragen wir Graham. Er verneint, seine Frau sei gerade dabei, Muscheln am Strand zu sammeln. Später sei sie dann für die Beilagen beim BBQ zuständig, denn der frisch gefangene Fisch soll natürlich heute noch auf den Grill. Wer dann der Grillmeister ist? Dreimal dürfen wir raten...

Wir lassen Graham alleine mit inzwischen 30 anderen Anglern, die alle im Abstand von 50 Metern im auflaufenden Wasser stehen. Als wir gerade mit dem Frühstück beginnen wollen, hopst plötzlich ein kleines Känguru am Camper vorbei. Während wir dem Tier noch hinterherschauen, hält ein Wagen vor uns: „Hi, how are you?" Ein Mann, der sich als Peter vorstellt, steigt aus dem Wagen. Auf seiner Schulter sitzt ein Papagei, der auf den Namen Bitchie hört. Peter arbeitet hier und ist gerade dabei, den Müll auf dem Campingplatz einzusammeln. Überall hält er ein Schwätzchen, während Bitchie ihm auf der Schulter herumkrabbelt. Wir finden Peter so nett und den Regenbogenpapagei so außergewöhnlich schön, dass wir beide filmen möchten. Peter ist begeistert, hält uns Bitchie vor die Linse und wir schauen den beiden

71

ein bisschen bei der Arbeit zu. Auf dem Campingplatz geht es ziemlich entspannt zu und wir stellen fest: Dieser Platz ist bisher einer der schönsten.

Heute wollen wir noch nach Broome fahren, über 350 Kilometer durch plattes Land mit Büschen und rotem, gelbem und grauem Sand. Um kurz vor sechs geht die Sonne unter und angeblich soll der Cable Beach in Broome nicht nur der schönste Strand Westaustraliens sein, man soll hier auch die schönsten Sonnenuntergänge erleben. Also fahren wir zum Strand, bekommen gerade noch einen Parkplatz und sehen, wie die Massen strömen. So viele Menschen haben wir seit Perth nicht mehr auf einem Haufen gesehen. Die Spannung steigt... Ein Geländewagen nach dem anderen fährt runter an den Strand, vollbeladen mit Kind und Kegel und Bier in braunen Tüten. Touris auf Kamelen bilden eine Karawane und reiten am Strand entlang. Wir fragen Sue, die nette Chefin des Cable Beach Clubs, deren Bar einen Spitzenblick auf den Sonnenuntergang bietet, was so besonders an dem Sonnenuntergang sei. „Kein Sonnenuntergang gleicht dem anderen!", antwortet sie. „Im Moment befindet sich durch die Buschfeuer viel Dunst in der Luft, was den Himmel glutrot färbt."

Pärchen sitzen knutschend auf angeschwemmten Baumstämmen, an der Cable Beach Bar stehen Menschen mit Champagnerglas mit Blick auf das Meer, eine Hochzeitsgesellschaft lässt Fotos vor Kitschkulisse machen, einige bleiben einfach im Geländewagen sitzen und gucken wie im Autokino Richtung orangefarbenes Meer. Und wir? Wir stehen hinter unseren Kameras und versuchen das Schauspiel aus allen Perspektiven einzufangen. Als der letzte Streifen der Sonne gerade unter die Linie des Horizonts gerutscht ist, packen alle ihre Sachen zusammen und verlassen den Strand. Wir stehen im Stau!

Tag 17, Broome, 41 km, Sonne, 36 Grad

Broome soll ein ganz besonderes Flair haben, denn alle, die wir auf der Strecke getroffen haben, haben uns nach Broome geschickt. Vielleicht, weil die Stadt mit ihren ungefähr 15.000 Einwohnern zu den großen Städten an der Westküste zwischen Perth und Darwin zählt und die Westküstentouristen nach viel Steppe und rotem Sand das Städtchen als wuselige Bereicherung erleben. Broome hat den Ruf, eine Hippiestadt zu sein. Außer ein paar Flatterkleidchen im Batikstil und eine Räucherkerzenabteilung im Einrichtungsladen weist aber nichts auf einen besonderen Aussteigermief hin. Aber wer würde auch schon als Aussteiger in einer relativ großen Stadt landen? Broome war einmal ein Perlenfischerdorf, viele Chinesen und Malayen kamen hierher, um im tiefen Wasser nach Muscheln mit Perlen zu tauchen. Über 400 Perlentauchboote gab es. Aber diese Zeit ist lange vorbei. Inzwischen werden die Muscheln in Farmen gezüchtet, das ist ungefährlicher und viel effektiver. Außerdem brauchen die Firmen keine Taucher mehr. Die Muschelschalen wurden früher zu Perlmuttknöpfen verarbeitet, doch die Plastikknöpfe haben dem Geschäft weitgehend den Garaus gemacht. Zurück blieb ein kleines Quartier, das Chinatown heißt: eine nette, kleine Shoppingmeile. Ganze drei Chinesen laufen uns in Chinatown über den Weg. Wie in allen Städten beherrschen Ketten von Klamottenläden und Restaurants das Bild. Wir kommen bei Sun Pictures vorbei, das laut Werbung am Haus „The Worlds Oldest Picture Garden" ist. Da Kinos auf uns eine magische Anziehungskraft ausüben, werfen wir einen Blick hinein. Vielmehr hinaus, denn es handelt sich um ein Open-Air-Kino mit einer hölzernen Überdachung, die

<< *Linke Seite
Broome ist berühmt für seinen Sonnenuntergang, den sich viele vom Auto aus ansehen*

wie eine riesige Pagode aussieht. Als Sitze stehen dicht aneinander gedrängt Sonnenliegen, viele Reihen hintereinander. Bilder von 1950 zeigen, dass es damals schon genauso ausgesehen hat. Die große Leinwand ist im Freien fest montiert, während ringsherum alte Kinosessel und Projektoren stehen. An der Wand hängen Gemälde von Schauspielern überlebensgroß an der Wand. Das Kino wurde 1916 von einem japanischen Geschäftsmann mit einem Stummfilm eröffnet. Seitdem laufen hier fast täglich Filme.

Rundherum gibt's Cafes und Restaurants, die Leute sind entspannt und uns brennt die Sonne auf den Pelz. Es ist sehr heiß und fast windstill. Wir lernen, dass die schlauen Broomer extra einen eigenen Architekturstil entwickelt haben, um die Hitze zu ertragen. Die Häuser haben anstelle von Mauerwerk Latten, die über Kreuz angeordnet sind wie ein Jägerzaun. So kann die Meeresbrise, wenn sie sich mal in die Stadt verirrt, durchs Haus ziehen. Angestrichen sind die Häuser traditionell in rot und grün. Hinter dem Jägerzaun ist eine große Veranda verborgen, sodass wenig Licht ins Haus kommt. Auf diese Weise kann sich das Haus nicht so aufheizen und die Dunkelheit suggeriert den Einwohnern zusätzlich noch, dass es kühl ist.

Wir stehen mit unserem Camper auf dem Tarangau Caravan Park in der Nähe des Cable Beach. Das erste Mal ist auch nach Sonnenuntergang ein bisschen was los auf einem Campingplatz. In der Gemeinschaftsküche kommen viele Backpacker und Camper verschiedener Nationalitäten zusammen: ein paar Deutsche, Franzosen, ein Australier und Italiener. Wir erzählen uns gegenseitig von unseren Erlebnissen und bekommen Reisetipps. Das ein oder andere Bierchen rinnt durch die Kehle, während die Italiener dazu leise ein bisschen Musik aus den Autolautsprechern rüberschallen lassen. Die Stimmung ist super, aber die vergnügungssüchtigen Europäer haben die Rechnung ohne den gestrengen australischen Campingplatzwart gemacht. Musik scheint in seinen Ohren Teufelzeug zu sein und lautes Gelächter ebenso. Um 20:00 Uhr kommt er das erste Mal vorbei und mahnt: „Keep the noise down!". Besonders die Italiener finden es nicht besonders witzig, Spaß, Musik und die lustigen Unterhaltungen als „Krach" zu bezeichnen und legen noch einen drauf, als die Spaßbremse wieder weg ist. Sie stellen die Boxen aufs Autodach und den Regler auf die Mitte. Keine 10 Minuten später steht der Platzwart wieder auf der Matte. Obwohl viele Hinweisschilder die Nachtruhe erst auf 22 Uhr festlegen, hat der Platzwart schon jetzt etwas gegen die Musik. Also Boxen wieder rein,

Musik aus und flüstern. Um Punkt 22 Uhr geht in der Küche automatisch das Licht aus und keiner findet einen Schalter, um es wieder anzumachen. Wir Camper schmeißen Kerzen und Stirnlampen zusammen und sitzen noch bis Mitternacht gemütlich zusammen, bevor wir ins Bett gehen. So gegen vier Uhr fahren die Italiener mit ihren Autos hupend im Kreis über den Campingplatz, um sich an dem Spaßverderber zu rächen. Es dauert wieder keine fünf Minuten, da werden sie rausgeschmissen. Schade eigentlich, es waren echt witzige Kerlchen. Wenn ab fünf Uhr morgens die ersten Reisenden mit ihrem Wohnmo-

Die Strohhalsibisse suchen direkt an der Straße nach Futter

bil vom Platz fahren und vorher schön mit laufendem Motor nebenan 20 Minuten die Klimaanlage auf Temperatur bringen, halten das die Platzwarte in Australien für völlig normal. Wir hätten da mal eine Spitzenidee: Warum macht keiner einen Campingplatz auf, auf dem „Krach" durch geselliges Zusammensein nach 22 Uhr ausdrücklich erwünscht ist? Wir würden da nämlich gerne übernachten.

Tag 18, Broome – Cape Leveque, 245 km, Sonne, 35 Grad

Auf geht's in den Norden zum Cape Leveque. Die Halbinsel gehört zwei Aboriginal-Communities, den „Djarindjin" und den „One Arm Point". Sie bieten auf ihrem Land direkt oben am Cape unterhalb des Leuchtturms Unterkünfte für Touristen an. 1986 wurde der Leuchtturm automatisiert, sodass das Land nicht mehr von der australischen Verkehrsbehörde kontrolliert wird. Die „Aboriginal Development Association" kaufte das Land und die Aboriginals entschieden sich, mit Tourismus Geld zu verdienen. Allerdings nur mit Tourismus, der ihren Grundsätzen entspricht. Das Resort ist klein und kann sich mit Sonnenkollektoren und Wasseraufbereitungsanlage selbst versorgen, damit die Natur so wenig Schaden wie möglich nimmt. Be-

Cape Leveque. Stellplatz mit Blick aufs Meer im Kooljaman Resort

vor die Weißen kamen, hieß Cape Leveque schlappe 7000 Jahre lang Kooljaman, weshalb das Resort heute diesen Namen trägt. Vom Stellplatz für einen Camper über ein größeres Zelt bis hin zu Stelzenhäusern für eine komplette Familie kann man im Kooljaman Resort alles mieten. Wir bekommen für unseren Camper Stellplatz Nummer 17 zugewiesen, mit direktem Blick aufs Meer (41 AUD powered, ohne Reservierung geht nix). Das Land gehört zwar den Aboriginals, doch es arbeiten dort Menschen aus allen Herren Ländern, um das Resort im Sinne der Aboriginals zu betreuen und die Gäste zu versorgen. Zehn Aboriginals sind im Vorstand und Brian ist der CEO, also der Firmenboss. Mit seinen weißen langen Haaren und seinem Surfershirt sieht er nicht nur cool aus, er ist uns auf Anhieb sympathisch. Einige seiner Angestellten aus dem Resort haben heute ihren freien Tag und Brian möchte mit ihnen etwas unternehmen. Aus seinem Auto dröhnt laute Musik und spontan lädt er uns ein, mitzukommen. Wir fragen ihn, wo es hingehen soll, aber Brian möchte seiner Crew einen Überraschungstag bereiten. Also rasen wir ihm mit unserem Camper hinterher, auf asphaltierter Piste ist das (noch) kein Problem. Plötzlich aber macht Brian eine Vollbremsung und fährt links ins Gebüsch hinein. Ist das eine Straße? Nur ein schmaler Pfad liegt vor uns, der wohl nicht sehr häufig von Autos befahren wird. So breit und so hoch, als hätte jemand mit der Astschere einmal ums Auto herum den Weg freigeschnitten. Allerdings schon vor längerer Zeit, denn wir müssen öfter anhalten, um einen Ast abzubrechen. Als ein umgekippter Baum den Weg versperrt, hat Brian sofort eine Motorsäge zur Hand. Mit Schwedenstart geht's ran an den Stamm und schon fliegen uns die Sägespäne um die Ohren. „Ist doch viel einfacher als bei unseren Vorfahren, die hier noch mit 'ner Axt im Wald standen", sagt Brian und grinst. Und weil er schon mal die Motorsäge aus dem Auto geholt hat, macht er auch noch gleich einen abgestorbenen Baum klein. „Gibt vier schöne Boomerangs, die haben meine Leute früher als Waffe oder bei Zeremonien benutzt, heute verkaufen wir sie als Kunsthandwerk". Wir rutschen und hoppeln im Auto weiter hinterher durchs Dickicht, bis wir an einer Lagune halt machen. „Es kann ein bisschen matschig werden", hat Brian uns vorher gewarnt. Zu Fuß folgen wir ihm mit unseren Kameras ins knietiefe Wasser. Das Wattgebiet ist hier sehr schlammig, bei jedem Schritt sinken wir tief ein und der Schlick glitscht durch die Fußzehen. Brian watet einige Meter durchs Wasser, pirscht sich an etwas heran, wirft seinen Speer, freut sich, bückt sich und holt einen Krebs aus dem Wasser, so groß wie eine Schallplatte. Allein die Krebsscheren sind so groß wie Brians Hand. Eine „Mudcrab" sei das, erklärt uns Brian und packt sie in einen Sack. „Die kochen wir nachher auf dem Feuer." Ungefährlich ist das Mudcrabbing nicht, Brian zeigt uns tiefe Narben auf seinem Rücken. Er hat mal Krebse gefangen und nicht gleich gemerkt, dass einer mit seinen Scheren den Jutesack angeknapst und darunter gleich sein Fleisch am Rücken erwischt hat. Brian hat den Sack losgelassen, der zu Boden fiel. Der zwickende Krebs hat ein ganzes Stück Fleisch mit rausgerissen und Brian eine blutende Wunde verpasst.

Zum Jagen der Krebse setzt sich Brian eine polarisierte Brille auf. Auch wir haben vor die Kameralinse einen Polarisationsfilter geschraubt. Die dunkle Scheibe filtert die Spiegelungen von der Wasseroberfläche,

Der alte Leuchtturm am Cape Leveque auf der Dampier Halbinsel

Bilder der folgenden Doppelseite: Ausflug mit Brian »

sodass man glasklar bis auf den Grund gucken kann.

In einer Stunde fangen Brian und die anderen fünf Riesenkrebse. Brian packt seinen Jutesack ins Auto und winkt uns heran: „Los jetzt, wir gehen schwimmen. Am Strand mach ich dann schon mal Feuer und fange noch ein paar Fische, damit's für alle reicht." Wir lassen mal wieder Luft aus dem Reifen, damit wir auf dem Weg zum Strand im tiefen Sand überhaupt vorankommen. Die Route, die Brian mit seinem 4WD durchs Dickicht fährt, wird immer abenteuerlicher. Wir ducken uns instinktiv im Auto, wenn ein großer Strauch nach der Windschutzscheibe schlägt, die Fahrspuren werden immer sandiger und das Auto schlägt Haken wie ein Hase auf Speed. Doch unsere halsbrecherische Fahrt wird belohnt, wir kommen an einem wunderschönen Strand heraus und Brian entfacht im Schatten gleich ein Feuer. Bis das Feuer richtig brennt, springen alle erst einmal in die türkisblauen Fluten. Das Wasser ist ganz warm. Und das Salzwasserkrokodil sei heute nicht hier, beruhigt uns Brian. Er macht sich einen Spaß daraus, sich an Irene leise heranzuschleichen und ihr von hinten in die Wade zu kneifen.

Sie quiekt vor Schreck laut los und er lacht sich eins. Mit einem Netz fängt Brian noch einige Fische und legt den Fang aufs Feuer. Die Krebse verändern in der Flamme ihre Farbe von graublau zu orangerot. Nach einer halben Stunde sind sie gar. Brian legt sie auf frisch abgerissene Blätter vom Tea Tree. „Besser als Hummer", preist Brian die Spezialität an und knackt die dicken Dinger einfach in der Hälfte auseinander und verteilt die Scheren und Beine. Das Fleisch an den Scheren schmeckt fischig, das aus der Mitte hingegen salzig und am leckersten finden wir das Fleisch aus den Beinen, nicht zu fest und mit feinem Geschmack. Höhepunkt des Menüs sind Schnecken, frisch aus dem Meer, die seit einer halben Stunde auf dem Feuer garen. Als Brian die Schnecken verteilen will, streiken plötzlich alle. Mit einer Zange pult er die Schnecke aus ihrem Gehäuse - das Fleisch ist giftgrün! Mit den Worten „Ich esse nichts, was grün ist", lehnt eine Taiwanesin Brians Essenseinladung ab. Josefine aus England möchte Brian nicht beleidigen, weil für ihn die Schnecken eine Delikatesse sind, und sie würgt den grünen Gnurps herunter. Wir jedoch verstecken uns hinter

unseren Kameras und überlassen Brian gerne seinen Gaumenschmaus.

Wieder zurück im Resort parken wir das Auto auf unserem Stellplatz mit Blick aufs Meer und sehen gerade noch die Sonne untergehen. Das war ein wirklich großartiger Tag mit einem witzigen und sympathischen Typen und einer lustigen Truppe. Danke, Brian! (www.kooljaman.com.au)

Tag 19, Cape Leveque – Derby, 311 km, Sonne, 36 Grad

Die Luft steht und kocht. Wir schwitzen bei satten 36 Grad. Die Klimaanlage im Auto läuft auf Hochtouren, die Lüftung auch, damit der Staub von den Sandpisten nicht ins Innere kommt. Heute stehen 150 Kilometer Sandpiste auf dem Programm statt 270 Kilometer Asphalt. Von der Zeit her soll's in etwa auf das Gleiche herauskommen, sagt Brian, den wir gestern um Rat gefragt haben, welche Route wohl besser sei. Wir klappern, schlingern und kriechen vor uns hin und das Fahren ist auf Dauer ganz schön anstrengend. Dafür kommt aber auch keine Langeweile auf, obwohl sich die Landschaft bis zum Horizont nicht verändert. Wir halten auf der gesamten Strecke zweimal: Zunächst an einem Wegweiser, der nach 68 Kilometern einfach so auf dem Nichts auftaucht. Auf einem Blechschild hat jemand unser nächstes Ziel Derby mit einem Pinsel bunt aufgemalt. Das ist doch ein Foto wert. Nächster Halt: Termitenhügelgroßstadt. Wir haben die Dinger ja schon viele Kilometern weiter südlich gesehen, da war die Erde rot und die riesigen Termitenhügel waren es natürlich auch. Hier stehen Zigtausende nebeneinander, von der Größe einer Zwergenmütze bis hin zu einem gut gefüllten Nikolaussack. Ein Hügel neben dem anderen sehen sie aus wie Stalagmiten, mal aus roter, mal aus brauner Erde zusammengerotzt (das stimmt wirklich, Termiten verbacken die Erde

mit ihrem Speichel. Scheint einiges zusammenzukommen...). Jeder Termitenhügel ist ein Kunstwerk für sich, jeder sieht anders aus. Links vom Auto stehen sie soweit das Auge reicht auf brauner Steppe, rechts vom Auto auf schwarz verkohlter Erde. Vor einigen Jahren haben hier Buschbrände gewütet. Der Kontrast zwischen den hellen Hügeln und der Erde sieht schon außergewöhnlich aus. Also Kameras raus, das glaubt uns sonst kein Mensch!

Der Affenbrotbaum heißt Dinner Tree, weil hier bis in die 50er Jahre die Viehtreiber darauf gewartet haben, hunderte Rindviecher auf Schiffe zu verladen

Wir kommen gegen 17 Uhr in Derby an und steuern als erstes den Campingplatz an (powered 36 AUD) Auf einem Stadtplan malt uns der Platzwart die Highlights von Derby auf. Er sagt zu Christian: „Schnapp dir dein Mädel und eine Flasche Wein und fahr zum ‚Dinner-Tree'. Der Sonnenuntergang dort ist grandios. Beeilt euch, ihr habt noch 20 Minuten Zeit..." Die reichen, um den Ort zu finden und fantastische Aufnahmen von einem Affenbrotbaum im Abendlila zu machen.

Vierte Woche

Von Derby bis
Bullo River Station

Tag 20, Derby, 55 km, sonnig, 30 Grad

10 Uhr und 31 Minuten: Genau zu dieser Zeit ist Niedrigwasser. Wir heizen durch Derbys Straßen, um pünktlich am Jetty anzukommen, denn hier in Derby gibt es den höchsten Tidenhub Australiens. 11,09 Meter machen heute den Unterschied zwischen Ebbe und Flut aus. Als wir den Jetty erreichen, müssen wir schmunzeln. Meterhohe Stelzen ragen aus der sich weit ausdehnenden Wattlandschaft. Um 15:34 Uhr wollen wir wiederkommen, dann hat das Hochwasser den höchsten Stand erreicht. Wir machen Aufnahmen bei Ebbe, stellen uns nachher an dieselbe Stelle und filmen das Hochwasser, um den Unterschied zu verdeutlichen.

Morgen soll es auf die Gibb River Road gehen, eine 4WD-Strecke durch eine der einsamsten Regionen Westaustraliens mit wenig bis gar keiner Infrastruktur, deshalb schlagen wir erst einmal im Supermarkt zu. Bevor uns da das Bier ausgeht, holen wir doch lieber noch einen Karton und scheitern beim Bezahlen am Kassierer. Er weist uns darauf hin, dass bis 17 Uhr nichts aus dem Liquor Store verkauft werden darf, das mehr als 3,5 Prozent Alkohol hat. Grinsend fragen wir ihn, in welche versteckte Kamera wir jetzt winken dürfen. Aber er lächelt uns nur an und schüttelt dabei den Kopf. Die Gemeinde habe diese Regelung beschlossen und außerdem gebe es strenge Polizeikontrollen. Wir überlegen, ob diese Maßnahme mit den Ureinwohnern zu tun hat. Vor dem Supermarkt sitzen einige Aboriginals im Schatten und entsprechen leider genau dem Klischee, von dem

Capes uns erzählt hat. Über mehrere Zehntausend Jahre haben die Aboriginals ohne Alkohol gelebt. Dass sie überhaupt Alkohol trinken, liegt an den Weißen, die unter anderem mit Schnaps bezahlten. Um die Sucht in den Griff zu bekommen, leben einige Communities strikt alkoholfrei. Ob die Regelung in Derby überhaupt etwas bringt, wagen wir zu bezweifeln. Wer Stoff braucht, bekommt ihn auch. Spätestens nach 17 Uhr...

Diskutieren bringt in Australien gar nichts, denn Regeln sind Regeln. Australier lieben Regeln. Ein Schild auf unserem Campingplatz weist zum Beispiel darauf hin, dass man auf dem Stellplatz seinen Wagen nicht waschen darf und dass man in den Duschräumen ausrutschen kann, weil es nass ist. Deshalb sind auch Schuhe im Bad vorgeschrieben, denn die Erfindung der Trockendusche steht noch aus... Kinder bis 12 Jahre dürfen übrigens nur in Begleitung der Eltern die Toilette aufsuchen. Über der Toilettenschüssel hängt dann das lustigste Schild, auf dem steht, dass man die Spülung so lange betätigen muss, bis der gesamte Inhalt heruntergespült worden ist.

Gestern Abend hatten wir ja schon einen Affenbrotbaum gesehen und auch in dieser Gegend wachsen viele dieser Bäume. Die Australier nennen ihn „Boab Tree". Der Baum hat einen dicken Stamm und keine Blätter, dafür trägt er mangogroße Früchte. Viele Legenden ranken sich darum, wie der Baum zu seinem außergewöhnlichen Aus-

sehen gekommen ist. Eine geht so: Als Gott den Boab Tree geschaffen hat, hat der Baum über sein Aussehen geschimpft. Das hat Gott so verärgert, dass er den Boab aus dem Boden gerissen und mit den Wurzeln nach oben wieder in den Boden gestampft hat. Ein ganz besonderes Exemplar ist der „Prison Tree" ein paar Kilometer außerhalb von Derby. In den 1890ern haben die Polizisten diesen riesigen Baum dazu genutzt, Gefangene darin einzusperren, denn der Baum ist innen hohl und hat einen Umfang von über 14 Meter. Während wir den Baum filmen und Bienenvölker darin entdecken, kommen zwei Familien vorbei, die anscheinend Drive-In-Sightseeing machen. Alle kurz raus aus dem Auto, „Cheese!", knips und tschüss.

Am Nachmittag fahren wir zurück zum Jetty. Bis einen Meter unter der Fahrbahn steht nun das Wasser und klatscht an die Stelzen. Die Vorher-Nachher-Aufnahme finden wir einfach beeindruckend.

Tag 21, Derby – Fitzroy Crossing, 335 km, sonnig, 29 Grad

„Seid ihr auch schon ‚die Gibb' gefahren?" - seit Tagen hören wir auf den Campingplätzen keine andere Frage mehr. Gemeint ist die Gibb River Road, die durch die Kimberleys von Derby nach Kununurra führt. Dabei handelt es sich um einen ehemaligen Viehtriebweg, der heute eine Touri-Route für alle mit 4WD ist. 670 Kilometer lang ist die Strecke, die bis auf die ersten Kilometer von Derby aus gesehen „Gravel Road" ist. Gravel Road kann vieles bedeuten, eines aber ist sicher: Es wird staubig. Trotzdem waren die Schotterpisten in Westaustralien bislang sehr gut befahrbar. Am besten geht's voran, wenn einige Wochen vorher ein Planierfahrzeug den ganzen Staub in eine halbwegs glatte Piste gepresst hat. Aber schon nach einigen Wochen schlägt der Straßenbelag erneut kleine Wellen und sieht aus wie Wellblech. Im Fahrzeug vibriert dann alles - von den Tellern bis zum Hirn. Wenn

man dann noch durch eine Senke („Dip") fährt, hüpft das Ei von selbst in die Bratpfanne. Bei ungefähr 80 km/h liegt die Über-die-Wellen-Flieg-Geschwindigkeit. Wenn man zu langsam fährt, ist das Klappern und Vibrieren schlimmer, weil die Reifen Zeit haben, in jeder einzelnen Rille zu versinken und anschließend wieder rauszuhüpfen. Ab einem gewissen Tempo aber springen die Reifen von einem Wellenberg zum nächsten und gleiten über den welligen Schotter. Unfassbar, was ein Auto und die Stoßdämpfer hier auszuhalten haben! Wir lassen die Klimaanlage auf vollen Touren laufen, haben die Scheinwerfer angemacht und wenn uns einer überholt, fahren wir so weit es geht an den Straßenrand und lassen die Staubwolke an uns vorbeiziehen. Die Sichtweite liegt bei geschätzten 2 Meter. Wenn wir aussteigen wollen, müssen wir zwei Minuten im Auto sitzen bleiben, bevor wir auch nur daran denken können, die Tür aufzumachen. Die Route ist pures Gift für unsere Kameras. Aber es hilft ja nichts, die Strecke soll ja auch im Film vorkommen. Weiter geht es durch Flussbette, die im Moment fast alle trocken sind. Rinder stehen auf der Straße, weil sich diese mitten in ihrer Weidelandschaft befindet. Die Gibb River Road führt an vie-

Die Schotterpiste erfordert laut oben stehendem Schild „vorsichtige Fahrtechniken". Der Staub ist schlimmer als Nebel

len Schluchten und Wasserfällen vorbei, und auch wenn uns auf der Strecke ein paar Autos begegnen, sind wir fast alleine an den gut ausgeschilderten Highlights der Strecke. Übrigens ist die gesamte Fläche der Kimberleys größer als ganz Deutschland.

Wir besuchen die Windjana-Gorge. Diese Schlucht war vor 300 Millionen Jahren ein Riff im Meer und so tauchen wir ein in eine ganz besondere Welt. Der Weg in die Schlucht führt durch eine kleine Höhle, in der uns viele Schmetterlinge um die Nase flattern. Beim Verlassen der Höhle schauen wir auf einen üppigen Wald, der eingerahmt ist von 150 Meter hohen rot-schwarzen Felsen. Irgendwo hören wir ein Kind schreien. Ganz jämmerlich. Wir folgen dem Geräusch und lokalisieren das Geschrei in einem Baum. Dort sitzen zwei Corella-Papageien, die sich anscheinend gerade erzählen, wie gern sie sich haben und sich anschnäbeln. Ihr markdurchdringender Balzgesang hallt durch die Schlucht. Das nächste Geräusch, das an unsere Ohren dringt, ist ein

Summen. Wir blicken an unseren Beinen herunter und sehen mindestens fünf fette Bremsen, die gerade ihren Stachel in unser Fleisch rammen wollen. Neiiiin! Wir ahnen nicht, dass dies nur die ersten von einer Million Bremsen sind, die uns auf dem Weg durch die Schlucht begleiten und darauf warten, dass wir stehen bleiben. Das tun wir leider ziemlich oft, denn die Schlucht ist wunderschön und unsere Kameras laufen heiß. Unsere Rettung ist eine neue Arbeitsteilung, einer filmt und der andere steht mit einem frischen Zweig vom Laubbaum dahinter und schlägt die Bremsen weg, sobald sie sich nähern. Oder haut auf Anweisung: „Wade rechts!!" „Aua, linker Ellenbogen" „Rechts: Arm, Arm, schnell, Arm!!" Klappt einigermaßen. Nach 15 Minuten haben wir beide nur je vier Stiche anstatt streuselkuchenmäßig übersät zu sein. Bei gefühlten 50 Grad stapfen wir auf dem ausgetrockneten Flussbett entlang Richtung großer Flusspfütze. Hier soll es Süßwasserkrokodile geben, die an der langen und schmalen Schnauze zu erkennen sein sollen. Und tatsächlich, wir entdecken mindestens zehn Krokodile im Wasser, sie dümpeln herum und lassen sich von uns nicht weiter stören. Ganz nah gehen wir heran, denn Süßwasserkrokodile sind wesentlich weniger gefährlich als ihre Salzwasserkollegen. Man sollte nur darauf achten, dass sie sich nicht in die Enge getrieben fühlen, denn sonst können auch sie zuschnappen. Ansonsten entfernen sie sich ge-

Die Tunnel Creek Höhle kann man auf einem Kilometer Länge durchwandern

Über uns hängt eine Kolonie von Flughunden (ganz oben). Auf dem Rückweg stehen wir bis zum Rucksack im Wasser

mächlich im Wasser, wenn man ihnen zu nahe kommt. Ach, wär das schön, sich in aller Ruhe auf die Lauer zu legen und die schöne Schlucht in allen möglichen Sonneneinstrahlungen aufzunehmen. Wenn bloß diese Bremsen nicht wären! Es ist nicht leicht, nicht zu wackeln, wenn man ein Krokodil aufnimmt und sich währenddessen eine Bremse in die linke Wade bohrt. Der Stich tut jedes Mal richtig weh, sodass wir dann doch mit geschätzten 20 Stichen, aber auch vielen tollen Aufnahmen, den Rückweg zum Auto antreten. Völlig durchgeschwitzt freuen wir uns auf den nächsten Programmpunkt, Tunnel Creek, eine kühle Höhle, die man auf einen Kilometer Länge durchwandern kann. Ohne Taschenlampe ist es dort stockdunkel, und da wir schon von anderen gehört haben, dass es auch mal durch hüfthohes Wasser gehen kann, tragen wir Badehosen. Der Weg zur Höhle ist von vielen Felsbrocken gesäumt, die wir umklettern müssen. Ein Fels in der Größe eines Supermarkts verriegelt bis auf eine kleine Lücke den Eingang. Endlich in der Höhle angekommen, schalten wir unser Licht an der Kamera an und stehen schon bald im eiskalten Wasser. Die ersten Meter folgen wir einer Touri-Gruppe, deren Anführer mit seiner Profilampe die halbe Höhle ausleuchten kann und uns dadurch tolle Blicke ermöglicht. Wir sehen wieder Stalagmiten und auch Höhlenmalereien. Nach 200 Metern Dunkelheit kommen wir wieder ans Licht und hören tierische Geräusche. Über uns baumelt in 30 Meter Höhe eine Kolonie von Flughunden. Sie hängen kopfüber an der Felsdecke und scheinen sich an dem Scheinwerfer zu stören. Gellende Schreie und lautes Quieken, wie Katzen auf dem Baum oder ein Schwein, das abgeschlachtet wird, hallen durch die Höhle. Wir können uns an den Kreaturen nicht sattsehen und freuen uns darüber, als einige ihre Batman-Schwingen ausbreiten und sich wieder in ihre Flügel einrollen. Während wir filmen, geht die Gruppe weiter und überlässt uns unserem Orientierungssinn. Als wir einige Meter in den nächsten Höhlenabschnitt gehen, sind wir von sattem Schwarz umgeben. Endlich kommt mal der Nachtsichtmodus an unserer Kamera zum Einsatz. Ein bisschen gruselig ist es hier allerdings schon, so ganz allein. Wir tappen weiter und fragen uns, ob es wohl eine Legende ist, dass hier Krokodile wohnen. „Guck mal, da im Wasser, ´ne Schlange", sagt Christian und zeigt auf einen – Stock. Nur wenige Meter weiter finden wir dann tatsächlich die Haut einer Schlange, was ein mulmiges Gefühl hervorruft. Gleich müssen wir durchs Wasser, im Schein unserer Kameralampe sieht es tief aus. Und plötzlich taucht tatsächlich ein Krokodil auf! Sollen wir jetzt wirklich durch dieses Wasser waten? Wir geben uns einen Ruck und laufen weiter durch die Dunkelheit, ohne auch nur eine Spur vom Krokodil sehen zu können. Leider suchen wir uns die falsche Stelle aus, um die nächste Untiefe zu durchqueren, und stehen bis zum Rucksack im Wasser. Also machen wir kehrt und finden zum Glück eine bessere Stelle. Hinter der nächsten Ecke werden wir dann mit einem tollen Ausblick belohnt:Tageslicht bricht sich den Weg durch die Höhle, die hier 50 Meter hoch und mit Stalagmiten verziert ist.

Auf dem Weg zurück durch die Höhle können wir das Krokodil leider nicht noch einmal entdecken, obwohl wir alle Winkel ausleuchten. Dieser Ausflug ist wirklich großartig, wir folgen keinen ausgetretenen Nachdackelpfaden, sondern erleben einen Hauch von Abenteuer. Die Sonne steht jetzt schon tief am Himmel und unser Auto ist das einzige, das noch auf dem Parkplatz steht. Fitzroy Crossing wollen wir heute noch erreichen. Doch es wird auf einen Schlag dunkel und die Gravel Road ist ein ganz schönes Stück Arbeit. Wir kurven um Rinder herum, durchqueren zwei Flüsschen und bremsen für Kängurus am Straßenrand. Irgendwann geht's endlich auf den Highway 1. Nach anderthalb Stunden Fahrt kommen wir unbeschadet auf dem Campground in Fitzroy Crossing an (29 AUD powered). Auch wenn es bestimmt eine tolle Tour ist, den Rest der Gibb schenken wir uns. Wir müssen weiter. Auf unserer Drehliste stehen die Bungle-Bungles, die wollen wir auf keinen Fall auslassen.

Tag 22, Fitzroy Crossing – Leicester Creek – 24h Parking am Highway, 384 km, diesig, 32 Grad

So langsam gewöhnen wir uns an die täglichen Monsteretappen im Auto. Heute wollen wir einen Fahrtag einlegen, das heißt 450 Kilometer

Vor den Salties sollte man sich in Acht nehmen. Deshalb verzichten wir hier auch auf ein Bad im Fluss

bis zum ersten Camping Ground im Purnululu Nationalpark fahren. Dort stehen die Bungle Bungle Felsen. Auf dem Highway gibt es nicht viel zu sehen, wieder nur Straße, rote Erde und viele Spinifex-Büsche und der Trockenheit trotzende Bäume. Die ersten 300 Kilometer gibt es zum Anhalten lediglich einige einsame Rastplätze und zwei Aussichtspunkte, von denen wir in die weite, monotone Landschaft sehen können. Wir machen Halt an einem hübschen, fast ausgetrockneten Flussbett. Trotz Warnschild „Bitte nicht schwimmen gehen, hier leben Krokodile" entdecken wir keine Riesen-Reptilien, dafür ein paar Kakadus, Reiher und Rinder. Wie immer vergeht der Tag wie im Flug, die Sonne geht jeden Tag ein bisschen früher unter- inzwischen schon um 17:20 Uhr. Um 15 Uhr sind wir in Halls Creek und fragen im Visitor Center nach, wie lange wir noch bis zum angepeilten Campingplatz fahren müssen. „Das schafft ihr auf gar keinen Fall! Selbst wenn ihr es bis zur Einfahrt in den Nationalpark schafft, sind es immer noch 52 Kilometer Schotterpiste. Die ist in einem so schlechten Zustand, dass ihr mindestens drei Stunden dafür braucht. Im Dunkeln dürft ihr die Strecke auf gar keinen Fall fahren!", ist dort die klare Antwort.

Also fügen wir uns unserem Schicksal und fahren noch 70 Kilometer bis zu dem 24h-Parkplatz am Highway direkt an der Einfahrt zu den Bungle Bungles. Hier gibt es viele Übernachtungsplätze, ein Plumpsklo, auf das man nicht gehen möchte, und einige Picknicktische. Versorgen können wir uns selbst, unser Camper hat an der Seite einen ausziehbaren Herd, an den wir die Gasflasche schrauben, und eine Spüle inklusive Wassertank gibt's auch. Während wir kochen, kommen noch zwei andere Pärchen an, die es sich an ihrem Auto gemütlich machen. Wir widmen uns der Planung der nächsten Wochen: In 13 Tagen müssen wir in Darwin sein und bis dahin gibt's noch viel zu sehen und zu filmen auf der Route... Um 6 Uhr abends ist es völlig dunkel. Die Mücken nerven, es ist unglaublich heiß und wir sehen keine andere Chance, als um halb acht das Licht auszuknipsen, sonst werden wir aufgefressen. Das glaubt uns kein Mensch, dass wir so früh schlafen gehen!

Tag 23, Leicester Creek – Wyndham, 356 km, diesig, 30 Grad

Wir sind um 6:30 Uhr schon on the road. Nur noch ein paar Kilometer geteerte Straßen und dann geht's ab auf die abenteuerliche Schotterpiste und rein ins Weltnaturerbe Bungle Bungles. Denken wir. Wir biegen in die Einfahrt des Nationalparks ein und stehen vor einem Gatter. Das ist in Westaustralien nichts Ungewöhnliches, denn die meisten Straßen, die über Privatgelände führen, haben ein Viehgatter. Was wir allerdings bislang noch an keinem Gatter gesehen haben, ist das Schild „Closed". Nee, das kann nicht sein, wir sind bestimmt zu früh da, die machen hier vielleicht erst um 7 Uhr auf? Da aber stoppt uns ein Ranger mit grimmigem Gesicht (Er ist der erste Australier, der nicht freundlich zu uns ist!): „Ich lass euch hier nicht rein. Es gib ein Buschfeuer direkt an der Zufahrtsstraße, das ist zu gefährlich." „Wann, meinen Sie, öffnen Sie die Zufahrt wieder?", wollen wir von ihm wissen. „Also heute auf gar keinen Fall, vielleicht in zwei bis drei Tagen, die Feuer sind unvorhersehbar, manchmal ebben sie ab und ein anderes Mal steigen die Flammen meterhoch." Das darf doch nicht wahr sein, geht es uns durch den Kopf, wir können uns doch jetzt nicht vor den Park stellen und darauf warten, dass das Schild umgedreht wird... „Kön-

nen wir denn auf eigenes Risiko rein?", fragen wir den Ranger. „Nein, auf keinen Fall!" Die Mine des Rangers verfinstert sich zusehends. Woanders seien schon Leute umgekommen. Er verabschiedet sich von uns mit dem obligatorischen „No worries", was wir mit „Pech gehabt" übersetzen und fährt in den Park, um diejenigen zu eskortieren, die sich schon seit ein paar Tagen im Park aufhalten. Das erste Auto, das den Park verlässt, halten wir an: „Habt ihr das Feuer gesehen?" „Ohja", antwortet das australische Pärchen, „es brennt direkt an der

Der Five River Lookout hüllt sich in Dunst

Straße. Sie haben gestern Mittag schon die Zufahrtsstraße abgeriegelt und keinen mehr in den Park gelassen. Es ist einfach zu gefährlich." Wir gucken uns an und müssen wohl klein beigeben. Während wir am Gatter stehen, kommen noch vier Autos an. Die Leute reagieren auf das „Closed"-Schild nur mit Schulterzucken und machen kehrt. Traurig sind wir schon, denn wir haben extra für die Bungle Bungles auf einen großen Teil der Gibb River Road verzichtet. Jetzt müssen wir überlegen, was wir mit dem Tag anfangen. Wir entscheiden uns, weiter Richtung Norden zu fahren und der Stadt Wyndham einen Besuch abzustatten. Dort gibt es das „Parry Lagoon Nature Resort", wo man von einer Plattform aus nicht nur unzählige Vögel, sondern auch Salzwasserkrokodile sehen kann. Außerdem beschließen wir, von Kununurra aus einen Scenic Flight über die Bungles zu machen. So einfach kommen uns die Steinchen nicht davon! Auf dem Weg Richtung Norden verdunkelt sich der Himmel, was auf die qualmenden Buschfeuer zurückzuführen ist, die an vielen Bergrücken ihr Unwesen treiben. Riecht ganz schön nach Lagerfeuer... Glücklicherweise ist der Highway nicht vom Buschfeuer betroffen, es gibt nämlich keine Alter-

94

nativstrecke. Zu allem Überfluss gesellen sich zu den Rauchschwaden auch noch echte Wolken. Dennoch fahren wir zum „Five River Lookout" in Wyndham, dem einzigen Highlight des 690-Seelen-Ortes. In der nördlichsten und ältesten Stadt Westaustraliens treffen sich nämlich fünf Flüsse und der Blick über die riesige Flusslandschaft muss bei Sonnenlicht toll aussehen. Leider kommt dies im Dunst auf den Fotos nicht zur Geltung. Schade.

Abends sind es immer noch über 35 Grad und wir schwitzen uns einen ab. Da wir nahe einer Lagune auf der Parry Creek Farm (www. parrycreekfarm.com.au) übernachten, schwirrt und summt es ordentlich um uns herum. Auch unser Laptopbildschirm zieht die Eintagsfalter magisch an, was uns erneut dazu bringt, noch vor 8 Uhr ins Bett zu gehen. Licht ausmachen ist obligatorisch, ansonsten fliegen die Insekten ständig an die Zeltwand. Puh, ist das heiß.

Tag 24, Wyndham – Kununurra, 196 km, diesig, 33 Grad

Der Morgen beginnt mit ziemlich viel Getier um uns herum. Die schönsten Vogelstimmen paaren sich mit dem krähenähnlichen Krah-Krah-Gekreische der Kakadus. Wir freuen uns auf die Dusche und wollen gleich zum Birdwatching zu einer nahe gelegenen Lagune fahren. Im „Sanitärtrakt" stand bei angeschaltetem Licht die ganze Nacht die Tür offen, sodass sich hier Schwaden von Eintagsfaltern gesammelt und einen riesigen Flusenteppich gebildet haben. Silke zieht gerade den Duschvorhang zu, da tönt es sogleich: „Iiiih!" Im transparenten Duschvorhang haben es sich drei kleine Kröten bequem gemacht, die anscheinend genauso erschrocken sind wie Silke und zum Sprung ansetzen. So schnell ist Silke noch nie aus der Dusche gekommen! Aber es kommt noch besser... Auf dem Gelände hüpfen auch ausgewachsene Kröten herum und haben sich wohl als Nachtquartier die Toilettenschüssel ausgesucht. Aus der ersten Toilettenkabine kommt Silke noch in normaler Geschwindigkeit heraus. Zwei Kröten hat sie in der offenen Schüssel gleich entdeckt. Also rein in die nächste Kabine. Dort ist der Toilettendeckel unten, das verheißt Gutes. Silke lupft Deckel und Klobrille - und blickt in zwei Augen - eine Riesenkröte hat es sich unter der Klobrille bequem gemacht und möchte jetzt die Gelegenheit für einen Spaziergang nutzen. Vor unserer Reise hat-

Parry Creek Farm: Unter der Klobrille hat es sich eine fette Kröte bequem gemacht

ten wir bereits gelesen, dass man in Westaustralien immer die gesamte Klobrille anheben solle, um auszuschließen, dass sich eine gefährliche Redback Spider darunter befindet. Ab heute gehört das für uns zum Pflichtprogramm: Aus Erfahrung wird man klug.

Nach all der Aufregung fahren wir zum „Marglu Billabong" im Parry Lagoon Nature Reserve. Billabong bedeutet in der Sprache der Aboriginals „Wasserloch". Vom versteckt liegenden Ausguck blicken wir auf eine traumhafte Kulisse: Tausende Vögel stolzieren direkt vor unserer Nase von einer Seerose zur anderen. Die Kormorane trocknen ihr Gefieder und zwei Schwarzhalsstörche staksen durch die Lagune und suchen Essbares. Angeblich soll es hier auch Krokodile geben, aber leider bekommen wir keines zu Gesicht. Fast eineinhalb Stunden bleiben wir auf dem Ausguck und blicken fasziniert auf das große Wasserloch. Um uns herum stehen viele Bäume, auf denen Gänse und Ibisse sitzen.

Marglu Biliabong: Riesenstörche staksen durch die Lagune

Warum auf einen Schlag Hunderte Tiere in Wallung geraten und mit großem Geschnatter weiterfliegen, wird uns auch nach dem dritten Mal nicht klar. Das vielstimmige Vogelkonzert ist so schön, dass wir es direkt aufnehmen und auf CD pressen könnten.

Von Wyndham (ausgesprochen wird es Winnäm) fahren wir anschließend Richtung Kununurra (Unterkiefer hängen lassen und Kännännärra sagen). Zum ersten Mal seit 6519 gefahrenen Kilometern verändert sich die Landschaft schlagartig. Statt Weideland und sanften Hügeln sehen wir nun eine Mittelgebirgslandschaft, die Berge leuchten rot in der Abendsonne. Bergketten wechseln sich ab mit einzelnen Plateaus, manche sehen aus wie aus dem Wilden Westen im Monument Valley. So weit das Auge reicht, stehen nun auch keine Büsche mehr, sondern Bäume. Die schönen Baobabs, die Affenbrotbäume, stehen dicht an dicht, und auch die ungewöhnlich aussehenden Ghost Trees mit ihrer weißen Rinde blitzen uns entgegen.

Nach 6500 km Fahrt erleben wir das erste Mal eine abrupte Landschaftsveränderung

Da die Sonne bereits untergeht, nehmen wir den ersten Campingplatz noch vor Kununurra in der Nähe des kleinen Flughafens. Der „Discovery Holiday Park"-Campingplatz gehört zur Big4-Kette. Erneut befürchten wir eine Mücken-Invasion, denn wir stehen direkt am Wasser. Doch es ist gar nicht schlimm hier und ein bisschen kühler als gestern ist es auch. Bei 29 Grad wird das Schlafen unterm Dach heute bestimmt erträglicher.

Tag 25, Kununurra - Bungle Bungles - Kununurra, erst sonnig, dann diesig bis bewölkt, 37 Grad

Wenn andere sich noch mal gemütlich in ihren Zelten umdrehen, stehen wir bereits auf. Es ist erst 4 Uhr und um 5:30 Uhr müssen wir auf dem Flugplatz sein. Mit einer Cessna fliegen wir zusammen mit

einem englischen Paar und deren Sohn zu den Bungle Bungles (www. slingair.com.au). Früh am Morgen ist die Sicht noch ziemlich klar, wir haben einen weiten Blick auf das australische „Whole Lot Of Nothing", auf karges rötlich-braunes Gelände mit grünen Büschen. Es sieht aus, als würden wir direkt über einen neu geschaffenen Kontinent fliegen. Geologen hätten an dem Ausblick sicher ihre helle Freude. Wir sehen übereinander geworfenes Land, rote Felsdome, ausgetrocknete Flüsse, den größten Stausee Australiens, den Lake Argyle, tiefe Schluchten - alles unbewohnt bis auf eine Cattle Station auf einem riesigen Gelände, dort stehen einige Wohnhäuser, jede Menge Gatter und vereinzelt ein paar Rinder. Uns ist unbegreiflich, wie man dort leben kann. Und irgendwo am Horizont erblicken wir dann Felsformationen, die eine große Fläche bedecken, die Bungle Bungles, wie uns Pilot Kyle über Kopfhörer mitteilt. Nahe den Bungles gibt es eine Schotterpiste, auf der wir landen. Anschließend steigen wir in einen auf Kühlschranktemperatur gekühlten Bus und gehen mit dem Nationalpark-Tourguide Bruce auf Entdeckungsreise durch die Bungles. Als erstes wollen wir natürlich wissen, ob die Zufahrtsstraße wegen der Buschfeuer immer noch gesperrt ist, was der Reiseführer bejaht. Er erzählt, die

Ranger seien übervorsichtig, weil vor kurzer Zeit zwei LKW auf einer Zufahrtsstraße von Buschfeuern eingeschlossen wurden. Beide Fahrer kamen ums Leben. Obwohl dies woanders passiert ist, sind die Ranger natürlich bestrebt, kein Menschenleben mehr aufs Spiel zu setzen. Die Bungle Bungles liegen im Nationalpark Purnululu, was in der Sprache der hier lebenden Aboriginals „Sandstein" heißt. Warum die Felsen allerdings Bungle Bungles heißen, weiß kein Mensch. Man glaubt, dass sich jemand verhört hat, als über die Grassorte Bundle Bundle gesprochen wurde. Die Kija wissen schon seit 30.000 Jahren, dass es hier diese ungewöhnlichen Sandsteinformationen gibt, während die Weißen erst seit den 80ern davon erfahren haben. Damals flog ein Filmteam für eine Dokumentation über das Land und „entdeckte" die Steinformation. Danach entwickelte sich die Gegend zum Touristen- magnet. Nur heute ist niemand da, denn die Straßen sind ja gesperrt und eigentlich ist es jetzt Anfang Oktober auch schon zu heiß. Die Hauptsaison ist zwischen Juni und August. Seit April fiel kein Tropfen Wasser mehr vom Himmel. Die Flüsse, die wir auf der Gravel Road durchqueren, führen kein Fitzelchen Wasser. Aber spätestens im Ja- nuar stünde das alles hier unter Wasser, sagt Bruce, die Wet Season

... bis wir nach einer Stunde die Bungle Bungles erreichen

99

mache hier jedes Jahr ihrem Namen alle Ehre. Wir fahren in den südlichen Teil des Nationalparks, wo wir eine Millionen Jahre alte, ausgetrocknete Flusslandschaft sehen und auf dem Flussbett laufen. Auf 300 Metern Länge stehen wir auf ausgewaschenen grau-weißen Felsen, zwischen denen sich in vielen Jahrmillionen das Wasser seinen Weg gebahnt hat. Die Bungle Bungles sehen aus wie überdimensionierte Bienenkörbe, die höchsten Sandstein-Dome sind bis zu 300 Meter hoch. Wie mit dem Lineal gezogen, sind sie waagerecht schwarz-braun geringelt. Die rostige Farbe kommt vom Eisenoxid im Sandstein, die grauschwarze von Cyanobakterien. Die runden Felsformationen sehen nach jedem Schritt und nach jeder Minute mit neuem Sonnenstand anders aus. Vom Aussichtspunkt in der Nähe der Cathedral Gorge sehen wir die Landschaft auf Augenhöhe im Gegensatz zur Vogelperspektive aus dem Flugzeug und unsere Speicherkarten der Kamera platzen aus allen Nähten. Bei 37 Grad im Schatten wandern wir 2,5 Kilometer in die Cathedral Gorge. Schließlich machen wir im Schatten der Bungles eine Pause.

„Kinder, ihr müsst etwas trinken!", befiehlt Bruce. Die Australier haben immer Angst davor, an Dehydrierung zu sterben. Am Ausgangspunkt von Wanderungen findet man in Australien Schilder, auf denen beispielsweise steht: „Hier beginnt eine Fünf-Stunden-Wanderung, bitte einen Liter Wasser pro Stunde trinken." Bei 5 Kilo Wasser im Rucksack würden wir uns wohl eher totschleppen, als dass wir dehydrieren...

Ein Mertens-Waran schleicht durchs Wasser

In einer kleinen Pfütze entdecken wir plötzlich einen Mertens-Wasserwaran, der lautlos durchs Wasser schleicht. Er merkt, dass wir ihn beobachten und erstarrt erst einmal. Das ist großartig, denn so haben wir genug Zeit, ihn von vorne bis hinten zu filmen. 1,20 Meter ist der Kerl bestimmt lang. Er nimmt uns ins Visier und züngelt. Eine lange, vorne gespaltene Zunge schießt alle paar Sekunden aus seinem Maul. Bruce erklärt, dass der Waran mit seiner Zunge riecht und unsere Witterung aufgenommen hat. Nach einer Weile gleitet er ins Wasser und geht auf Tauchstation. Wirklich irre, das Tier erinnert doch sehr an einen Dinosaurier.

Mit der Entscheidung, einen Flug hierher gebucht zu haben, sind wir höchst zufrieden. Dass wir auch noch zwischen den Felsen unterwegs sein konnten, machte die Sache perfekt. Der Scenic Flight allein hätte uns die Einzigartigkeit der Felsen vorenthalten, erst vom Boden aus begreifen wir ihre Schönheit und das Ausmaß. Leider wird der Rückflug weniger angenehm. Kyle erklärt, dass sich bei der intensiven Sonneneinstrahlung am Nachmittag die Luft am Boden so stark erwärmt, dass sie schnell hochsteigt, sodass es sich im Flugzeug wie in der Achterbahn anfühlt. Wir fliegen über die größte Diamantmine der Welt, in der vor einiger Zeit der größte pinkfarbene Diamant gefunden wurde. Eine Stunde dauert der Flug zurück nach Kununurra, wo wir gegen 14 Uhr wohlbehalten, aber mit wackeligen Beinen landen. Eigentlich hatten wir uns darauf gefreut, nach dem Flug gepflegt die Vorräte aufzurüsten, aber im Supermarkt sagt uns nichts so richtig zu, weil der Magen immer noch auf Halbmast hängt. Ein Schnaps oder

Auf dem Rückflug überfliegen wir die größte Diamantmine der Welt

Unser letzter Stopp im Bundesstaat Westaustralien: die 3.700 Seelen Gemeinde Kununurra

wenigstens ein Glas Wein zur Verdauung hätte gut getan, aber leider ist uns auch das nicht vergönnt. Wie in Derby hat die örtliche Polizei auch in Kununurra ein Alkoholverbot verhängt. Drei Stunden Wartezeit sind uns dann aber doch zu viel und wir beschließen, dass wir in einer Stadt mit solch unsinnigen Regeln nicht länger als nötig sein möchten.

Nach einem kurzen Abstecher am Scenic Lookout „Kellys Knob" mit Blick über den kleinen Ort fahren wir wieder auf den Campingplatz von gestern und erzählen der Rezeptionista im Camping-Office leicht frustriert von unserem Misserfolg beim Weinkauf. Die Frau läuft daraufhin ins Hinterzimmer, holt eine Flasche Rotwein und drückt sie uns in die Hand mit den Worten: „Bitteschön, ein Geschenk, lasst es euch schmecken!". Herrlich! Da wir die Abende nicht im Auto verbringen wollen, sondern draußen, probieren wir ein neues Insektenabschreckmittel aus, „Bushman", empfohlen von einer Australienkennerin. Bei Christian wirkt's. Dafür bekommt Silke es heute so richtig ab. Warum das so ist, wissen nur die Mücken.

Northern Territory

Bei „Northern Territory" fallen uns am ehesten die Worte rote Erde, Hitze und Einsamkeit ein. Das Rote Zentrum gehört zum Territory und damit auch eine der berühmtesten Sehenswürdigkeiten Australiens: der Ayers Rock oder, wie er heute genannt wird, der Uluru. Aber das Northern Territory umfasst auch tropische Feuchtgebiete nahe der Nordküste Australiens wie den Kakadu-Nationalpark – ein Land voller Gegensätze. Rund 30% der 200.000 Einwohner des Territory sind Aboriginals. Ihnen gehört fast die Hälfte des riesigen Landes, denn mit dem „Aboriginal Land Rights Act" von 1976 gingen die Reservate und Missionsländereien in den Besitz der einzelnen Clans über. Für die Fahrt durch einige Gebiete braucht man eine Genehmigung der Landeigentümer, die gibt's meistens im Visitor Center der nächstgrößeren Stadt. Die Hauptstadt heißt Darwin und liegt im Norden des Bundesstaats. Im Northern Territory gibt es eine ausgeprägte Trockenzeit von April bis September, von Oktober bis März ist Monsunzeit. Die meisten Sehenswürdigkeiten sind in dieser Zeit wegen Überschwemmung nicht zu erreichen und deshalb geschlossen. Hier gehen die Uhren übrigens anders: im Vergleich zu Westaustralien ist es 1,5 Stunden später.

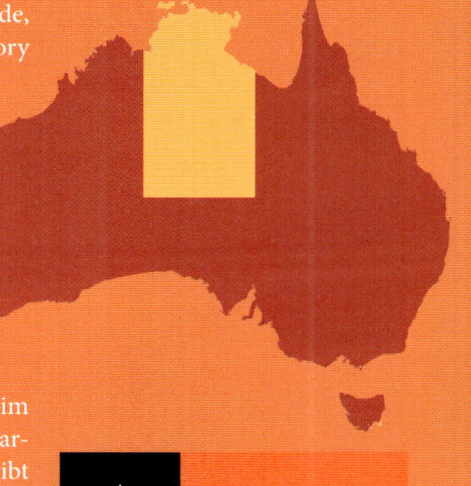

Hauptstadt Darwin

Auf dem Weg zur Bullo River Station

Tag 26, Kununurra – Bullo River Station, 249 km, sonnig, 37 Grad

Von Kununurra aus fahren wir 125 Kilometer auf dem Highway Nummer 1 in östlicher Richtung, dann Richtung Norden 78 Kilometer auf Schotterpiste bis zur „Bullo River Station" mitten im australischen Outback. Die nächste Stadt ist über 200 Kilometer entfernt, der nächste Nachbar in 29 Kilometer Luftlinie zu finden. Durch ein Viehgatter gelangen wir auf das Privatgelände, von dort sind es noch 60 Kilometer bis zum Haus. Die Bullo River Station ist eine „working cattle station" mit angeschlossenem „Homestead", zu Deutsch: Ferien auf dem Bauernhof. Statt Kaninchen hüpfen Wallabies ums Haus herum und statt einer Schwarz-Bunten begrüßt uns ein stattlicher Brahman Cross Cattle-Bulle mit seinem Harem aus indischen Kühen. Und da in diesem Land alles groß ist, macht sich die Station ganz schön breit: Auf einer Fläche von 25 x 65 Kilometern erstreckt sich die Farm, das sind 162.500 Hektar Land. Ein Durchschnittsbauernhof in Deutschland hat etwa 56 Hektar. Die Farm gehört Marlee und Franz, er ist Baujahr 69,

Rechte Seite >>
Franz zeigt uns mit seinem Hubschrauber, den er hinterm Haus in einer Scheune parkt, wie man Rinder zusammentreibt.
Unten: ein 18 Monate altes Kalb der Rasse Brahman Cattle

ein netter und smarter Typ, gebürtiger Österreicher, und lebt schon seit 1991 hier. Die Eltern seiner Frau haben die Farm aufgebaut.

Wir kommen um 12 Uhr an und Franz lädt uns zum Mittagessen ein. „Ihr seid genau zur richtigen Zeit hier, wenn ihr euch für die Rinder interessiert", sagt Franz, „am Dienstag kommt ein Road Train und holt 350 Rinder ab und die muss ich gleich zusammentreiben". Das macht er nicht, indem er sie ruft oder indem er sich wie ein Cowboy aufs Pferd schwingt. Bei der Größe der Farm würde dies Monate dauern. Nein, Franz hat hinterm Haus einen Hubschrauber stehen. Und wir dürfen mitfliegen! Er fliegt nicht sehr hoch und wirbelt ordentlich Staub auf, fliegt von rechts nach links, macht Drehungen um 180 Grad. „Mustering" heißt die Disziplin, bei der er mit kühnen Flugmanövern die Tiere aufspürt und zusammentreibt. Vom Boden aus betrachtet sieht der Helikopter aus wie eine Libelle auf Drogen, man weiß nie, was als nächstes passiert. Es ist ziemlich schwierig, die Kamera im Hubschrauber ruhig zu halten. Normalerweise sind Helikopter ideal, um Luftaufnahmen zu machen, aber bei diesem Hin und Her ruckelt es doch ganz schön. Immer mehr Rinder setzen sich in Bewegung und laufen Richtung Farm. Auf der riesigen Weidefläche leben rund 7000 Rinder, ganz ohne Mast und engen Stall auf einer ziemlich trockenen Steppe. Wenn kurz vor der Regenzeit die Temperaturen hochgehen, liegen die Rinder tagsüber im Schatten und käuen wieder, was sie abends und nachts abgefressen haben. Die Rasse „Brahman Cattle" ist subtropische Temperaturen gewöhnt.

Heute sind es 39 Grad. Franz muss vorsichtig sein, er darf die Herde nicht zu schnell zusammentreiben, damit sich die Tiere nicht überanstrengen. 18 Monate sind die Kälber alt, nächste Woche werden sie im Lebendtransport nach Indonesien verschifft. Dort mästen sie die Tiere bis auf 400 Kilo. Franz erklärt, die Kälber würden lebend transportiert, weil Indonesien ein islamischer Staat ist und die Kälber dort nach den Regeln des Koran geschlachtet werden. Außerdem brauche man so keinen Kühltransport.

Kälber werden für den Lebendtransport nach Indonesien in einem Gatter zusammengetrieben

Wie im Westernfilm setzen sich einzelne Grüppchen in Bewegung, die von Meter zu Meter zu einer Herde anwachsen und jede Menge Staub aufwirbeln. Auf dem Boden ist Marlee unterwegs, Franz' Frau, die hier auf der Farm geboren wurde. Franz und Marlee sind ein Team, denn die Tiere, die Franz zusammentreibt, lenkt Marlee von einem Quad aus in die richtige Bahn. Nach einer guten Stunde ist das Schauspiel vorbei. Marlee schließt das letzte Tor und mehr als 400 Kälber stehen in einem riesigen Gatter. Am Samstag kommt der Mittelsmann des Käufers vorbei, sortiert die Tiere nach Geschlecht und Gewicht und sucht die besten Tiere aus.

Nach der schweißtreibenden Aktion machen wir eine Pause und kommen mit Franz ins Gespräch. Er erzählt uns, dass seine Reise von Österreich über Alaska irgendwann in Australien endete. Über die Ostküste kam er ins Northern Territory und auf die Bullo River Station. Dort hat er dann Marlee kennengelernt. Die beiden haben geheiratet, zwei Jungs bekommen, und seit 10 Jahren bieten sie gemütliche Zimmer mit leckerster Verpflegung und Familienanschluss an. Die Hälfte der 600 Gäste im Jahr sind Australier, die anderen Besucher kommen allesamt aus Europa. Jeder mit einem anderen Wunsch, was er auf dem

Landstrich mit Flüssen, Schluchten und viel Natur erleben will. Eine Gruppe aus der Schweiz beispielsweise kommt jedes Jahr zum Reiten. Andere kommen zum Fischen oder um etwas von der Arbeit auf der Rinderfarm zu sehen. (www.bulloriver.com)

10 bis 15 Leute arbeiten hier, je nachdem, was in der Saison gerade zu tun ist. Franz kann sich als Chef nicht den ganzen Tag um uns kümmern, deshalb nimmt uns Ewan, die gute Seele des Hauses, mit auf eine Entdeckungstour. Er ist ein Cowboy der alten Schule mit Schnauzbart, Hut und Jeans und zeigt uns die Umgebung. Das Land sieht auf ersten Blick ziemlich karg aus, aber auf den 160 Tausend Hektar verstecken sich viele tolle Plätze. 25 Kilometer auf dirt road fährt er mit uns, dann verlässt er die Straße. Als Normalsterblicher kann man den Abzweig gar nicht sehen. Wir folgen fast unsichtbaren Reifenspuren bis zu dem Fluss, der der Cattle-Station den Namen gab, dem Bullo River. Vom Geländewagen steigen wir auf ein Boot mit Außenbordmotor um und

Ewan, ein Cowboy alter Schule, führt uns zu Sehenswürdigkeiten auf dem riesigen Farmgebiet . Unten: der Bullo River

Der Bullo River ist eingerahmt von bis zu 40 m hohen Sandsteinfelsen und hohen Bäumen, in denen tausende von Flughunden hängen (rechts)

tuckern in gemütlicher Geschwindigkeit den 20 Meter breiten Fluss entlang. Er ist eingerahmt von Palmen, hohen Bäumen und 40 Meter hohen Sandsteinfelsen. Sie sehen aus, als hätte ein Riese mit Bauklötzen gespielt, rote Steinquader sind übereinander geschichtet. Ewan zeigt uns auch exotische Pflanzen und Tiere, wir sehen Kakadus und Reiher – und plötzlich fängt es an zu müffeln. Auf unsere Nachfrage vertröstet er uns mit einem „Momentchen, bitte!" und fährt noch ein bisschen weiter. Dann hören wir ein Quieken, das wir irgendwo schon mal gehört haben... genau, im Tunnel Creek, das müssen Flughunde sein, die das Sonnenlicht nicht scheuen. Tausende Augenpaare starren uns an, die Bäume sind schwarz von Tieren, deren spitze Zähnchen durch die Blätter blitzen. „Red headed flying fox" heißt diese Spezies. Auf einen Schlag kreischen die Flughunde auf, breiten ihre Schwingen aus und verdunkeln den Himmel. Sie fliegen vor uns den Fluss entlang und lassen sich 100 Meter weiter hinten wieder nieder. Wenn sie unter der Sonne durchfliegen, sieht es so aus, als würden kleine Hunde einen fast durchsichtigen Mantel halten.

Leider können wir unsere Füße nicht ins herrlich klare Wasser stecken, weil hier in dem tideabhängigen Gewässer auch Salzwasserkrokodile wohnen. In der Mittagshitze zeigt sich aber keines. Vielleicht sind sie schon satt? Schließlich verspeisen die Krokodile jedes Jahr bis zu 200 Rinder beim Gang an den natürlichen Wassertrog. Das trifft vor allem die älteren Tiere und die Kälber. Auf die Kälber haben es auch andere Bewohner abgesehen, die Dingos, Wildhunde, die das Fleisch jung und zart mögen. Wir schlängeln uns mit dem Boot den ganzen Fluss hinauf und erst als das Wasser zu flach wird, machen wir kehrt. Ewan schaut in unsere zufriedenen Gesichter. „In Australien gibt es viele Schluchten", sagt er, „aber der Vorteil von dieser hier ist, dass wir hier das einzige Boot sind." Und damit hat er Recht, denn es hat schon etwas Exklusives: Auf dem riesigen Territorium der Bullo River Station sind außer Ewan und uns weit und breit keine anderen Menschen.

Fünfte Woche

Von Bullo River Station bis Darwin / Lee Point

Tag 27, Bullo River Station – Katherine, 419 km, sonnig, 39 Grad

Die Köchin der Bullo River Station serviert uns morgens um 7 Uhr Spiegeleier und angebratenes Gemüse. Ein Hochgenuss, nicht zuletzt deshalb, weil wir seit Beginn der Reise zwar abends mit unserem Gasherd kochen, aber morgens die schnelle Nescafé-Schlabberbrot-Erdnussbutter-Variante wählen.

Franz gesellt sich zu uns. Eigentlich wollte er uns zu einem Felsen fahren, an dem er vor einigen Jahren zufällig vom Hubschrauber aus beim Zusammentreiben der Rinder Jahrtausende alte Felsmalereien der Aboriginals entdeckt hat. Auch wenn die Farm schon seit den 60ern betrieben wird, gibt es in dem riesigen Gebiet immer noch Stellen, die bislang nur die Rinder kennen. Leider hat Franz heute keine Zeit für eine Tour. Es gibt Probleme mit der Solaranlage und später hat sich Franz mit einer Gruppe Angler verabredet, um ihnen die schönsten und Erfolg versprechendsten Stellen zum Fischen zu zeigen. Also ist Ewan wieder unser Reiseführer.

Mit dem Auto geht's auf der Schotterpiste (Gatter auf, Gatter zu) einige Kilometer weit (Gatter auf, Gatter zu) vorbei an Rindern, Wallabies und aufgeschreckten Gänsen (Gatter auf, Gatter zu) zu einer Felsformation. Mit seinen 69 Jahren und einer kaputten Hüfte klettert Ewan mit uns über Felsen auf die Anhöhe, auf der sich schon vor 20.000 Jahren Aboriginals getroffen haben sollen.

Dort erwarten uns glänzende Steine, die aussehen wie poliert, weil die Aboriginals sie anfassten und als Handlauf oder als Sitzplatz be-

nutzten. An der langen Steinwand haben Aboriginals vieler Generationen ihre Geschichte festgehalten. Da es keine Schriftsprache gab, haben sie ihre Legenden aufgemalt, wobei sie Mineralien als Farbe benutzten. Ein weicher Ast diente als Pinsel. Vor unseren Augen breiten sich Tierbilder und Fabelwesen aus, einige davon sind auf den ersten Blick zu erkennen, bei anderen muss Ewan unseren Blick führen. Der gelernte Steinmetz kennt sich mit den roten Sandsteinfelsen hervorragend aus und erklärt uns die Bedeutungen der verschiedenen Symbole und Figuren.

Schließlich müssen wir uns von den netten Menschen der Bullo River Station verabschieden und fahren weiter Richtung Darwin. Seit gestern früh, kurz hinter Kununurra, befinden wir uns im Northern Territory. Hier ticken die Uhren anders. Wir schlagen eineinhalb Stunden drauf und schon geht die Sonne kurz vor 7 auf und kurz vor 7 unter. Die eineinhalb Stunden entschleunigen uns sehr, denn wir können uns jetzt gemütlich erst ab 17 Uhr nach einer Übernachtungsmöglichkeit umschauen. Unser nächstes Ziel heißt Katherine, die viertgrößte Stadt im Northern Territory. Hier lernen wir beim Weinkauf eine neue Kontrollvariante kennen: Unser Pass wird gescannt, weil der Verkäufer nur Alkohol an Menschen verkaufen darf, die nicht „banned from Alcohol" sind. Deren Name erscheint dann auf seinem Bildschirm rot blinkend, weil sie wohl irgendwann schon mal einen zu viel hatten. Sa-

Ewan zeigt uns vor unserem Abschied von der Bullo River Station Felszeichnungen von Aboriginals

Dunkle Wolken ziehen auf: Die Regenzeit kündigt sich an

chen gibt's. Gut, dass Interpol in Sachen Alkohol nicht weltweit agiert...

Wir beobachten den Abendhimmel. Über unseren Köpfen türmen sich Wolkenberge, Cumuluswolken vom Wattebausch bis hin zum Blumenkohlberg, lila angestrahlt von der untergehenden Sonne. Auch am Abend liegen die Temperaturen noch bei über 30 Grad. Die Wet Season rückt immer näher, es ist schwül und wir schwitzen schon beim Nichtstun. Am Abend entladen sich dann aus den Wolken die ersten Blitze. Aber noch kein einziger Tropfen Regen fällt. Schon Franz auf Bullo River hat uns davon erzählt: Die elektrische Spannung baut sich mit jedem Tag mehr auf und die Laune der Leute verdunkelt sich wie der Himmel. Irgendwann öffnen sich dann die Schleusen, von Oktober bis März regnet es so stark, dass viele Gebiete überflutet werden und Straßen unpassierbar sind. Ein Freund von uns hat das am eigenen Leib erfahren. Er war zur falschen Zeit am falschen Ort, nämlich im Februar im Nordaustralien. Wegen des Dauerregens konnte er sein kleines Wohnmobil kaum verlassen. Seine Kleidung wurde nicht mehr trocken und seine Laune sank beim Anblick von steigenden Wasserpegeln. Viele Straßen waren unbefahrbar und irgendwann ging gar nichts mehr: Eine Brücke war weggeschwemmt und er saß tagelang im Überschwemmungsgebiet fest.

Für uns gibt's also nur eines: So zügig wie möglich die nächsten Ziele anfahren und hoffentlich noch bei Sonnenschein die Nationalparks besuchen. Denn eine Sache ist in Australien inzwischen sicher: Wenn wir denken, wie bekommen eine zweite Chance, haben wir uns jedes Mal getäuscht. Steht zum Beispiel ein schöner Road train im Abendlicht auf einer Schotterpiste, sind wir sicher, dass uns bestimmt noch viele vor die Linse kommen. Pustekuchen! Oder wir sehen ein schönes Straßenschild, das vor streunenden Emus, Kängurus oder Rindern warnt – in der Kombination haben wir es nie wiedergesehen! Unser Tipp: Zuschlagen, wann immer sich eine Chance bietet, egal ob es sich um Tankstellen, Besichtigungen, einen Bäcker oder die Bungle Bungles handelt!

Tag 28, Katherine – Katherine Gorge – Edith Falls, 121 km, erst Wolken, dann sonnig, 38 Grad

Die Vögel wecken uns früh. Im Stockwerk über uns haben sich besonders viele „Fruit Bats" im Baum eingenistet. Ihre Hauptaufgabe in der Nacht scheint zu sein, die süßesten Früchte zu finden und nach dem Mitternachtsbüffet ihre Geschäfte zu verrichten. Auf dem Auto klebt überall Vogeldreck. „They carry a very bad disease", haben wir noch Ewans Ausspruch im Ohr, was uns dazu drängt, das Auto zu waschen. Wir verhalten uns schon wie echte Spießer, denn auf diesem Caravan Park ist Autowaschen zur Abwechslung mal ausdrücklich erwünscht, weil damit zugleich der Rasen gesprengt wird. Da alle Camper in der Nacht das gleiche Schicksal teilen, rauschen am Morgen die Liter durch den Schlauch. Mit den begrenzten Wasservorräten in vielen Teilen unseres Planeten sorgsam umzugehen, ist in Australien sowieso nicht angesagt. Hauptsache, der Rasen ist grün und das Auto sauber...

Wir fahren in Schlangenlinien durch die Katherine Gorge. Mit unseren Schlaffi-Armen kriegen wir's einfach nicht hin, geradeaus zu fahren

Zum ersten Mal seit Beginn unserer Reise scheint am Morgen nicht die Sonne ins Auto, denn sie hat sich heute hinter einer gleichmäßigen Wolkenschicht versteckt. Solls das jetzt gewesen sein mit dem schönen Wetter? Für die Reise mit der Kamera wäre das eine Katastrophe. Wir fahren zur Katherine Gorge. Eingebettet in rote Felsen fließt der Katherine River und hat in Millionen Jahren Arbeit 13 Schluchten geschaffen. Für die Wanderwege sind wir schon ein bisschen spät dran, sie dauern alle mehrere Stunden, aber es soll tolle Aussichtspunkte geben und auch einige Stellen, an denen man baden gehen kann. Wie wär's also mit einer Bootstour? Im Visitor Center erfahren wir, dass eine zweistündige Bootstour bis zur ersten Schlucht 120 AUD für uns beide kosten soll... Ein konkurrenzloses Angebot, das wir ablehnen. Stattdessen entscheiden wir uns für eine Kanutour. Für zweieinhalb Stunden zahlen wir 67 AUD in einem Doppelsitzer und paddeln los.

Wer in der offiziellen Kanu-Parkzone angekommen ist, geht ins Wasser. Bei 40 Grad kühlen wir auf normale Betriebstemperatur ab

Um den Ausflugsbooten nicht vor den Bug zu fahren, sollen wir immer schön rechts bleiben. So schwierig kann das ja nicht sein, denken wir. Aber aufgrund unserer eher mäßig ausgebildeten Oberarmmuskeln, die rechts und links zu allem Überfluss auch noch in der Größe variieren, fahren wir in Schlangenlinien zur Schlucht. Knapp eine Stunde haben wir dafür gebraucht! Ein kleiner Strand und einige Leute, die im Wasser dümpeln, lassen uns erahnen, dass wir das Ziel erreicht haben. Wir parken das Kanu in der extra ausgewiesenen Kanu-Parkzone und kraxeln über große und kleine Steine, die hier den Fluss verengen.

Das große Ausflugsboot fährt an uns vorbei. Die Leute steigen aus, gehen eine Stromschnelle weiter und fahren mit einem anderen Boot zur zweiten und dritten Schlucht. Der Reiseführer hatte uns schon gewarnt, dass hier die Hölle los sein würde. Und richtig: Obwohl die Saison fast vorbei ist, tuckern die Boote im Zweistundentakt über den

Fluss in die Schluchten hinein. In der Hauptsaison gibt es sogar jede Stunde eine Tour.

Inzwischen hängen nur noch ein paar Schäfchenwolken über den 150 Meter hohen Felswänden. Die Vegetation ist üppig, Palmen und Süßwassermangroven säumen das Ufer. Die Sonne kennt keine Gnade und brennt uns auf den Kopf, sodass wir einiges an Selbstdisziplin aufbringen müssen, um jetzt wieder zurückzupaddeln. Es leuchtet uns nun ein, warum Kanufahren im Doppel eine gute Übung für Teamarbeit ist. Wenn man sich nicht abspricht und die unregelmäßigen Paddelschläge des anderen nicht ausgleicht, erreicht man wohl nie das rettende Ufer. Glücklicherweise schaffen wir es gerade so in den veranschlagten zweieinhalb Stunden.

Dann geht es auf dem Highway weiter Richtung Darwin. Bei den Edith Falls biegen wir ab, von dort führt eine Stichstraße zum 20 Kilometer entfernten Campingplatz direkt am Edith Fall (17,60 AUD). Hier ist es herrlich!

Tag 29, Edith Falls – Kakadu Nationalpark am Yellow River, 250 km, sonnig, 37 Grad

Am Edith River

Ein kleiner Wasserfall, der unterste der Edith Falls, mündet in einen riesigen Naturpool von der Größe eines Baggersees, eingerahmt von Palmen und Felsen. Wir sind um halb acht die Einzigen, die hier im Wasser plantschen. Die Wassertemperatur ist genau richtig, das Wasser glasklar. Die Sonne ist noch nicht um die Felsen rumgekommen, wir hören die Schreie eines Kakadus und wir sind glücklich. Nach dem Bad entschließen wir uns, den Leliyn Loop Track zu laufen. Der Edith River schlängelt sich durch die Felsen und füllt mit weiteren Wasserfällen mehrere Pools. Die ersten knapp anderthalb Kilometer geht's leicht bergauf, schon

auf der ersten Anhöhe blicken wir auf einen breiten Wasserfall. Schön sieht's hier aus oder wie die Australier neben uns sagen: „Bjuuuutiful!" Nichts kann uns davon abhalten, ins Wasser zu gehen, auch wenn wir zunächst vorsichtig über glitschige Steine gelangen müssen. Es sind noch einige andere im Wasser und alle haben ein breites Grinsen im Gesicht. Das liegt wohl daran, dass bei 36 Grad eine Abkühlung wahnsinnig guttut und es ein Augenschmaus ist, sich beim Schwimmen umzusehen. Die braunschwarzen Felsen sind keine 30 Meter hoch, der Pool hat eine gemütliche Größe und wie das Wasser von Felsvorsprung zu Felsvorsprung hüpft, sieht toll aus. Dies wollen wir natürlich festhalten und zücken unsere kleine wasserdichte Kamera. In der Nähe des Wasserfalls prasselt es aber so heftig auf uns nieder, dass es fast unmöglich ist, die Kamera ruhig zu halten. Schließlich lehnen wir sie mit einem Stativ gegen die Steine, so dass das Wasser direkt von oben auf die Linse fällt.

Nach weiteren 1,2 Kilometern befinden wir uns wieder am Parkplatz. Total durchgeschwitzt und glücklich über so eine schöne Tour. Unten am großen Pool herrscht jetzt auch reges Treiben. An die 20 Leute sind im Wasser, die anderen lassen sich die Sonne auf den Pelz brennen und wir schauen fasziniert einer kleinen Eidechse zu, deren Schwanz länger ist als das eigentliche Tier und der sich in der Sonne räkelt. Es ist Samstag und am Wochenende kommen die Leute aus Katherine wohl gerne an die Edith Falls mit Kind, Kühltasche und Grillzange. BBQ ist angesagt, wie in fast allen Picknickareas gibt's auch hier fest installierte Grillroste, auf die die Australier alles packen, was mal Augen hatte...

Nach 90 Kilometern auf dem Highway müssen wir in Pine Creek, einem kleinen Dorf, eine Entscheidung treffen. Fahren wir linksherum über den wohl wunderschönen Litchfield Nationalpark nach Darwin oder die viel längere Strecke rechts ab über den Kakadu Nationalpark? Der 200 mal 100 Kilometer große Nationalpark ist berühmt für seine Schluchten, die vielen Tiere, die man mit Glück vor die Linse bekommt, und für seine Wasserfälle. Da wir noch ungefähr 250 Kilometer von Darwin entfernt sind und dort erst in sechs Tagen sein müssen, fahren wir in den Kakadu Nationalpark. Im Kakadu-Visitor Center zieht man uns allerdings schon den ersten Zahn. Der Jim Jim Fall, mit über 200 Metern Fallhöhe, führt kein Wasser. Aha, sagen wir, es handelt sich also um einen Wasserfall ohne Wasser? Ja, erklärt uns die nette Frau, aber es sei trotzdem biiiuuuutttttiiiiiiiffuuuuul da! Keine Frage, dann steht er natürlich auf unserer To-do-Liste ganz oben. 100 Kilometer später nehmen wir den Caravanpark in Cooinda (40 AUD powered), weil uns vom Jim Jim Fall noch 56 Kilometer raue Geländewagenstrecke trennen, und lassen die Sonne bei einem Glas Wein untergehen. In der Dämmerung sehen wir dann die ersten Blitze, wenig später grollt das erste Donnern. „Das kann ganz schnell gehen", warnt Christian und wir verstauen die Küchenutensilien und die Gasflasche vorsorglich im Wagen. Die Klappe ist noch nicht richtig zu, da fallen auch schon die ersten dicken Tropfen. Nachschub für die Jim Jim Falls! Eine gute halbe Stunde hält der Regen an, den die Natur um uns herum gierig aufsaugt. Endlich sind auch mal die Mücken weg, die hier ganz schön gefräßig sind. Über unser tolles „Insect Repellent Spray mit Tropical Strength" scheinen sie zu lachen, auch, dass wir Deppen nach dem Gewitter mal wieder die Einzigen sind, die vor ihrem Camper sitzen und ein tolles Mückenlockmittel auf dem Schoß haben: Wie hell doch so ein Laptop in der Dunkelheit strahlt...

5299

Da wir noch 6 Tage Zeit haben, bevor wir in Darwin sein müssen, entschließen wir uns, den Kakadu-Nationalpark zu besuchen

Tag 30, Kakadu-Nationalpark, 139 km, sonnig, abends bewölkt, 35 Grad

50 Kilometer Schotterpiste und weitere 10 Kilometer echte 4WD-Strecke trennen uns vom Jim Jim-Wasserfall. Wir kommen zügig voran, auch wenn die Gravel Road durchgängig wie Wellblech ist und uns extrem durchruckelt. Im Visitor Center haben sie uns gewarnt, dass das am Ende der Saison immer so sei. Nach der Wet Season im April glätten dann Dampfwalzen den aufgeweichten Boden. Doch im Moment wird der Belag durch die Hitze festgebacken und mit jedem Auto löst sich ein wenig von der sandigen Piste. „Corrugated", nennen die Aussies das, wellig, geriffelt, gerippt. Wir schalten das Getriebe auf 4WD und drehen den Schalter an der Felge auf „Lock". Was jetzt kommt, ist für den Fahrer eine spaßige Angelegenheit: Die Straße ist knapp breiter als ein Auto und schlängelt sich durch einen palmenbestückten Wald, der sich mit schwarz verkohlten Baumstümpfen abwechselt. Alle 50 Meter fahren wir über einen großen Hubbel und sind für Millisekunden schwerelos. Da wir angeschnallt sind, holt uns der

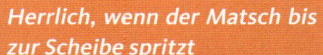

Herrlich, wenn der Matsch bis zur Scheibe spritzt

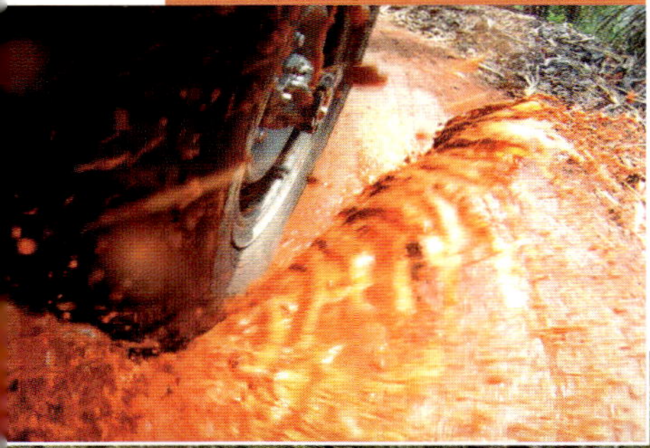

Gurt immer wieder auf den Boden der Tatsachen zurück. Unsere Klamotten machen Freudensprünge, weil sie endlich mal aus dem Rucksack kommen und frische Luft schnappen können. Das Plastikgeschirr bedankt sich seinerseits mit einem satten Dauergeklapper. Es geht durch weichen Sand, steinige Flüsschen und schöne Pfützen. Herrlich, wenn der rote Matsch bis an die Windschutzscheibe klatscht. Für den Beifahrer hält sich das Vergnügen allerdings in Grenzen, denn ohne den sicheren Halt am Lenkrad hopst man unter Anspannung der kompletten Bauchmuskulatur auf dem Sitz herum.

Kletterparcour zum Jim Jim Wasserfall

Nach zwei Stunden Fahrt kommen wir am Parkplatz an, finden noch ein schattiges Plätzchen und dackeln los. 900 Meter Wanderweg sind es bis zum Jim Jim Fall. Ein Hinweisschild warnt: Es könne sehr warm werden in der Schlucht und Menschen mit Kreislaufstörungen sollten den Weg lieber nicht gehen. Außerdem müsse man körperlich fit sein und - natürlich - viel Wasser mit auf den Weg nehmen. Wir zucken die Schultern und finden es mal wieder übertrieben, diese Schilder aufzuhängen. Wir sind erwachsen und können selbst entscheiden, ob wir den Weg gehen möchten, oder?

Zuerst geht es durch einen Schatten spendenden Wald, dann wird der Weg zum Kletterparcour, denn auf dem letzten halben Kilometer sind unsere Fähigkeiten als Gämse gefragt. Felsgestein in allen möglichen Formen und Größen pflastern den Weg zum Wasserfall. Wir schwitzen aus allen Poren, denn die Wackersteine liegen in der gleißenden Sonne und von rechts brennt uns noch die Spiegelung vom „Viewing Pool" ins Gesicht. In dem Gewässer sollen Krokodile leben. Bis in die 70er hatte man die größten Reptilien der Welt beinahe ausgerottet, dann kam das Verbot, sie zu töten, und schon vermehrten sich die Tiere wieder. Inzwischen gibt es so viele Salzwasserkrokodile, dass sie immer weiter ins Landesinnere wandern zu Billabongs und anderen Wasserstellen. Sie passen sich den Wasserverhältnissen an und teilen sich nicht selten das Revier mit den Frischwasserkrokodilen.

Eine großartige Kulisse bietet sich uns nun: Der Pool ist eingerahmt von 200 Meter hohen Felsen, die senkrecht vor uns stehen. Je mehr wir uns dem Wasserfall nähern, desto stiller wird es. Wo man sonst bestimmt vor lauter Tosen sein eigenes Wort nicht versteht, herrscht hier eine unnatürliche Stille. Der Pool ist bestimmt 50 Meter breit und aus der Ferne hören wir ein melancholisches Plitsch-Plitsch-Plitsch. Der Regen gestern scheint nur die Pfützen auf dem Weg gefüllt, nicht aber den Wasserfall gespeist zu haben. Das Wasser im Pool schimmert grünblau und wir sehen im klaren Wasser fette Fische schwimmen. Auch wenn's schwerfällt, verzichten wir auf ein Bad, denn wir wollen gegen halb vier wieder am Campingplatz am Yellow River sein. Wenn das Wetter schön bleibt, machen wir vielleicht noch eine Sunset Cruise auf dem Fluss. Auf dem Rückweg kommen uns dann auf den Steinen zwei junge Aussie-Jungs entgegen. In Flip-Flops! Wie die den Weg mit den Galoschen schaffen wollen, ist uns schleierhaft. Aber schließlich kommen die Aussies ja schon in Flip-Flops auf die Welt...

Wir heizen zurück und müssen feststellen, dass die Bootstour für 80 AUD ausgebucht ist. Vielleicht ein Wink des Schicksals, denn am Himmel türmen sich Regenwolken und schon sehen die UNESCO-

Weltnaturerbe gekrönten Wetlands aus wie gewöhnliche Tümpel. Nee, so haben wir uns das nicht vorgestellt, also beziehen wir wieder unseren Campingplatz in der Nähe. Schauen wir mal, wie das Wetter morgen ist.

Tag 31, Kakadu Cooinda – Mary River, 301 km, leicht bewölkt, 37 Grad

Wir müssen den ganzen lieben langen Tag Entscheidungen treffen. Fahren wir hinaus zu diesem Lookout, welchen Wasserfall sollen wir auswählen, welchem der braunen Hinweisschilder sollen wir tatsächlich folgen... Wir entscheiden uns erst einmal gegen eine Yellow River Cruise. Die Krokodile, auf die wir es besonders abgesehen hatten, sollen am Morgen nicht sehr aktiv sein, sagt man uns im Visitor Center. Stattdessen verbringen wir zwei Stunden auf dem kleinen Steg am Yellow River und erfreuen uns mucksmäuschenstill an dem Geschrei der Vögel. Wir sehen auch ohne geführte Tour viele scheue Tiere und lesen, dass auch die Wetlands vom Meeresanstieg bedroht sind. Das riesige Feuchtgebiet liegt drei Meter unterhalb des Meeresspiegels, steigt dieser, würden die Wetlands überflutet werden. Mit dem Salzwasser käme andere Flora und Fauna, die die jetzige verdrängen würde.

Wir haben heute noch einiges vor. Die Aboriginal Rock Art soll im Kakadu Nationalpark „outstanding", also herausragend, sein, über 5000 Malereien auf Felsen soll es hier geben. Also machen wir einen 70 Kilometer-Abstecher nach Ubirr, dort gibt es die größte Sammlung. Auf dem Weg dorthin fahren wir durch den Ort Jabiru und entdecken eine Bäckerei. Sofort anhalten! Wir bestellen leckeren Cappuccino, ein Pizzastück und viele andere Teilchen, auf die wir gierig deuten und draußen in Gesellschaft eines Vogels essen, dessen Augen hübsch türkisfarben eingerahmt sind.

Eigentlich wollen wir direkt zur Rock Art fahren, aber in Jabiru weisen Schilder auf eine Mine hin, was uns neugierig macht. Hier wird Uran gewonnen. Wir fragen am nahegelegenen Flugplatz nach, was es damit auf sich hat. Eine Frau, die so aufgebrezelt aussieht, als hätte sie gerade Prinz Albert von Monaco geheiratet, erzählt uns, dass es seit letztem Jahr keine Minentouren für Touristen mehr gibt, aber wir könnten einfach weiterfahren und einen Blick auf die Mine werfen. Auf unsere Frage, ob das gefährlich sei, antwortet sie: „Ich arbeite hier schon seit ein paar Jahren und strahle immer noch nicht!"

Die Ranger-Uranmine von Jabiru, mitten im Kakadu-Nationalpark gelegen

Also fahren wir zur Mine. Das Abbauprinzip ist das gleiche wie beim Eisenerz, der Berg wird terrassenförmig abgetragen, nur, dass das Gestein hier alle Schattierungen von Grau anstatt Rot hat. Auch die Fahrzeuge, die die staubigen Uranminenwege hinunterfahren, sind die gleichen wie in den Eisenerzminen. Am Mineneingang stehen bunte Schilder, die darauf hinweisen, wie sicher der ganze Abbau sei und dass man sich der Verantwortung bewusst sei, auf dem Land der Aboriginals Bodenschätze zu fördern. Hinweise auf Gefahren oder Atomenergie suchen wir vergeblich.

Schnell schauen wir mal im Internet nach: Laut Wikipedia strahlt hier alles, vor allen Dingen auch in dem umgebenden Weltnatur- und Weltkulturerbe Kakadu Nationalpark. Wir werden das gründlich recherchieren, versprochen.

Uran-Abbau im Kakadu-Nationalpark

Als das Uranvorkommen im Kakadu-Nationalpark entdeckt wurde, schimmerten die Dollarzeichen in den Augen der Industrie und der Regierung. Allerdings haben die Aboriginals seit 1976 per Gesetz ein Vetorecht, wenn auf dem Stammesgebiet der Mirrar Bergbau betrieben werden soll. Nachdem sich die Aboriginals viele Jahre gegen den Uranabbau gewehrt hatten, platzte der Regierung der Kragen. Im Gesetz gab es einen Paragraphen, der das Einspruchsrecht der Aboriginals außer Kraft setzen konnte, nämlich dann, wenn wichtige nationale Interessen gefährdet seien. Die Regierung schickte den „Minister für die Angelegenheiten der Aboriginals" zu den Mirrar, welcher den Ureinwohnern viele Arbeitsplätze und eine rosige Zukunft für die Kinder der Aboriginals versprach. Außerdem übte er Druck aus: Ganz Australien wolle den Uranabbau an diesem Ort und die Mirrar hätten nicht das Recht, sich zu widersetzen. So hat Toby Gangale - das Stammesoberhaupt der Mirrar - den Vertrag am 3. November 1978 unterschrieben. Er sagte: „Ich kann nicht mehr. Seit sechs Jahren geht das nun schon so."

Seit 1981 wird in der Ranger Mine Uran im Tagebau abgebaut. Die Berge werden stufenweise abgetragen, so wie wir es auch beim Eisenerz gesehen haben. Die uranhaltigen Brocken werden in großen Mühlen in mehreren Schritten zu einer Paste zermahlen und das Uran mit Schwefelsäure herausgelöst.

Dem hochkonzentrierten Uranoxid wird das Wasser entzogen. Danach wird es zu einem gelben Kuchen trockengebrannt, dem so genannten „Yellow Cake", der exportiert werden kann und aus dem Brennelemente für Kernkraftwerke und atomare Waffen entstehen.

Der Yellow Cake, der exportiert wird, stellt keine große Gefahr dar (dafür dann in Fukushima oder bei uns, aber das ist ein anderes Thema). Es ist vielmehr der „Abraum", also das nutzlose Gestein. Für eine Tonne Uranerz kommen ca. 40.000 Tonnen Abraum zusammen. Dieser wird in große Abfallbecken gekippt, die radioaktive Substanzen wie Thorum und Radium enthalten, außerdem hochgiftige Metalle. Erst nach 10.000 Jahren, so haben es die Wissenschaftler der Mine ausgerechnet, würde der Abfallschlamm keine Gefahr mehr für Menschen

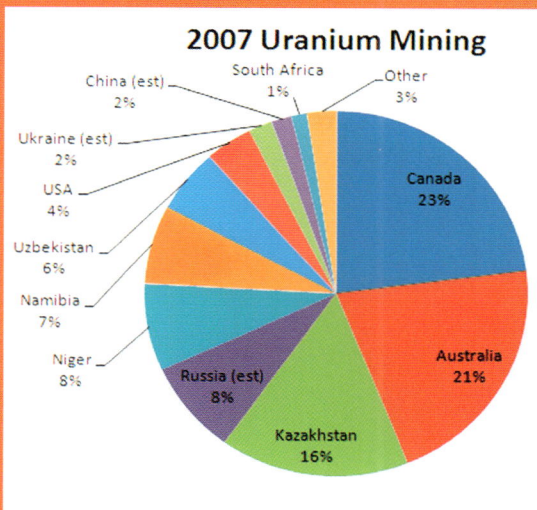

Einer Statistik aus dem Jahr 2007 zufolge ist Australien der zweitgrößte Uran-Produzent der Welt (Quelle: World Nuclear Associaton)

Ranger-3-Tagebau innerhalb des Kakadu-Nationalparks

und Natur darstellen. Die Ranger Mine liegt in einem Gebiet, das in der Monsunzeit sehr viel Wasser ausgesetzt ist. 2011 lief die verseuchte Flüssigkeit aus dem Becken wegen starker Regenfälle über, Umweltschützer hatten schon früher 150 solcher Fälle gezählt. Das Land und das Grundwasser der Ureinwohner sind wohl schon längst kontaminiert. Leider ist Uran einer der begehrtesten Rohstoffe der Welt und deshalb will das Unternehmen auch an anderen Orten im Nationalpark Uran abbauen. Die Aboriginals aber verzichten auf die Millionen, die ihnen geboten werden, und lehnen kategorisch ab. Ihr Grundsatz „Was du deinem Land antust, tust du dir selbst an" gilt stärker denn je. Die Mirrar wollen keine strahlende Zukunft. Stammesoberhaupt Toby Gangale konnte es sich bis zu seinem Lebensende nicht verzeihen, das Ranger-Abkommen unterzeichnet zu haben und damit die heiligen Plätze seiner Ahnen zu verkaufen. Er hatte keine Vorstellung davon, was es heißt, in direkter Nachbarschaft einer Uranmine zu wohnen. Siehe auch: www.yellowcake-derfilm.de, empfehlenswerte Doku. http://aso.gov.au/titles/documentaries/trespass/clip3/ http://www.mirarr.net/ Seite der dort lebenden Aboriginals

In Ubirr, nach 34 Kilometern Fahrt, treffen wir zum ersten Mal auf unserer Reise auf viele Besuchergruppen. Seit 20.000 Jahren verewigen hier die Aboriginals ihr Wissen auf Felswänden. Wir stehen also quasi in der größten Freiluftbibliothek der Aboriginals. Ein Zaun schützt die Kunstwerke, denn Schmutz und Berührungen würden die Kunst aus wasserlöslichen Mineralien in wenigen Jahren zunichtemachen. Also Griffel weg und gucken. Der Rundweg an den Felsen vorbei macht Spaß, die Tafeln zur Erklärung sind gut gemacht. Wir steigen hoch bis zum Aussichtspunkt und sehen auf der einen Seite Wetlands und auf der anderen hübsche kleine Bergketten. In der Abendsonne bietet sich uns ein 360-Grad-Blick der Extraklasse.

Wir halten am Alligator River, der kurz nach Ubirr ausgeschildert ist. Dort treffen wir auf ein australisches Pärchen, das völlig gebannt einen Fotoapparat und eine Videokamera auf den milchig grünen Fluss hält. Wir tun es ihnen gleich, in der Hoffnung, etwas Besonderes vor die Linse zu bekommen, und werden schon nach wenigen Minuten belohnt: Ein Leistenkrokodil fängt einen Fisch und schleudert ihn an Land. Danach ist Pause. Das Krokodil geht erst einmal wieder auf Tauchstation und wartet in aller Ruhe, bis der Fisch ausgezappelt hat.

Blick vom Aussichtspunkt in Ubirr (oben) , Rock Art, Kakadu-Nationalpark

Kurzer Abstecher zum Alligator River

Nach mehreren Minuten taucht das Krokodil wieder auf, holt den Fisch und verspeist ihn genüsslich. Ein Tipp für alle, die solch eine Szene fotografieren möchten: Krokodile sind im Wasser schwer ins Bild zu bekommen, da meistens nur die Augen und manchmal ein Teil des Rückens aus dem Wasser gucken. Hat es sich eine Beute geschnappt, muss es zum Schlucken zwangsweise den Kopf komplett aus dem Wasser heben. Das ist dann genau der Moment, um auf den Auslöser zu drücken. Zwei angelnde Australier erzählen uns, sie hätten vom Auto aus im Vorbeifahren ein riesiges Krokodil nur einen Meter von einer Brücke entfernt gesehen. Also

Das Krokodil schleudert einen Fisch ans Ufer, um ihn später zu verspeisen. Unmissverständliche Schilder machen darauf aufmerksam, dass einen beim Schwimmengehen ein ähnliches Schicksal ereilen könnte

gehen wir erneut auf Pirsch. Und auch dabei sind Entscheidungen gefragt: Schauen wir noch länger auf die Stelle, an der das Krokodil gerade untergetaucht ist, oder gucken wir den Fluss rauf, falls es an einer anderen Stelle wieder auftaucht? Und schon ertönt der Ruf eines Kroko-Spotters am Ufer: „DA!" Leider ist das Tier viel zu weit weg, um eine gute Aufnahme zu machen. Nicht, dass es uns an Geduld fehlt, aber in diesem Fall fehlt uns die Zeit. Die Sonne geht in einer Stunde unter und wir wollen noch einige Kilometer Richtung Darwin schaffen. Es ist schon ein irres Gefühl, ein echtes Krokodil in seiner natürlichen Umgebung keine 20 Meter von uns entfernt zu sehen. Gegen halb acht kommen wir endlich im 150 Kilometer entfernten Mary River Caravan Park an. In der Nähe gibt's noch mehr Krokodile, erfahren wir dort. Hoffentlich dann auch vor unserer Linse.

« Linke Seite
Diese Jahrtausende alte Fels-malerei der Aboriginals ist ein Grund, warum der Kakadu-Na-tionalpark nicht nur Weltnatur-sondern auch Weltkulturerbe ist

Tag 32, Mary River – Litchfield Nationalpark – Batchelor, 279 km, Sonne, 37 Grad

Am Adelaide River stehen alle naselang Schilder für „Jumping Crocs"-Bootstouren. Davon haben uns auch schon mehrere Campingplatz-nachbarn erzählt. Wir entscheiden uns für www.adeleideriverschruises.

com.au. Alle zwei Stunden fährt Harry mit seinem 30 Personen fassenden Boot über den Fluss und weiß, wo sich seine Pappenheimer am liebsten aufhalten. Er möchte uns Brutus zeigen, fünf Meter 50 lang und nach einer Haiattacke nur noch mit drei Beinen ausgestattet. Salzwasserkrokodile, auch Leistenkrokodile genannt, sind die größten Krokodile, die es gibt. Schon nach fünf Minuten sehen wir ein Krokodil, das sich in den Mangrovenwurzeln versteckt. Ein Krokodilbaby, vielleicht einen Meter lang und sehr neugierig. Plötzlich taucht tatsächlich Brutus aus den schlammigen Fluten auf. Angsteinflößend und absolut faszinierend. Harry fordert uns auf, keine unserer Gliedmaßen über die Reling zu halten. Weil Brutus dann anstelle des kleinen gereichten Büffelfleischstücks auch Tourist-am-Spieß frisst. Vor lauter Neugier passiert es uns aber doch, dass wir Arm nebst Kamera weit rauszuhal-

Harry stellt uns Brutus vor, ein 5,50 Meter langes Leistenkrokodil (oben)
Ein kleines Büffelfleischhäppchen führt zu Kroko-Akrobatik. Finden wir nicht nett, aber dass die Tiere so weit aus dem Wasser raus kommen, hätten wir nicht gedacht (unten)

ten, um einen noch besseren Blick auf das Tier werfen können. Harry pfeift uns sofort zurück. Im Boot fühlen wir uns sicher, aber wenn wir ins Wasser plumpsen würden, dann hätte es sich binnen Sekunden erledigt. Harry erzählt, dass Menschen, die von einem Krokodil angefallen werden, keinen Laut des Erschreckens mehr von sich geben können, denn die behäbig aussehenden Tiere können beim Beutezug blitzschnell sein. Brutus schnappt nach dem Büffelfleisch, lässt seine

Aua!

Beißer aufeinanderkrachen und taucht wieder unter. Über eine Stunde lang fahren wir den Fluss auf und ab und auf dem Rückweg sagt uns Brutus nochmals guten Tag. Nur seine Augen ragen aus dem Wasser. Aber dann taucht er in seiner gesamten Länge auf und treibt neben dem Boot. Harry lockt Brutus auf eine Sandbank. Da liegt nun der Koloss und alle Touristen fotografieren, was das Zeug hält. Brutus ist so groß und wir so nah dran, dass er kaum aufs Bild passt. Näher an ein Krokodil kommt man ohne eine geführte Tour wohl kaum und falls doch, könnte es auch das letzte Foto gewesen sein... Zurück am Ufer entdecken wir im Baum ein tennisballgroßes Nest, im dem Green Ants leben. Je nach Größe der Kolonie kann es bis zu 100 Nester in den umliegenden Bäumen geben. Ein Australier erklärt uns, dass die Ameisen mit einem Seidensekret der Larven in Teamarbeit die Blätter zu einem Nest verkleben. Er habe schon viel größere gesehen, bis zu einem Meter können die Nester lang sein, wofür die Ameisen nur einen Tag

129

Nach Limetten schmeckende Green Ants

bräuchten. Wir sollen aufpassen, denn die Ameisen beißen gerne zu und spritzen dann noch ein Ameisengift in die Wunde. Das juckt ganz ordentlich. Er hat es noch nicht richtig ausgesprochen, da können wir ihm schon zustimmen. Die Aboriginals verwenden die kleinen grünen Ameisen gegen Erkältungen. Die Ameisen schmecken nach Limette und sind eine kleine Vitamin C-Bombe. Sie werden zu einem Brei zerstampft, der dann zum Inhalieren benutzt oder auf die Brust gerieben wird, um die Atemwege frei zu bekommen. Wir sind mal wieder von der Artenvielfalt in Australien beeindruckt und gucken den Ameisen eine ganze Weile zu, wie sie zum Essenfassen ausschwärmen.

Noch drei Tage bis zum Flug ins Rote Zentrum. Da wir die Zeit nicht ausschließlich in Darwin verbringen wollen, steht heute noch der Litchfield Nationalpark auf dem Programm. Zuerst halten wir an Termitenhügeln. Dieses Mal sind sie auf der Route durch den Park ausdrücklich ausgeschildert, denn diese hier sind von ganz besonderer Art. Die Termitenbauten aus ockerfarbener Erde sind über fünf Meter hoch - am besten zu dokumentieren mit einem Menschen daneben als Größenvergleich. Alle Touristen, die vorbeikommen, machen genau einen solchen Schnappschuss. Und wir auch. Auf der anderen Stra-

Rechte Seite ››
Bis zu 5 Meter hoch und manchmal anmutend wie Grabstelen: die Termitenbauten im Litchfield-Nationalpark

130

Der Litchfield-Nationalpark ist bekannt für seine Wasserfälle und natürlichen Badebecken

ßenseite sind die Termitenbauten aus grauschwarzer Erde. Sie sind groß wie eine Haustür und flach wie eine Scheibe. Die Bewohner heißen Kompasstermiten. Alle Bauten sind exakt in Nord-Süd-Richtung gebaut. Sieht aus wie ein großer Friedhof mit grauen Grabsteinen. Die Sonnenstrahlen, die morgens und abends auf die breite Seite scheinen, wärmen den Bau. Wenn die Sonne mittags am stärksten brennt, trifft sie nur auf einen schmalen Streifen – und so kann es nicht zu heiß werden im Termitenpalast. Ganz schön schlaue Konstruktion!

Der Nationalpark ist außerdem für seine Wasserfälle bekannt und die vielen Möglichkeiten, in den Naturpools baden gehen zu können. Zuerst führt uns der Weg zu den „Buley Rockholes", einem Fluss, der sich so in die Felsen gegraben hat, dass viele kleinere und größere Badegelegenheiten entstanden sind. Nachdem es an den Termitenhügeln gefühlte 40 Grad im Schatten waren, wollen wir uns endlich abkühlen und sind erst einmal baff, wie schön es hier ist. Der Fluss schlängelt sich durch einen tropischen Wald, in den kleinen Pools und Stromschnellen sitzen vergnügte Menschen und genießen die Abkühlung. Das hier ist eigentlich kaum zu toppen, aber der nahegelegene Florence Fall schafft es. Trotz Trockenzeit rauschen zwei stattliche Fälle in einen Pool, vom Lookout schauen wir auf ein grünes Dach, das von unzähligen Palmen und Bäumen umgeben ist. Ein fantastisches Panorama! Leider liegt der Wasserfall am Spätnachmittag schon im Schatten. Als dann auch noch

zeitgleich unsere Akkus leer und die Speicherkarten voll sind, nehmen wir das als Wink des Schicksals und fahren nach Batchelor. Knapp 40 Kilometer entfernt, macht der kleine Ort vor allem damit Werbung, das südliche Zugangstor zum Nationalpark zu sein. Noch 140 Kilometer bis Darwin. Kinder, wie die Zeit vergeht, der erste Teil unserer Reise ist schon fast vorbei.

Tag 33, Batchelor – Darwin – Lee Point, 238 km, Sonne, 38 Grad

Eigentlich haben wir den Litchfield Nationalpark ja gestern schon besucht und gefilmt. Aber dann meldet sich unser Bauchgefühl. Es wäre doch eigentlich eine Schande, wenn wir die Florence Falls nicht in der Sonne mit der Kamera festhalten würden. Mit frisch aufgeladenen Akkus und nachdem wir den ganzen Abend die Speicherkarten auf unsere externen Festplatten kopiert haben, fahren wir noch einmal in den Nationalpark. Von der Aussichtsplattform direkt am Parkplatz sehen wir schon den üppigen Wasserfall in der Sonne schimmern und hören Leute 30 Meter unter uns juchzen. Uns trennen 134 Stufen vom Pool. Dieses Mal nehmen wir auch extra die Taucherbrille und unsere kleine Unterwasserkamera mit. Es macht Spaß, sich das Ganze von oben und unten anzuschauen. 20 Leute tummeln sich schon um den Pool, nur wenige sind im Wasser. Das Wasser ist schön kühl und schon beim ersten Untertauchen sehen wir kleine blaue Fische an uns vorbeischwimmen. In der Mitte des Pools ragt ein Fels bis knapp unter die Wasserkante. Sieht lustig aus, wenn mitten im Wasser ein paar Leute wie die Hühner auf der Stange sitzen und sich unterhalten oder den anderen beim Schwimmen zuschauen. Auftritt einer achtköpfigen Gang: Eine Gruppe australischer Teenies geht ins Wasser und schwimmt schnurstracks auf den linken Teil des Wasserfalls zu. An den glitschigen Steinen, an denen wir uns kaum gegen den Strom halten konnten, ziehen sie sich scheinbar mühelos aus dem Wasser und kraxeln zwischen den beiden Fällen die Felsen nach oben. Auf halber Höhe machen sie Halt und fackeln nicht lange. Vom sechs Meter hohen Felsenturm machen sie einen Rückwärtssalto. Wahnsinn! Wir zücken die Kameras und schon legen sie noch einen drauf. Sie klettern bis zu der obersten Stelle des Wasserfalls und schon hopsen sie vorwärts die 15 Meter nach unten.

Für das Showprogramm sorgen ein paar australische Jungs. Sie klettern die glitschigen Felsen hoch...

Bis auf einen. Der steht immer noch ganz alleine dort oben. Er schaut den Wasserfall herunter und denkt sich wahrscheinlich „Was mach ich hier eigentlich?" Seine Gang unten lacht ihn aus. Er schlägt mit der flachen Hand mehrfach gegen sein Herz und verdeutlicht, dass es von da aus schon in die Hose gerutscht ist. Wir starren nach oben. Für kein Geld der Welt wollen wir da stehen und springen. Er zögert. Geht zwei Schritte zurück. Schüttelt den Kopf. Und springt dann plötzlich doch mit Anlauf. Keine zwei Sekunden später platscht er ins Wasser. Applaus!

Nach dieser Show steigen wir wieder ins Auto und fahren auf dem Rundweg durch den Nationalpark weiter Richtung Darwin. Viele Schilder, die bestimmt zu anderen schönen Zielen führen, lassen wir links und rechts liegen und tuckern über Teer und Schotter in die Hauptstadt des Northern Territory. Unterwegs halten wir bei Woolworth und kaufen ein. In fünf Minuten haben wir zielsicher unsere Vorräte aufgefüllt, die ja nun auch nicht mehr so groß sein dürfen, weil wir in drei Tagen nach Alice Springs fliegen und wir am Ende

...und springen 15 Meter in die Tiefe

nichts wegwerfen wollen. An der Kasse üben wir uns in Geduld, so wie es die Aussies um uns herum tun. Vor uns stehen zwar nur drei Leute an, aber die haben die Einkaufswagen für geschätzte 300 Dollar gefüllt. Die Kassiererinnen schieben hier die Ware nicht im Eiltempo am Scanner vorbei, so dass man wie bei uns manchmal kaum mit dem Einpacken nachkommt. Hier packt die Kassiererin die Ware selbst in die Tüten, was für einige von ihnen eine meditative Angelegenheit zu sein scheint... Dabei wird noch das obligatorische Schwätzchen gehalten: „Ach, die Süßkartoffeln habe ich gestern auch gekauft. Machst du daraus Püree?" „Nein, die gibt's zum BBQ, ich mach immer noch ein bisschen Rosmarin drauf, das habe ich von meiner französischen Oma gelernt." Und so weiter und so weiter...

Darwin lernen wir mit grauem Himmel kennen. In den Kneipen ist um halb fünf schon gut was los. Viele tragen die typischen Warnwesten-Arbeitsklamotten und stoßen wohl auf den Feierabend an. Wir gehen beim Vietnamesen in der Smith Street essen (nicht schlecht, aber es fehlt der Pfiff) und fahren dann noch 15 Kilometer, um wieder raus aus der Stadt zu kommen. Am Lee Point gibt es einen Caravan Park (35 AUD unpowered), der dem Sound nach zu urteilen nah am Meer liegt. Wir sind gespannt, wie es hier im Hellen aussieht.

Sechste Woche (1)

Von Lee Point bis Darwin

Tag 34, Lee Point - Darwin - Lee Point, 60 km, Sonne, 34 Grad

Nun gut, manches im Leben muss man nicht im Hellen sehen. Gemeint sind damit die Waschräume auf dem Campingplatz. Das erste Mal auf unserer Reise haben wir es nicht so toll getroffen. Wir machen's wie in der Werkstattwerbung: rein - rauf - runter - raus. Dann sehen wir uns die Umgebung näher an: Am Lee Point gibt es gleich am Strand einen netten Picknickplatz und bei Ebbe kann man wie an der Nordsee wattwandern. Vom nördlichen Zipfel der Halbinsel fahren wir an der Küste entlang nach Darwin, um die Stadt zu erkunden. Das ist nicht so schwierig, denn Darwin ist übersichtlich. Schwieriger wird's mit den Fotomotiven. Darwin wurde 1869 gegründet und alleine dreimal durch Zyklone verwüstet, das letzte Mal 1974. Außerdem ging im Zweiten Weltkrieg ein regelrechter Bombenhagel von japanischer Seite über der Stadt nieder. Wegen seines Hafens wurde die Stadt fast vollständig zerstört. Die Hauptstadt des Northern Territory besteht also eher aus einer Ansammlung von nichtssagenden Gebäuden, aber schließlich zählen ja auch die inneren Werte, die Menschen. Nachdem wir nun vier Wochen auf dem Land an der Westküste verbracht haben, kommen uns die Leute hier so vor, als wären sie direkt einem Modejournal entsprungen. Natürlich gibt es auch viele Backpacker, die ihre schweren Rucksäcke in eine der zahllosen Unterkünfte schleppen. Es ist wahnsinnig heiß in der Stadt. Darwin hat das ganze Jahr über eine Temperatur von 33 Grad. Kalt ist es dann bei 31 Grad, bei 34 Grad hingegen warm. Heute ist es warm und die

Luftfeuchtigkeit macht das Herumlaufen zu einer schweißtreibenden Angelegenheit. Viele Einkaufszentren kühlen die Gemüter deshalb auf Frostbeulentemperatur ab. Angenehm, wenn man in eins reingeht, aber ein Schlag ins Kontor, wenn man sich wieder auf der Straße befindet. Wir kommen an vielen netten Open Air-Kneipen vorbei, in denen mittags wenig los ist. Aus über 60 Nationen kommen die Bewohner Darwins. Deshalb befinden wir uns lukullisch auch im Multi-Kulti-Paradies. Von Curries über Pizza, Kebab, Souflaki, Nasi Goreng, Pad Thai, Samosas, Paella bis hin zum Känguru-Burger ist hier alles zu haben. Angeblich hat Darwin den höchsten Bierverbrauch in Australien. Pro Kopf sollen es 244 Liter sein, in ganz Australien sind es 107 Liter (zum Vergleich: in Deutschland liegt der Bierkonsum pro Kopf jährlich bei 102 Liter). Auch die höchste Selbstmordrate Australiens wird Darwin zugeschrieben, weil sich die hohe Luftfeuchtigkeit und der Monsunregen hier besonders negativ auf die Stimmung der Menschen auswirken soll. Auf uns macht die Stadt einen ganz normalen, entspannten Eindruck.

Wir fahren zum Mindil Beach, wo immer donnerstags in der Dry Season ein netter Markt stattfinden soll mit Kunsthandwerk, Imbissbuden und Musik. 100 Stände reihen sich an der Promenade aneinander. Zum Glück stehen hier Bäume, die Hitze wäre sonst nicht auszuhalten. Das Essensangebot ist wieder bombastisch. Vor allen

137

Darwin, die Hauptstadt des Northern Territory ist von architektonischer Mittelmäßigkeit geprägt

Dingen wenn man asiatische Küche mag, kommt man hier auf seine Kosten: Von Japan über Hong Kong bis nach Sri Lanka ist alles vertreten. Darüber hinaus gibt es Schmuck, nachgemachte Sonnenbrillen, Krokodilledergürtel, Kängurulederketten und viel Batikzeug. Die Atmosphäre ist locker und zum Sonnenuntergang kommen viele, um sich mit mitgebrachtem Bier oder Wein und Essen vom Markt den Sonnenuntergang anzuschauen. In Australien ist es Standbetreibern auf Straßenfesten und Märkten verboten, Alkohol zu verkaufen. Auch das Rauchen unter freiem Himmel ist dort verboten.

Wir entscheiden uns trotz der heruntergekommenen Duschen wieder für den Campingplatz am Lee Point, da die anderen Campingplätze zwar näher an Darwin liegen, sich dafür aber direkt am Highway oder in Flughafennähe befinden. Das muss ja nun beides nicht sein. Wir

nehmen lieber die unfassbar laut schnatternden Vögel in Kauf. Einen schöneren Wecker gibts eigentlich nicht. Wenn der nur nicht so erbarmungslos früh um fünf Uhr losginge...

Tag 35, Lee Point – Darwin, 15 km, sonnig, 34 Grad

Unsere schlimmste Aufgabe erledigen wir direkt nach Sonnenaufgang: Unsere nach vier Wochen komplett explodierten Taschen auf zweimal 23 Kilo aufzuteilen und den ganzen Klimbim in die scheinbar geschrumpften Rucksäcke zu stopfen. Unsere ernsten Bemühungen quittieren die Moskitos mit einem Extrastich, das Ausmisten nehmen

Der Flammenbaum gedeiht leider nur in den Tropen. Ist der nicht schön?

die Ameisen zum Anlass, in Lichtgeschwindigkeit eine Straße zu unserem Auto zu bauen. Dass wir unachtsam einige Arbeiterameisen zerquetschen, finden die anderen gar nicht lustig und rammen ihre kleinen Beißwerkzeuge in unsere Zehen. Nach zwei Stunden packen, putzen und polieren steht unausweichlich fest, dass wir beide unsere Sonnenbrillen unterwegs verloren haben müssen, dafür aber jede Menge Müll angehäuft haben. Der Schweiß läuft uns herunter, schon am frühen Morgen ist es unerträglich heiß. Aber irgendwann haben wir alles zusammengepackt und fahren ins Hotel in Darwin, wo wir eine Nacht verbringen werden. Dann Richtung „Britz", denn wir müssen um elf Uhr den Camper abgeben. Das schaffen wir problemlos und unsere Bemühungen, das Auto optisch wieder auf den Stand von vor vier Wochen zu bringen (inklusive Autowäsche), haben gefruchtet. Die Frau von der Autovermietung lächelt und haucht ein „Wonderful!" über den Tresen. Zurück in die Stadt geht's mit dem Bus, wir lassen uns treiben, machen ein paar Aufnahmen von der Innenstadt und tauchen dann im Hotel in den puren Luxus ein. Ein großes, bequemes Bett schreit uns entgegen: „Lasst Euch auf mich fallen!" und die Dusche ruft: „Bei mir gibt's noch gut riechende Seife gratis!". So schön es im Auto und auf den Caravanparks war und so sehr wir es genossen haben, die ganze Zeit an der frischen Luft zu sein - eine Nacht ohne Mücken und auf einer richtigen Matratze - Modell „Andante" mit Spannmuffenfederung - ist auch nicht zu verachten!

Nach Sonnenuntergang gehen wir bei „Thai-licious" auf der Mitchell Street essen, den Laden hatten wir schon mittags beim Vorbeigehen entdeckt und unser Lecker-Essen-Schön-Sitzen-Kompass hat mal wieder bestens funktioniert. So gut haben wir noch nie Thailändisch gegessen. Außerdem bietet unser Platz im ersten Stock einen Spitzenblick auf die Straße. Und da geht's ab. Aufgerüschte Mädels steigen auf highsten Heels aus aufgemotzten Schlitten, daneben warten Work&Travel-Nebenjob-Rikschafahrerinnen auf Kundschaft. Besonders gerne steigen leicht angetrunkene Typen bei ihnen ein und glotzen aufs Fahrgestell. Bald heult die Polizeisirene zum ersten Mal auf. Beim Herumschlendern sehen wir dann das Polizeiauto mit eingebautem Kittchen auf der Straße stehen. Drinnen sitzt schon ein böser Bube mit hängendem Kopf. Wir testen einige der Bars, es ist schließlich Samstag. Viele Kneipen haben Live-Musik und australischer Folk und amerikanischer Pop mischen sich in der Straßenmitte. Es ist ganz schön was los in Darwin! Aber lauter als die lauteste Mucke vernehmen wir doch den Lockruf: „Modell Andante!".

In Darwin gibt's Alleen mit Flammenbäumen. Sieht einfach toll aus, finden wir

Kapitel 2

Das Rote Zentrum

36. bis 43. Tag

Unsere Highlights:

- Die Klippenwanderung im Kings Canyon ist mit den Ausblicken in die tiefe Schlucht eine unserer schönsten Wanderungen in ganz Australien.
- Für 4WD-Fans ein echtes Highlight: Die Fahrt ins Palm Valley. Über ein ausgetrocknetes Flussbett rumpeln wir über Stock und Stein bis zu einer mit Palmen bewachsenen Oase.
- Der Rundweg um den Uluru. Der Monolith sieht skurril und beeindruckend aus.
- Von Alice Springs auf dem Namatjira Drive fahren und an den Ochre Pits halten. Es ist eine heilige Stätte der Aboriginals, von der sie die Farben für Felsmalereien gewinnen. Die eisenoxidhaltigen Felsen, die an einem ausgetrockneten Bach stehen, schimmern in Weiß, Rotbraun und Ocker.
- Die Bilder der Aboriginals haben eine ganz eigene Ästhetik. Wer Aboriginals-Kunst kaufen möchte, sollte im Roten Zentrum zuschlagen. So viel Auswahl gibt's in ganz Australien nicht.

Sechste Woche (2)

Von Darwin bis zum Uluru

Tag 36, Darwin – Alice Springs, 1291 km, Sonne, 39 Grad

Heute muss der Wecker zum Einsatz kommen, denn im Hotel warten wir vergeblich auf Vogelgesang. Wir stellen fest, dass das Hotel für eine Nacht eine schöne Alternative ist, aber jetzt freuen wir uns darauf, bald wieder „on the road" zu sein, diesmal im Roten Zentrum.

Während wir auf das Taxi zum Flughafen warten, lassen wir die letzten 35 Tage noch einmal Revue passieren. Für uns war es genau richtig, in Perth zu starten. Wir lieben das Meer und die Strände einfach und wurden damit ja schon ab der ersten Nacht im Camper belohnt. Im Nachhinein ist man immer klüger: Wir hätten auf jeden Fall mehr Zeit am Ningaloo Reef verbringen und uns auf jeden Fall einen ganzen Tag an der Turquoise Bay gönnen sollen. Zwei Tage hätten es am Steep Point schon sein können, an dem westlichsten Zipfel, der so viel mehr ist als nur ein Punkt auf der Landkarte. Zum Anschauen sind der Kakadu Nationalpark und der Litchfield Nationalpark schön, wenn man das richtige Moskitospray dabei hat. Es wäre allerdings angenehmer, wenn man weniger Zeit im Auto verbringen müsste und dafür mehr entdecken könnte. Wer Autofahren hasst, hat es an der Westküste sicher nicht leicht. Highlights sind für uns auf jeden Fall die Pinnacles im Abendlicht, die Delfine in Monkey Mia und auch Cape Leveque. Und natürlich die vielen Tiere, die wir abseits der Hauptstraße angetroffen haben, und zwar ohne, dass wir auf der Lauer gelegen haben. Auf dem Tacho haben wir nun über 8500 Kilometer (Perth – Darwin wären auf direktem Weg 4043 Kilometer, das Navi sagt dazu ganz

Monsun-Wolken

nüchtern: 1 Tag und 20 Stunden Fahrzeit). Von Darwin aus sind es fast 1300 Kilometer bis nach Alice Springs, unserem Ausgangsort für die Touren im Roten Zentrum. Der Flieger braucht knapp zwei Stunden. Wir fliegen durch eine dicke Wolkenschicht, über den Wolken sehen wir die riesigen Wattebäusche, die sich auftürmen, und sind froh, es vor dem Monsunregen bis Darwin geschafft zu haben. Wir steigen aus dem Flugzeug und zum ersten Mal seit Wochen öffnen sich bei den kleinsten Bewegungen nicht alle Poren. Die Hitze ist so angenehm trocken und die Luft ganz klar. Schön hier in Alice Springs! Eine Stadt, die in der Nähe einer Telegrafenstation gegründet wurde. 1872 wollte jemand eine Süd- Nord-Verbindung durch das Land einrichten. Eine Telegrafenstation wurde gebaut und als Ende der 1880er ein Goldrausch einsetzte, war die kleine Station nicht groß genug, um alle unterzubringen, also wurde drei Kilometer davon entfernt eine Siedlung gegründet. Kaum mehr als 100 Menschen haben hier gelebt - Europäer wohlgemerkt, die Aboriginals leben hier schon seit mehreren zehntausend Jahren. Als während des Zweiten Weltkriegs die Straße zwischen Süd und Nord endlich fertiggestellt wurde, ging es mit der Einwohnerzahl steil nach oben. Heute wohnen hier ca. 30.000 Menschen, darun-

Aboriginalkinder lauschen interessiert einem Straßenmusiker

Blick vom Anzac-Hill auf Alice Springs . Die Häuserblocks sind im Schachbrettmuster angeordnet

ter über 5000 Aboriginals. Alice Springs ist die erste Stadt, in der wir viele Aboriginals sehen, die wie die Weißen einkaufen gehen und über den Sonntagsmarkt bummeln. Es gibt einige Bars und kleine Läden, in denen man sich für eine Outback-Tour eindecken kann. Außerdem laufen wir an auffällig vielen Galerien vorbei, die Bilder von Aboriginals verkaufen. Auch auf dem Sonntagsmarkt auf der Hauptstraße kann man ein Gemälde erwerben. In ganz Australien haben wir keine größere Auswahl gesehen und auch das Geld soll hier eher bei den Künstlern ankommen als anderswo.

Alice Springs sieht aus wie am Reißbrett entworfen. Das stellen wir fest, als wir auf dem Anzac-Hill, einem Hügel in der Stadt, stehen und einen Blick auf die Stadt im Sonnenuntergang werfen.

Tag 37 Alice Springs – Glen Helen Resort, 170 km, Sonne, 40 Grad

Schnurgerade führt die Straße westlich von Alice Springs über sanfte Hügel

Wir holen unseren Camper ab, der uns für die nächsten sieben Tage durchs Rote Zentrum kutschieren soll. Dieses Mal ist es ein Bushcamper, das heißt, dass das Schlafzimmer-Dach nicht aufgestellt wird, sondern als Blechkasten fest installiert ist. Es handelt sich wieder um einen 4WD, aber innen gibt es mehr Platz und Komfort. Da es hier nachts auch mal kalt werden kann, sind wir vielleicht für die obere Ummantelung dankbar, was die heutige Nacht zeigen wird. Nach einem Großeinkauf im Supermarkt starten wir unsere Rundtour. Es geht Richtung Westen, das Glen Helen Resort soll das heutige Ziel der Reise sein. Kaum haben wir Alice Springs verlassen, schmeichelt die Landschaft unseren Augen. Obwohl es doch das Rote Zentrum genannt wird, sehen wir noch gar keine rote Erde, nur üppige Vegetation und eine schnurgerade Straße mit vielen kleinen Hügeln. Wir fahren über den Namatjira Drive, eine geteerte Straße, die nach Westen führt. Am Horizont sehen wir Rauchwolken. Keine Stunde später sehen wir die Buschfeuer, die direkt an der Straße lodern. Wir halten in sicherer Entfernung an, denn wir wollen unbedingt Aufnahmen davon machen. Es ist unfassbar, wie die Flammen von einem Busch zum nächsten tänzeln, um ihn dann in weni-

Schnurgerade führt die Straße westlich von Alice Springs über sanfte Hügel

ger als fünf Sekunden bis aufs Gerippe niederzubrennen. Wir haben einen Tunnelblick, sehen die Flammen durch den Sucher und vergessen dabei fast, auf uns selbst zu achten. Das Feuer hat sich in wenigen Minuten bis zu unserem Parkplatz am Straßenrand gefressen und wir hüpfen schleunigst ins Auto. Es muss ja nun nicht gerade der Tank Feuer fangen (wir haben 200 Liter Sprit dabei). Unsere Kleidung riecht intensiv nach Lagerfeuer und wir sind froh, dass unser Leichtsinn keine schlimmen Folgen hatte. Dass eine so große Fläche brennt und alles

Direkt an der Straße verwandelt das Feuer in Windeseile einen Busch in ein Häufchen Asche

Leben auslöscht, finden wir tragisch, aber wir lesen, dass die Natur die Brände braucht, um sich weiterzuentwickeln. Der Grasbaum zum Beispiel ist so eine feuerliebende Pflanze. Seine dicke Rinde ist feuerfest und sein Samen, der fünf Jahr auf seine Geburt warten kann, platzt erst bei der Feuerhitze auf. Da die anderen Pflanzen Platz gemacht haben, muss der kleine Grasbaum das wenige Wasser aus der Umgebung nicht auch noch teilen. Der Baum kommt übrigens ausschließlich in Australien vor. Bei uns brennt es ja zum Glück auch nicht so oft.

Wir halten am „Ellery Creek Big Hole", eines der wenigen Wasserlöcher im Outback. Eigentlich handelt es sich eher um einen größeren See, der gemütlich vor sich hin dümpelt, umgeben von rotem Sandstein und einer Schlucht. Kein Wunder, dass viele Familien aus Alice Springs hier am Sonntag ihren freien Tag mit einer Kühlbox verbringen.

Der nächste Stopp nennt sich „Ochre Pits". Hier gewinnen die Aboriginals schon seit Generationen die gelbe, rötliche und weiße Farbe, die sie zur Körperbemalung benutzen, aber auch als Medizin verwenden. 700 Millionen Jahre alt ist das Gestein, vor 300 Millionen Jahren hat die Erde die bis dahin horizontalen bunten Schichten in vertikale verschoben. Deshalb laufen wir an scheibchenweise buntgefärbten Felsen vorbei. Von dunkelroten - mit viel Eisenerz - bis hin zu den ockerfarbenen und hellen Gesteinen. Zusammen mit dem blauen Himmel ist das ein Genuss fürs Auge, allerdings ist es auch eine Kunst, diese Wahrnehmung mit der Kamera festzuhalten. Das menschliche Auge kann eben mehr Facetten wahrnehmen und ans Gehirn weitergeben, als man das mit Bildern und Geräuschen vermag. Das Gestein von dieser heiligen Stätte dürfen nur die Aboriginals abtragen. Wer hier als Tourist Raubbau betreibt, riskiert eine Strafe von 5000 AUD.

Wir stoppen an diesem Tag nur noch einmal, an unserem Ziel, dem Glen Helen Resort. Auf der ehemaligen Rinderfarm gibt's Backpacker-Unterkünfte, Hotelzimmer und einen Caravanpark. Gleich neben der Anmeldung ist eine sehr gemütliche Bar. Heute Abend ist Live-Musik, was in Australien meistens bedeutet, dass ein Alleinunterhalter einen Oldie nach dem anderen spielt. Sehr beliebt sind beispielsweise Songs wie „Bye, bye Miss American Pie", immer wieder „Country Roads, take me hooooome" oder „Whiskey in the

In den Ochre Pits gewinnen Aboriginals seit vielen Generationen Farbpigmente für ihre Körperbemalung und Medizin

Jar". Heute aber wird nicht das Übliche geboten. Der Sänger aus Alice Springs hat viele eigene Songs im Programm, die so schön sind, dass wir immer wieder ein Bier nachbestellen. Der Sänger ist zugleich Fotograf und lässt im Hintergrund auf einem riesigen Flachbildfernseher wahnsinnig schöne Landschaftsfotos vom australischen Outback laufen. Nach jedem Lied geben wir und die anderen sechs Zuhörer kräftig Applaus. Zwei Stunden dauert seine „Show", dann sagt er „Tschüß" und „See you Guys at Breakfast". Kurz danach greift sich die nette Bedienung unsere Gläser, ohne zu fragen, ob wir noch einen möchten. Ist ja auch schon zwanzig nach zehn. So spät waren wir schon lange nicht mehr im Bett... Draußen ist es inzwischen ganz schön frisch, sodass wir froh sind, dass uns unsere rollende Herberge mit dem Blechdach schön warm hält. www.glenhelen.com.au

Tag 38, Glen Helen Resort – Hermannsburg, 174 km, sonnig, tagsüber 32 Grad, nachts 16 Grad

Die Fahrt durchs Rote Zentrum macht Spaß. Die Landschaft wechselt schnell und schon bald ist eine neue Gebirgskette am Horizont zu sehen. Kurz darauf biegen wir links Richtung Hermannsburg ab und fahren noch 41 Kilometer auf einer Schotterpiste, die ordentlich mit Schlaglöchern versehen ist, die Töpfe klirren im Schrank. Hermannsburg ist 1877 von zwei deutschen Missionaren gegründet worden, um die hier lebenden Aboriginals „zu Menschen" zu machen, wie sie es nannten. Am Anfang wehrten sich die Aboriginals gegen diese Form der Missionierung, aber schließlich schafften es die Weißen, Freundschaft mit den Ureinwohnern zu schließen und ihnen Deutsch beizu-

Die alte Missionsstation in Hermannsburg

bringen. Noch heute stehen hier Reste der alten Missionsschule, der Kirche und des Pfarrhauses. Alle Gebäude sind weiß gekalkt und gelten als Touristenattraktion in Hermannsburg. Daneben steht die neu erbaute Kirche, die sonntags von allen Bewohnern Hermannsburgs besucht wird, erzählt uns die Frau aus dem Souvenirladen. Hermannsburg ist eine Aboriginal-Gemeinde mit über 500 Einwohnern, in der Sprache der Ureinwohner heißt der Ort Ntaria. In der näheren Umgebung wohnen insgesamt 1000 Leute, von denen 94% Aboriginals sind.

Nächster Stopp: Palm Valley. Wie der Name schon verrät, stehen hier Palmen in einem Tal. Allerdings handelt es sich um besondere Exemplare, denn die Red Cabbage-Palmen wachsen ausschließlich in diesem Gebiet. Einst stand hier vor Millionen von Jahren ein üppiger Regenwald. Nur diese wenigen Palmen haben 20.000 Jahre lang dem steten Klimawandel getrotzt. Der Weg hierher ist ein echter Knaller, eine 4WD-Erfahrung der besonderen Kategorie für Fortgeschrittene. Die Strecke schlängelt sich erst ganz unauffällig am Finke River entlang, mal geht es über roten, harten Boden, mal über grauen Schotter, dann durch weißen, weichen Sand. Dann wird der Weg zur Schlaglochpiste und wir überqueren mehrfach einen 100 Millionen Jahre alten Flusslauf, dessen Furchen das Auto und uns so richtig zum Ächzen bringen. Nach 22 Kilometern, von denen die letzten drei die herausforderndsten sind, ist unser kompletter Innenraum verwüstet. Eineinhalb Stunden haben wir für den Weg gebraucht!

Richtung Palm Valley: Weicher Sand und Schlaglochpiste wechseln sich ab

Die hoch aufragenden Palmen stehen in einem schmalen Tal am Ufer des Palm Creek, der rechts und links eingerahmt wird von - wie soll es anders sein - roten Felsen. Die grünen Palmen sind zusammen mit dem klaren blauen Himmel und dem roten Hintergrund sehr fotogen. Ein zwei Kilometer langer Wanderweg führt an vielen Exemplaren vorbei, die sanft im Wind rascheln.

Der Nachteil dieses schönen Ausflugs: Wir haben viel länger für die Strecke gebraucht, als vorher kalkuliert. Nun sind wir zu spät dran, um jetzt noch 200 Kilometer Schotterpiste zum King's Canyon zu fahren, und entscheiden uns deshalb für den Campingground in Hermannsburg. Wir landen auf einem Campingplatz, auf dem kein einziger Campinggast ist. Ein Schild verweist auf die Rezeption im nahe gelegenen Tante-Emma-Laden. Kurz vor halb fünf gehen wir an die Kasse, wo es uns entgegenschallt: „Hier gibt's nichts mehr, der Laden ist schon geschlossen!" Wir lassen uns aber nicht abwimmeln, denn es gibt in der Nähe keine Alternative. Dass wir eine Nacht auf dem Cam-

RESTRICTED PREMISES

NO ALCOHOL

ALLOWED ON ANY AREA ACCESSED BY THE PUBLIC

Penalty: forfeiture of the alcohol and $500 fine.

A person must not remove, deface or otherwise interfere with this notice.

Penalty: a natural person – $1000

a body corporate – $5000

Northern Territory Government

Striktes, mit harten Strafen durchgesetztes Alkoholverbot

pingplatz bleiben wollen, macht die Frau an der Kasse angesichts der 20 Dollar unpowered (40 powered) auch nicht gerade umgänglicher, aber wir schließen das Geschäftliche schnell ab. Der Campingplatz ist mit einem hohen Zaun umstellt und wir bekommen einen Schlüssel fürs Vorhängeschloss. Wir sind tatsächlich die Einzigen hier, auch eine neue Erfahrung. Ist denn schon Nebensaison? Oder gibt es hier gar keine Hochsaison? Egal, wir machen uns einen schönen Abend mit selbst gekochtem Essen und einem Glas Wein. Alkoholfrei allerdings, denn in Alice Springs darf erst um 18 Uhr Alkohol in speziellen Bottle-Shops verkauft werden. In Supermärkten gibt es ausschließlich alkoholfreien Wein. Außerdem wäre es sowieso verboten, auf dem Campingplatz Alkohol zu trinken, die Alkoholvorschriften im Roten Zentrum sind sehr rigide. Viele Aboriginal-Communities haben sich entschieden, den Alkohol auf ihrem Territorium zu verbieten, um ihre Leute zu schützen. Und auch die Gäste müssen sich daran halten, viel zu oft soll es vorgekommen sein, dass diese ihren mitgebrachten Alkohol an Aboriginals verkauft haben. Sachen gibt's. In Hermannsburg singt uns heute ein Chor jaulender Hunde in den Schlaf. Ist doch gar kein Vollmond...

Am Rand des Kings Canyon leben viele Echsenarten, ganz links ein eindrucksvoller gelb gefleckter Perentie oder Riesenwaran

Tag 39, Hermannsburg – Yulara, Ayers Rock Resort, 511 km, Sonne, 35 Grad

Um halb sieben ist Abfahrt. Knapp drei Stunden dauert die Fahrt von Hermannsburg bis zum Kings Canyon, einer der drei Hauptattraktionen mitten in Australien. Daneben gibt es noch den Ayers Rock und die Olgas. Laut Reiseführer soll der Kings Canyon vergleichbar mit dem Grand Canyon in den USA sein, was natürlich große Erwartungen weckt! Auf staubiger Schotterpiste rollen wir Richtung Westen auf der Mereenie Loop Road, drei Dollar Straßennutzungsgebühr haben wir entrichtet, um über viele Kilometer durch privates Aboriginal-Gebiet fahren zu dürfen. Die Entscheidung, nicht schon am Vortag hier entlangzufahren, war genau richtig. Niemals hätten wir es bis hierher geschafft, denn bei Dämmerung oder Dunkelheit auf Schotterpiste zu fahren, ist grausam, weil man die Schlaglöcher dann nicht mehr sehen kann und unsere ganze Kameraausrüstung sehr unsanft durchgerüttelt wird, von uns und dem Auto ganz zu schweigen.

Auf dem großen Parkplatz am Kings Canyon treffen wir ein Pärchen, das von einer Wanderung zurückkommt. Wir fragen nach, welche Strecke sie uns empfehlen können, und sie geraten gleich ins Schwärmen, dass sie gestern Abend schon losgelaufen seien und irgendwo auf den Felsen geschlafen haben -unter dem riesigen Sternenhimmel. Wenn wir Zeit hätten, sollten wir das auch tun. Eine großartige Vorstellung, aber wir müssen heute noch Richtung Ayers Rock. Wir laufen erst einmal den King's Creek Walk, eine zwei Kilometer lange Strecke, die immer entlang dem Flüsschen geht. Der Weg ist dicht bewaldet, denn hier stehen Bäume, die ihren erhöhten Wasserbedarf decken, indem sie mit Hilfe ihrer langen Wurzeln Wasser aus dem Wasser speichernden Sandstein saugen. Auf einer Aussichtsplattform endet der Weg, wir blicken in eine breite Schlucht voller Grün, links und rechts glatte, glänzende Steine, gut 80 Meter hoch. Hier in der Mitte Australiens schwappte vor langer Zeit das Meer über die Steine und hat sie abgeschliffen. Das war zu der Zeit, als an den Polen noch kein Eis war und der Meeresspiegel hoch.

Noch schöner lässt sich der Canyon von der Anhöhe aus betrachten. Deshalb biegen wir auf dem Rückweg zum Car Park rechts ab auf den „Kings Canyon Rim Walk" und werden wieder einmal durch Schilder gewarnt: Ein steiler Anstieg komme jetzt auf uns zu, der Weg sei nur mit ausreichend Wasser, Kopfbedeckung und festem Schuhwerk zu

Für die Strecke zum Kings Canyon haben wir einen Durchfahrtsschein gekauft, weil sie durch privates Aboriginal-Gelände geht

156

absolvieren. Aha. Tatsächlich geht es gleich ans Eingemachte, Steinstufen führen fast senkrecht hoch zum Felsplateau. Die Aussicht belohnt unsere Mühe, das Herz pumpt, die Lunge pfeift, die Beine kribbeln. Sechs Kilometer führt der Weg über Stock und Stein vorbei an beeindruckenden Felsformationen und Klippen. In dieser Steinwüste leben viele Tiere. Mal wieder sind wir auf der Pirsch, als vor uns mitten auf dem Weg plötzlich ein zwei Meter langes Reptil sitzt (siehe vorige Doppelseite). Eine Echse, schwarz mit gelben Punkten. Wir versuchen, uns so wenig wie möglich zu bewegen, damit sie nicht verschwindet, bis wir unsere Kameras einsatzbereit haben. Im Flüsterton verständigen wir uns: „Silke, hilf mir mal bitte und hol das Makro-Objektiv aus dem Rucksack“. Ein geräuschloser Objektivwechsel folgt, das Tier sitzt immer noch da. Eine Aufnahme aus zwei Meter Entfernung zur Sicherheit. Wir kommen mit kleinen Schritten näher. Das Tier bewegt sich nicht. Nur manchmal klappt es seine Lider zu und nach einer Se-

Da könnten sich unsere Tauben doch mal eine Scheibe von abschneiden: Die Spinifex Taube mit ihrem eleganten Federschopf

kunde wieder auf. Wir werden mutiger, nähern uns dem Tier, suchen die beste Kameraposition und filmen. Langsam dreht die Echse ihren Kopf zu uns und starrt uns durchdringend an. Dieser Perentie oder Riesenwaran ist so schön anzusehen mit seinen gelben Flecken auf schwarzem Grund, und es ist ein tolles Gefühl, so nah dran zu sein. Noch ein Bild vom Auge, ganz groß, von den Krallen, der Struktur der Haut. Irgendwann scheint die Echse genug von unserer Aufdringlichkeit zu haben. Als ein Stöckchen unter unseren Schuhen zerbricht, verschwindet sie blitzschnell und sucht unter einem Felsvorsprung Ruhe vor uns. Perfekte Tarnung, zwischen den Steinen und Gräsern ist sie kaum noch zu erkennen.

Nur fünf Meter weiter sonnt sich eine andere Art Reptil, das nach Fliegen schnappt. Für uns sieht es aus wie ein kleines Chamäleon. Es lässt sich von uns nicht stören. Immer wieder laufen uns auch Spinifex-Tauben mit ihrem hübschen Kopfschmuck über den Weg.

Von oben haben wir einen spektakulären Rundblick und wandern dann am „Garten Eden" vorbei

Statt Makro müssen wir nun das Weitwinkel draufschrauben, denn wir gucken in den Canyon. Der 360-Grad-Blick ist spektakulär. Der Weg führt uns dann laut einem Wegweiser am „Garten Eden" vorbei (endlich wissen wir also, wo sich dieser befindet...). Der Fluss hat hier einige tiefe Pools ausgehöhlt, in denen Wasser steht. Vier Stunden brauchen wir für die Wanderung, die wir uneingeschränkt empfehlen können.

Wieder sitzen wir im Auto und fahren 300 Kilometer über den Asphalt Richtung Ayers Rock. Der heißt eigentlich Uluru, so haben ihn die hier lebenden Aboriginals vom Clan der Anangu schon immer genannt und so wurde er auch offiziell wieder genannt, nachdem man 1985 das Land an die traditionellen Besitzer zurückgegeben hatte. Die Anangu haben das Gebiet an die Regierung verpachtet. Gemeinsam mit den Rangern vom Uluru - Kata Tjuta- Nationapark verwalten sie das Schutzgebiet, das die UNESCO zum Weltnatur- und kulturerbe ernannt hat.

Der Uluru ist DAS Reiseziel in Australien. Kaum ein anderer Ort zieht die Massen so magisch an wie dieser. Und da ragt der Berg auch schon am Horizont hervor. Aber die Form stimmt nicht ganz, oben sieht er so abgeschnitten aus... Ein Blick auf die Karte verrät, dass der Uluru nicht der einzige Monolith hier in der Gegend ist. Wir fahren am Mount Conner vorbei, den viele bei ihrer Anfahrt mit dem Uluru verwechseln. Also machen wir mal gleich ein Bild davon, damit andere in Zukunft nicht den gleichen Fehler begehen. 100 Kilometer weiter sehen wir dann den Uluru. Ganz schön groß, das Teil! Wir fahren auf den Campingplatz kurz vor der Kassierstation in den Nationalpark und zahlen 41,50 AUD powered. Ziemlich teuer, aber alles ist prima in Schuss hier. Während wir auf den uns zugewiesenen Platz fahren, kommen uns unzählige Autos entgegen. Wo wollen die bloß alle hin? Ein Blick auf die untergehende Sonne verrät: Sie fahren alle Richtung Uluru, um den Sonnenuntergang zu sehen. Heute muss die Sonne ohne uns untergehen, nach fünf Stunden Wanderung und 500 gefahrenen Kilometern haben wir genug erlebt.

Nein, das ist noch nicht der Uluru, sondern der Mount Conner

Tag 40, Uluru und Kata Tjuta = Ayers Rock und die Olgas, 185 km, bei Sonnenaufgang 18 Grad, mittags 30 Grad

Um vier Uhr klingelt der Wecker. Wir schleichen aus unserem Bushcamper, versuchen, gaaanz leise die Türen zu klappen und schlurfen fast lautlos Richtung Waschräume. „Good Mooorniiing", kräht Silke schon die erste Campingplatz-Frühaufsteherin entgegen. Sie schon in voller Montur, Silkes Augen noch nicht mal auf Halbmast - Sinne sortieren.

Wir machen uns auf unserem Gaskocher einen Kaffee „to go" und fahren um 5 Uhr zum Eingang des Nationalparks. Dort wartet schon Amy auf uns. Sie ist vom „Media Board" des Nationalparks und betreut uns während unserer Dreharbeiten. Alleine unterwegs zu sein, ist hier für Kamerateams strengstens verboten. Schon vor Wochen mussten wir einem 20-seitigen Pamphlet zustimmen, in dem geregelt wird, was wir alles dürfen oder eher gesagt, was wir alles nicht dürfen. Wir fahren Amy hinterher, denn wir wollen den Uluru zum Sonnenaufgang filmen. Dafür gibt es extra eine „Sunrise Viewing Area". Wir sind beileibe nicht das einzige Auto, das an die Besucherplattform rollt. Es werden minütlich mehr. Ganze Busladungen kommen an und machen uns gleich den Platz in der ersten Reihe an der Reling streitig. Entschuldigung! Wir

Film-Crews brauchen am Uluru eine Zulassung, aber Namen sind Schall und Rauch

Uluru: Am frühen Morgen warten rund 300 Touristen darauf, dass die Sonne aufgeht

Die Rangerin Amy begleitet uns bei unseren Filmarbeiten am Uluru und den Kata Tjuta. Damit wir keine heiligen Stätten der Aboriginals aufnehmen und öffentlich zeigen, kontrolliert sie jede Aufnahme von uns

waren ja wohl zuerst hier! Auf Klappstühlen und mit Kamera auf dem Stativ warten die Frühaufsteher darauf, dass die Sonne den großen roten Felsen anleuchtet. Amy steht an unserer Seite und erklärt uns, was wir aufnehmen dürfen. Da der Uluru für die Aboriginals nicht nur einen roten Felsen darstellt, sondern eine spirituelle Stätte ist, die einige geweihte Plätze hat, achtet Amy darauf, dass wir nur genau das im Bild haben, was nicht „cultural sensitiv" ist. Sie lässt sich von uns jede einzelne Einstellung zeigen, gibt genau an, welche Vorschriften wir zu beachten haben. Eine Regel zum Beispiel besagt, dass der Berg zu mehr als einem Drittel im Bild sein muss. Wir dürfen von der ganz linken und ganz rechten Seite keine herangezoomten Ausschnitte zeigen. Ob das Bild an sich nun gut aussieht oder nicht, das ist Amy egal. Hauptsache, die Regularien werden befolgt und da wir großen Respekt vor anderen Kulturen haben, tun wir das natürlich gerne.

Um uns herum stehen bestimmt 300 Leute, von denen die allermeisten eine Kamera dabei haben und mehr als eine Speicherkarte verknipsen. Die Touristen dürfen alles aufnehmen. Wir nicht, denn wir wollen den Film ja öffentlich zeigen, weshalb wir auch eine offizielle Genehmigung brauchen. Um 6:10 Uhr geht die Sonne auf. Um 6:20 Uhr sind die Touris bereits weg. Rangerin Amy weiß, zu welcher Zeit die Sonne für Aufnahmen am günstigsten steht, also machen wir erst einmal einen Spaziergang. Gleich am Anfang weist ein Schild auf eine „Sensitive Site" hin. Hier haben sich die stammesältesten Frauen getroffen, das dürfen wir auf keinen Fall im Bild festhalten. Auf der anderen Seite des Berges haben sich die Männer einst versammelt. Aufnahmen sind auch hier nicht erwünscht. Auf dem Weg rückt Amy unsere Kameras immer wieder zurecht. Wir gehen weiter und sind erstaunt darüber, dass mit jedem einzelnen Schritt, mit jedem neuen Sonnenstand, die unebene Sandsteinoberfläche neu und anders wirkt. Auf den Fotos, die wir bislang gesehen haben, sieht der Fels, mitten im Nichts 348 Meter aufragend, wie aus einem Guss aus. Hier wird uns bewusst, dass der Uluru aussieht, als wäre er aus hunderten Einzelteilen zusammengesetzt. Die Oberfläche ist uneben, so, als wäre sie von vielen kleinen Rostflecken übersät, oder als wenn sich die Haut in Schuppen nach einem Sonnenbrand ablöst. Am Fuß des Uluru ist es üppig grün. Sieht schön aus. Könnte aber noch schöner sein, wenn die Sonne sich nicht hinter einer Schleierwolke verstecken würde. Schon beim Sonnenaufgang konnte sie sich nicht richtig durchsetzen. Es seien die vielen Buschbrände um Alice Springs herum, die den Himmel ganz schön diesig machen, sagt Amy. Auf der Hälfte des Wegs kommen wir an „Rock Art" vorbei, Jahrtausende alte Felsmalereien der Aboriginals. Diese dürfen wir nicht filmen, denn es ist keiner der Anangu dabei. Sie sind die Einzigen, die die Felsmalerei deuten und die Entstehungsgeschichten aus der so genannten Traumzeit erzählen dürfen. „Kein Problem, Amy", sagen wir. Wir respektieren auch das alles sehr gerne und wir wollen diesen Umstand auch gerne den Menschen in Deutschland erzählen, damit sie sensibilisiert sind, wenn sie hierherkommen. „Es wäre doch toll", sagen wir, „wenn uns einer der traditionellen Landbesitzer erzählt, warum dieser

Der Uluru zeigt uns viele Facetten und wirkt gar nicht monolithisch

Der Uluru und die etwa 35 Kilometer entfernten Kata Tjuta bestehen aus demselben Sandstein, der vor etwa 400 Millionen Jahren als Schwemmkegel abgelagert wurde, und sind unterirdisch miteinander verbunden

Ort so wichtig für sie ist und wie wir Touristen ihn am besten respektieren können." Sie schüttelt den Kopf, sagt, dass das nicht so schnell zu organisieren sei, es sei denn, wir würden 350 AUD an den Interviewpartner zahlen. Jetzt schütteln wir den Kopf. Wir zahlen nichts, denn wir würden ihnen die Möglichkeit geben, ihre Geschichte zu erzählen. Daran haben sie offensichtlich kein Interesse. Keine leichten Dreharbeiten für uns...

Leider möchte Amy uns auch kein Interview geben, das sei nicht ihr Aufgabenbereich, sie sei nur da, um uns zu beaufsichtigen und auch ohne Kamera beantwortet sie unsere Fragen nur ausweichend. Es geht um die Besteigung des Uluru. Die Anangu bitten darum, aus Respekt vor ihrer Kultur den Felsen nicht zu besteigen und nicht durch ihre heilige Stätte zu trampeln. Aber ausdrücklich verboten ist es nicht. Wenn doch sonst so viel verboten ist in diesem Land, warum dann nicht auch das? Im Reiseführer steht, dass bei einem Verbot keine Touristen mehr kommen könnten. 300.000 sind es pro Jahr...

Inzwischen sind wir auch am Ausgangspunkt der Besteigung angekommen. Aber es ist kein Gipfelstürmer zu sehen. „Das liegt am starken Wind heute", erklärt Amy. „Der Weg ist gesperrt. Alle zwei Stunden misst ein Ranger die Windgeschwindigkeit. Wenn sie über 12,5 km/h liegt, schließt er den Track." Zu viele Menschen seien hier schon umgekommen. Bis zum Gipfel ist auf der gesamten Strecke ein Handlauf angebracht, was von unten lustig aussieht. Die Oberfläche des Weges ist nicht bearbeitet, hat keine Stufen oder Bohlen. Der zuständige Ranger erklärt, dass durch die vielen Besucher der Weg auf dem Felsen als helle Spur zu erkennen sei: Da so viele Menschen hochgehen, hat sich der Gummiabrieb ihrer Sohlen auf dem Stein abgestzt. 45 Minuten dauere der steile Anstieg. Heute werde es mit dem Aufstieg wohl nichts mehr, der Wind sei immer noch zu böig. Wir dürfen nur das Schild filmen, dass der Weg geschlossen ist, aber nicht den Weg selbst oder den Handlauf, die „cultural sensitiv" sind. Mit anderen Worten: Der Weg führt direkt über heiliges Land.

Christians Ameisenbiss

Australien soll ja so viele giftige Tiere haben, die eine ständige Bedrohung sein sollen. Hier meine einzige Begegnung mit einem fiesen Tier: „Uaaaaaaaahhh!", bricht es aus mir heraus und ich hüpfe wie von der Tarantel gestochen auf und ab. Ich kicke meinen Schuh weg und reiße die Socke runter. Eine Spinne muss angegriffen haben, denke ich spontan. Wie lange werde ich noch zu leben haben? Wo ist das nächste Krankenhaus?

Amy und Silke haben die Hand schon am Erste-Hilfe -Koffer und sind bereit, Rettungsmaßnahmen einzuleiten. Nachdem der erste Schmerz langsam nachlässt, finde ich in meiner Socke den Angreifer: Eine Riesen-Ameise mit stattlichem Kauwerkzeug. Sie flitzt davon. Sollte sie giftig sein, müsste bald eine Reaktion erfolgen. Amy und Silke schauen gebannt auf den kleinen Biss am Fuß und sehen, dass außer den zwei kleinen geröteten Hackstellen keine weiteren Auswirkungen festzustellen sind. Immerhin kann ich jetzt erzählen, dass mich ein gemeingefährliches Tier angefallen hat. Die meisten Urlauber in Australien können das nicht, denn die Tiere sind so scheu, dass sie schon Reißaus nehmen, bevor man sie zu Gesicht bekommt. Ich habe mich selten so sicher in einem Land gefühlt wie in Australien.

Wir fahren zu den Olgas, in der Sprache der Aboriginals Kata Tjuta genannt, den Namen sollen wir auch konsequent verwenden. Schon von Weitem sehen wir die Gesteinsformation. Rot schimmernd, mit vielen Felsdomen, die sich aneinanderschmiegen und an zwei Stellen eine Schlucht bilden. Die eine dürfen wir aus bekannten Gründen nicht filmen. Bei der anderen hat Amy extra ein Bild mitgebracht, wie unser Foto auszusehen hat. In der Schlucht müssen beide Felsseiten auf dem Bildausschnitt zu sehen sein, sonst gibt's Mecker! Aber Amy kann auch loben: Das Bild haben wir genau richtig aufgenommen. Brav!

Zum Sonnenuntergang fahren wir zur extra ausgewiesenen „Sunset Viewing Area" mit Blick auf den Uluru. Auf den Parkplatz passen bestimmt 100 Autos. Leider ist es heute zu diesig, um die wechselnden Farben am Uluru einzufangen. Hätten wir doch nur gestern bei unserer Ankunft im Resort gleich losgelegt, aber wer kann ahnen, dass es hier mitten in der Wüste auch mal bewölkt ist? Wir lernen eine Kreuzfahrtschifftouristin aus Amerika kennen. Sie hat gestern noch den Sonnenuntergang am Great Barrier Reef genossen, morgen ist sie in Sydney und heute beschwert sie sich bei Amy, dass das Wetter so schlecht sei. Sie habe schließlich genug rote Felsen in Amerika, komme extra zu dem roten Felsen und dann sei hier kein gescheiter Sonnenuntergang. So eine Schande! Die „Highlights Australiens in einer Woche" heißt das Programm, das die Frau abspult. Da sage noch einer, 100 Tage seien zu knapp bemessen... Amy geleitet uns noch bis zum Kassenhäuschen hinter der Schranke zum Park, denn alleine dürfen wir noch nicht einmal bis zum Ausgang fahren.

Der Ayers Rock heißt in der Sprache der Anangu Uluru und die Olgas Kata Tjuta. Ziel ist es, die Namen der Weißen abzulegen und nur noch die traditionellen Namen zu benutzen

Rechte Seite ››
Genau so muss das Bild aussehen sagt Amy (oben, die kleinen hellen Punkte auf dem Felsen sind übrigens Menschen). Verzweifelter Versuch dem von Schleierwolken gedämpften Sonnenuntergang noch etwas abzugewinnen (unten)

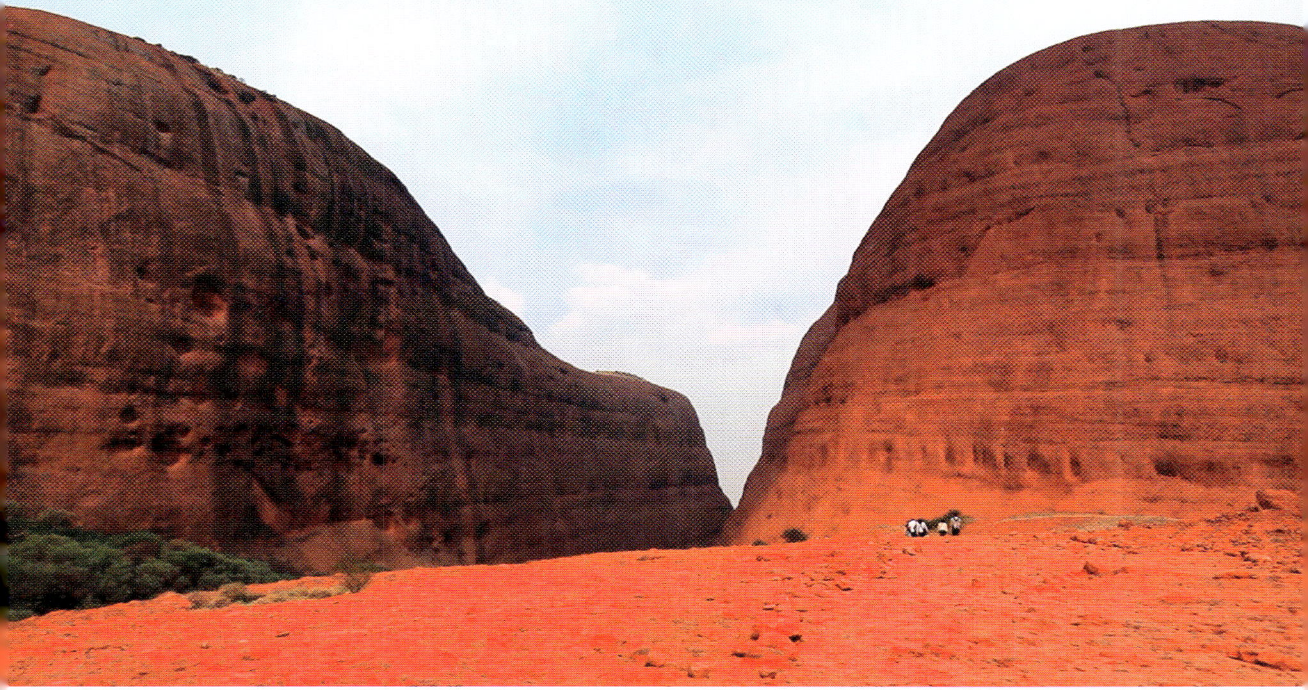

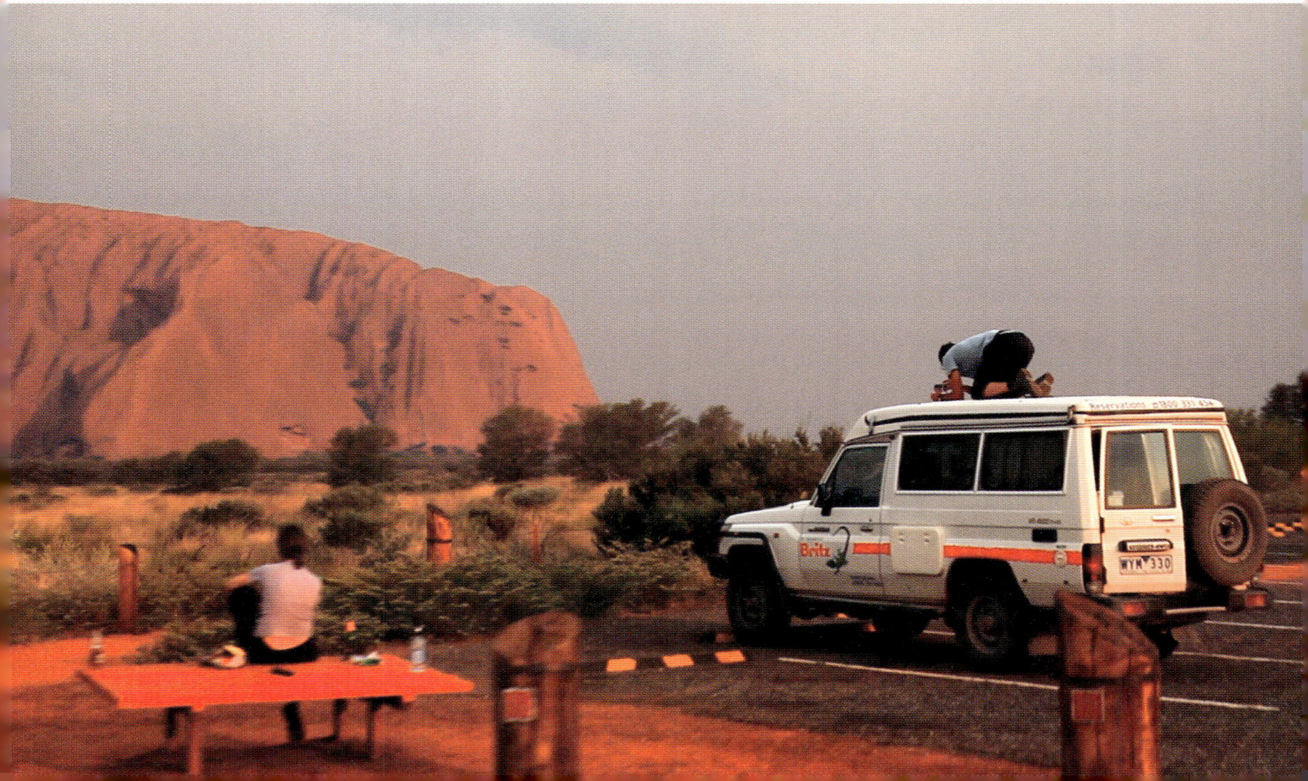
Britz
WYM 330

Siebte Woche (1)

Von Yulara bis Port Douglas

**Tag 41, Yulara – Uluru –
Mt. Ebenizer Roadhouse, 258 km,
bewölkt, 26 Grad**

Erneut treffen wir uns mit Amy, diesmal erst um halb neun, und fahren zur Sunrise Viewing Area am Uluru. Da die Sonne schon vor einiger Zeit aufgegangen ist und die Touristen schon alle weg sind, empfängt uns eine wohltuende Stille. Es gibt einen in die Natur gebauten breiten Bohlenweg, von dem aus fortwährend ein guter Blick auf den roten Felsen zu ergattern ist. Die Sonne scheint heute ein bisschen kräftiger, deshalb freuen wir uns über einen strahlenderen roten Felsen. Wir wandern den „Mala Walk", der ganz nah am Fuß des Felsens entlangführt. Amy greift mehrere Male ein und ändert unsere Bildkomposition. Wir überlegen, ob wir für ihre Aufnahmen, die zwar die spirituellen Plätze respektieren, aber gegen jede Bildästhetik sprechen, später einen blauen Rahmen ums Bild machen, wie es früher in einer Fernsehsendung üblich war. Alle Fragen zum Uluru oder der Kultur der Aboriginals, die aus uns nur so heraussprudeln, werden von Amy leider nur mit „it's hard to tell" oder „ very complex" beantwortet. Auch ein Interview kann nicht arrangiert werden, weder mit einem der (weißen) Ranger noch mit einem Anangu Aboriginal. Wir haben viele Urlauber getroffen, die die gleichen Fragen haben wie wir, und sind erstaunt, dass weder die Ranger noch die Aboriginals die Chance nutzen, unsere Fragen zu beantworten. Wir sind voller Neugier und wissen, dass unsere Zuschauer das auch sind.

Am Spätnachmittag haben wir einen Scenic Flight gebucht, den das Media Office vom Nationalpark organisiert. Da die Sonne sich im Moment aber gerade immer mehr gegen die Wolken behaupten kann, würden wir gerne schon um die Mittagszeit fliegen. Noch während wir auf dem Weg zum nahe gelegenen Flughafen sind, verschlechtert sich allerdings das Wetter extrem. Wir erfahren, dass am Kata Tjuta schon einzelne Blitze gesichtet wurden und die Schlechtwetterfront langsam auf uns zusteuert. Dennoch gehen wir nach der Sicherheitseinweisung, die auch Hinweise auf das Respektieren heiliger Orte umfasst, mit Grace, der Senior Media Bord-Managerin, an Bord des Helikopters. 20 Minuten fliegt Stuart mit uns zum Uluru und wieder zurück. Dicke Wolken versperren die Sicht auf Kata Tjuta. Aber zumindest ist der Uluru ziemlich klar zu sehen. Ab einer bestimmten Stelle gibt Grace das „Go!" zum Filmen und wir machen Aufnahmen vom roten Felsen auf der exakt vorgeschriebenen Route. Die Anangu haben in der Nähe des Uluru ihr Dorf, rund 300 Menschen leben dort. Dies dürfen wir auf keinen Fall im Bild haben. Grace prüft unser Material direkt nach

Wanderung am „Mala Walk"

Der Uluru aus dem Hubschrauber betrachtet

der Ankunft auf dem Flughafen. Einmal ist der Hubschrauberpilot im Bild zu sehen und zufällig im Hintergrund zwischen Handgelenk und Fensterholm ausschnittsweise ein unerlaubter Teil des Uluru. Ein Bild, das wir löschen müssen.

Grace ist diejenige, die unsere Neugierde verstehen kann, und versucht, Antworten zu geben. Diese dürfen wir zwar weder filmen noch im Film zitieren, aber da sie interessant sind, schreiben wir sie wenigstens auf. Warum nutzen die Traditional Land Owners nicht die Chance, in unserem Film ihre Meinung mitzuteilen? Grace vermutet, dass dies so ist, weil die Aboriginals schon seit den 60er Jahren von Kamerateams ausgebeutet worden seien. Ohne jeglichen Respekt seien die Reporter ins Dorf eingefallen und haben ihnen das Mikrofon unter die Nase gehalten. Die Aboriginals seien aber eher schüchtern und vor allem nicht mitteilungsbedürftig. Alles, was sie weitergeben wollen, verpacken sie nicht in Worte, sondern in Taten oder Zeichnungen. Wer etwas von den Aboriginals lernen will, der sollte das nicht tun, indem er Fragen stellt, sondern indem er durch Zuschauen lernt. Grace sagt, dass die Traditional Land Owners, die im Park eigene Touren anbieten, keine Lust mehr auf die immer gleichen politischen Fragen haben. Die Aboriginals wollen Geld für ein Interview haben, weil die Reporter auch Geld mit den Berichten über das Land der Aboriginals verdienen. Davon möchten sie eine Scheibe abhaben, denn sie sind bis 1985 völlig leer ausgegangen. Erst zu diesem Zeitpunkt wurden ihnen die Rechte an ihrem Land von der Regierung zurückgegeben.

Die Aboriginals haben sich für den Tourismus auf ihrem Land entschieden, wundern sich aber trotzdem, dass Zigtausend Menschen im Jahr auf ihr Land kommen, um sich einen roten Felsen in der Wüste anzuschauen, und dann auch noch bei der Besteigung des Uluru auf ihren heiligen Stätten herumtrampeln. Der Aufstieg ist ja nicht ausdrücklich verboten, er kostet auch kein Extra-Geld. Lediglich am Fuße des Weges weist ein Schild darauf hin, dass die ursprünglichen Besitzer die Besucher bitten, nicht hochzusteigen und ihre Wünsche zu respektieren. Grace erklärt uns, dass die Aboriginals Menschen als Erwachsene wahrnehmen, die aufgrund von Informationen selbst in der Lage seien zu entscheiden. Ganz ehrlich, wenn im ganzen Land Schilder stehen, auf denen steht, was man alles nicht darf, und selten auch, was man darf, wie soll man dann annehmen, dass hier einmal der gesunde Menschenverstand gefragt ist? Der ist doch bei so viel Regulierung völlig abhanden gekommen! Unsere Entscheidung steht schon lange fest: Wir klettern nicht auf den Uluru. Trotz vieler offener Fragen respektieren wir in jedem Land als Gast selbstverständlich die Wünsche der Gastgeber.
Wir haben heute eine Menge gelernt, hauptsächlich, dass die Mentalität der Aboriginals hier eine andere ist. Und auch, dass wir bei so viel Misstrauen unserer Arbeit gegenüber die Reißleine ziehen und sagen: Danke, war schön, aber jetzt reicht's. Wir sind in jeglicher Hinsicht unabhängige Filmemacher und lassen uns vor keinen Karren spannen. Wir haben den Austausch jede Minute gesucht, aber in der Kürze von zwei Tagen leider nicht gefunden. Schade.
Da das Wetter immer schlechter wird, machen wir uns auf den Weg nach Alice Springs, dieses Mal über den Highway. Es fängt sogar an zu regnen. Am Straßenrand stehen Rinder, die aus Pfützen trinken. Apropos trinken. Durst haben wir auch. Den können wir am Mt. Ebenizer Roadhouse aber leider nicht stillen, denn die Raststätte hat bereits geschlossen. Es gibt aber hinter dem Haus einen Campingplatz. Für 10 AUD kaufen wir dann noch einer Nachbarin eine Flasche Rotwein ab und verkriechen uns in unseren kleinen, aber gemütlichen Bushcamper.

169

Tag 42, Mt Ebenizer Roadhouse – Alice Springs, 300 km, bewölkt, 25 Grad

Noch 300 Kilometer bis Alice Springs. Das Wetter ist bescheiden. Auch für die Kamera ist es nicht gerade schmeichelhaft, wenn die Landschaft so grau aussieht. Für uns bedeutet das Wetter aber, den Morgen endlich einmal etwas gemütlicher angehen zu können. Auch die Fahrt ist entspannt, wir halten einige Male. Auf dem Weg kommen wir an drei

Alleine von den Autowracks könnten wir einen Film machen, so schön finden wir sie

ausgebrannten Autowracks vorbei, die der Patina nach zu urteilen schon Jahre da stehen.

Unter grauem Himmel fahren wir auf der am stark befahrensten Strecke, die wir bislang in Australien erlebt haben. Uns kommen große und kleine Busse, Camper und Mietwagen jeder Klasse entgegen. Alle wollen Richtung Uluru.

In Alice Springs entscheiden wir uns für den Stuart Caravan Park, der uns ein nettes, lauschiges Plätzchen zwischen blühendem Oleander bietet.

Wir machen uns einen schönen Abend und nutzen die Gelegenheit, dass in Alice Springs endlich einmal unsere Vodafone-Simkarte funktioniert. Es ist schön, mit der Familie zu telefonieren und festzustellen, dass sie in Deutschland bei zwei Grad bibbern. Hier sind es nach Sonnenuntergang immer noch über 20 Grad. Wie bei den meisten Campingplätzen nehmen wir wieder eine „powered site", um unsere Kamera-Akkus aufzuladen und die Speicherkarten der Kamera auf die Festplatte zu überspielen. Wir haben zwölf 500 Gigabyte-Festplatten mitgenommen und wenn eine voll ist, kopieren wir das Rohmaterial auf eine zweite Platte, die wir dann per Post nach Deutschland schicken. Die gesamte Westküste in digitaler Form ist schon dort angekommen, so dass wir bei Verlust der Daten wenigstens einen Film über den Westen Australiens machen könnten.

Tag 43, Alice Springs – Cairns – Port Douglas, 1451 km + 167 km, bewölkt, 25 Grad

Die Abgabestelle für unseren Camper ist 30 Kilometer vom Flughafen entfernt, wir haben es noch nicht geschafft, alles zusammenzuräumen und in jede Ecke des Autos zu schauen, also fahren wir direkt aufs Gelände der Autovermietung und packen unseren ganzen Kram dort zusammen. Unsere Kameras mit allem Drum und Dran, die Akkus und Ladegeräte sowie Netbooks, das Drehmaterial auf den Festplatten, packen wir in den Handgepäck-Rucksack. Der Rest muss irgendwie in den großen Rucksäcken verstaut werden. Die leckeren Kartoffeln, der letzte Rest Klopapier, die Lebensmittel vom Olivenöl bis zur Marmelade, all das haben wir schon unserer Campingplatznachbarin in Alice Springs geschenkt. In der Vermietstation steht eine Kiste, in der sich die Hinterlassenschaft einer ganzen Menge Leute befindet, die wohl schnell ihr Auto ausgeräumt haben: Für zukünftige Mieter liegen dort Nudeln, Kekse, Tetra-Packs und Salzstreuer. Immer noch hoch im Kurs bei Campern: Spaghetti Bolognese. Davon ist die Auswahl am größten.

Die Rückgabe des Campers klappt reibungslos, auch das bestellte Taxi kommt und wir fahren für 40 AUD zum Flughafen von Alice Springs, der weit außerhalb liegt. Einen Bus gibt es nicht. Leider wird es dunkel, bevor wir in Cairns landen. Wir fliegen an der Küste entlang und können nur die Lichter sehen, aber nicht die tollen Strände, die unter uns liegen müssen. Mit einem kleinen Mietauto geht's noch 55 Kilometer weiter nördlich nach Port Douglas. Dort bekommen wir nach 43 Tagen im dünn besiedelten Westaustralien einen kleinen Kulturschock. Wo kommen denn auf einmal die vielen Menschen her? Die Ausläufer von Cairns hören gar nicht auf. Es sind so viele Autos unterwegs, dass äußerste Konzentration im Straßenverkehr nötig ist, um in unzähligen mehrspurigen Kreiseln auf der richtigen Spur zu bleiben. Obwohl wir selbst in der Großstadt wohnen, haben wir völlig vergessen, wie anstrengend so eine Fahrerei ist. Nach einer Stunde kommen wir endlich in Port Douglas an. Dort beziehen wir ein schnuckeliges Hotel mit Küche und spüren, wie hungrig wir sind. Nur leider ist kein Supermarkt mehr offen und wir denken sehnsüchtig an die Dinge, die wir heute Morgen erst verschenkt haben...

Queensland

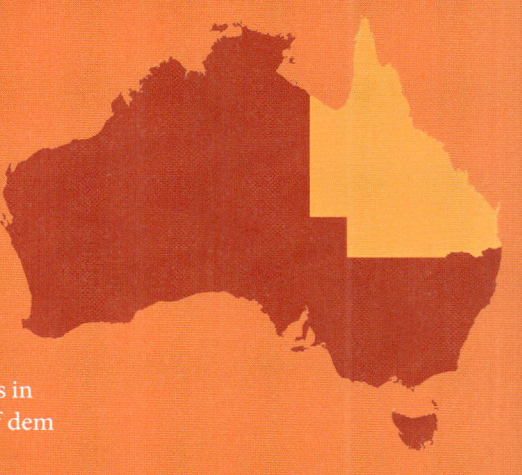

Der Bundesstaat im nordöstlichen Australien strotzt nur so vor Superlativen. Ganz im Norden ist der Regenwald tropisch, die Strände sind unglaublich lang und mit goldgelbem Sand verziert, das Hinterland ist fruchtbar. Überall wächst Zuckerrohr, und wir fahren an Bananen- und Ananasfeldern vorbei. Obwohl mit dem Great Barrier Reef, Fraser Island und den Whitsunday Islands so viele Touristenmagnete dabei sind, ist man an trotzdem an manchen Orten durchaus allein unterwegs. Auch wenn es in Australien hin und wieder touristisch ist - mit Gedränge wie auf dem Weihnachtsmarkt hat das alles nichts zu tun.

Nach so vielen Tagen an der Westküste und dem Roten Zentrum mit dürren Pflanzen, die Überlebenskünstler in der Trockenheit sind, mit einem Farbspektrum von Ocker über Rostrot, müssen sich unsere Augen erst an die neuen Farben in Queensland gewöhnen. Wie satt die Farben grün und blau hier sind!

Brisbane ist die Hauptstadt von Queensland. Mit zwei Millionen Einwohnern ist sie nach Sydney und Melbourne die drittgrößte Stadt des Kontinents. 2011 war sie weltweit wegen der Überschwemmungen in den Schlagzeilen.

Kapitel 3

Cairns - Sydney

44. bis 73. Tag

Unsere Highlights:

- Der Daintree-Nationalpark ist unser persönliches Highlight. Auf dem Campingplatz in „Lynch Haven" inmitten des dichten Regenwalds mit all seinen Geräuschen aufzuwachen, war der Wahnsinn.
- Das Great Barrier Reef ist tatsächlich so toll wie alle sagen. Schnorcheln, Rundflug, Bootstour, die vorgelagerten Inseln besuchen, ein Fest für die Augen!
- Der Ausflug nach Emerald zu den Saphirfeldern hat sich gelohnt. Das Gefühl, nach vielen schweißtreibenden Arbeitsschritten einen Saphir aus dem steinigen Boden zu buddeln, ist unbeschreiblich toll.
- Fraser Island ist ein Muss. Vor allem, so lange die Australier die abenteuerlichen Sandpisten noch nicht geteert haben. Vom türkisblauen Süßwassersee bis hin zum Kap am Indian Head gibt's so viel zu erleben, hier hätten wir gerne viel mehr Zeit verbracht.
- Im Koala-Krankenhaus in Port Macquarie kann man aus der Nähe Koalas beobachten und mit einer kleinen Spende auch noch etwas Gutes tun.
- Die Hafenrundfahrt in Sydney mit Gerda und Rudi war ein besonders Erlebnis, weil wir so viel über Sydney und seine Menschen erfahren haben und die Perspektive von der Wasserseite auf die Stadt beeindruckend ist.

Siebte Woche (2)

Von Port Douglas bis Lynch Haven

Tag 44, Port Douglas – Kuranda – Port Douglas, 140 km, wolkig, 25 Grad

Schön ist es im Hotel! Unser Balkon ist eingerahmt von Bananenbäumen und Palmen und ein Papagei singt uns schon früh ein Liedchen vor. Wir fahren 40 Kilometer Richtung Cairns und stoppen an einer Bahnstrecke. Sie wurde 1891 eröffnet, um Zinn, Holz und Kaffee aus der Bergregion Kurandas nach Cairns zu transportieren. Heute zuckelt auf derselben Strecke ein Museumszug auf Schmalspur ins 34 Kilometer entfernte Örtchen Kuranda. Der Zug überquert 40 Viadukte, fährt durch 15 Tunnel, passiert 98 Kurven und windet sich 300 Höhenmeter nach oben. Es ist Sonntag. Die zehn Waggons im Zug sind mehr als gut besetzt, was vielleicht daran liegt, dass heute das alljährliche Kuranda-Fest stattfindet. In Viererreihe sitzen wir ziemlich eng zusammen. Zum Glück haben wir einen Fensterplatz, sonst wäre die Fahrt bergauf nicht halb so interessant. Der Zug quält sich den Berg hinauf, bis wir über die Wipfel des Regenwalds gucken können. Am Baron-Wasserfall stoppt der Zug und alle Passagiere steigen für zehn Minuten aus, um Fotos vom Wasserfall und der Schlucht zu machen. Nach knapp zwei Stunden Fahrt kommen wir in Kuranda an. Ein hübsches Örtchen, das am Wochenende von vielen Hundert Touristen bevölkert wird. Wir sehen Japaner, hören Hebräisch, Spanisch und Schwäbisch und lassen uns treiben. Es gibt viele Touristenläden, sogar einen überdachten Kunsthandwerksmarkt mit gebatikten Stretchkleidchen und Kängurufell-Mützen. Auf der Suche nach einem Mittagessen kommen wir zufällig an „The German Tucker" vorbei. Meterlange Schlangen stehen im kleinen Laden an, um Käsekracher, Thüringer oder Bockwurst mit Sauerkraut in einem Sandwichbrötchen zu vertilgen. Besonders den Japanern scheint der Laden zu gefallen. Fast alle holen sich zur Worscht noch ein echtes deutsches Bier, im Angebot sind Becks, Bitburger und Schöfferhofer.

Die Schmalspurbahn von Kuranda nach Cairns (linke Seite und oben)

Es gibt seit 1995 die Möglichkeit, mit einer Seilbahn über die Wipfel des Regenwaldes zurück nach Cairns zu schweben. Wir sind mit der netten Pressefrau von Skyrail verabredet, die für uns etwas organisiert hat: Statt in einer Kabinengondel dürfen wir in einer offenen Gondel mitfahren, damit wir den üppigen Regenwald direkt filmen können. Aus Sicherheitsgründen müssen wir uns mit Karabinerhaken an der Gondel festschnallen. Die Fahrt mit der Seilbahn ist einfach großartig. Wir schauen auf ein Meer von tropischen Bäumen und schrammen an einigen Baumwipfeln nur knapp vorbei. Schon in einer Sechserkabine ein echter Wahnsinn, aber in dem offenen Gefährt ist es das Erlebnis schlechthin! Eineinhalb Stunden dauert die siebeneinhalb Kilometer lange Fahrt und ist so beeindruckend, dass es uns vorkommt, als wären wir nur eine halbe Stunde unterwegs gewesen.

Mit der Seilbahn schweben wir über den Regenwald zurück nach Cairns

Tag 45, Port Douglas – Great Barrier Reef – Port Douglas, 0! km, strahlend blauer Himmel, 29 Grad.

„Watch out for the silver bus!", sagte die Quicksilver-Cruise-Frau gestern zu uns, als wir fragten, ob unsere Tour zum Great Barrier Reef auch wirklich am Hotel losgehe und wir mal nicht das Auto bewegen müssen. Also warten wir um Punkt acht Uhr am Hoteleingang auf den Shuttlebus, der uns zum Hafen in Port Douglas bringen soll. Ein großer Bus mit 50 Personen an Bord kommt um die Ecke, alles Hotelurlauber, die bereits abgeholt worden sind. Wir haben Glück, denn wir sind die Letzten, die in den Bus einsteigen. Da das Wetter die letzten Tage zu schlecht war, um ans Riff zu fahren, und heute der erste schöne Tag ist, sind 98 Leute auf dem Boot. Dank der verschiedenen Decks verteilen sie sich aber gut. Das Schiff ist ein 30 Meter langer Katamaran mit ordentlich PS unter der Haube. Das hat den Vorteil, dass wir in nicht einmal zwei Stunden an einem Außenriff des Great Barrier Reefs ankommen, dem Agincourt Riff. Die nette Crew teilt die Leute in Taucher und Schnorchler ein, für alle gibt's eine ausführliche

Einweisung. Das Boot steuert auf der Tour drei verschiedene Tauch-
plätze an. Wir brauchen nur die Taucherbrille aufzusetzen und den
Kopf unter Wasser zu halten. Dicht unter der Wasseroberfläche sehen
wir Korallen in unglaublich vielen verschiedenen Formen und Farben
und viele Fische, vom Zebrafisch bis zu einem kleinen Rochen. Wir
versuchen mit der Unterwasserkamera den Fischen hinterherzusch-
wimmen und entdecken zwischen den Korallen zwei Clownfische.
(Die amerikanischen Touristen identifizieren diese als Nemos. Ist der
Name in den Biologiebüchern eigentlich schon ausgetauscht worden?)
Außerdem schwimmt uns noch ein Zackenbarsch direkt vor die Linse.
Er ist fast so groß wie wir und grau-schwarz gemustert, damit ist er in
seiner Felswohnung fast unsichtbar. Fast eine Stunde verbringen wir
im Wasser, nach einer Viertelstunde Fahrt halten wir erneut für eine
Stunde. Alle ohne Tauchschein können einen Schnuppertauchgang
machen. Zu viert taucht die Anfängergruppe mit ihrem Leiter ab und
schwebt entlang der Korallen, vorbei an bunten Fischschwärmen, Kai-
serfischen, blauen Riesenmuscheln und Seegurken.
Auf dem Schiff gibt es mittags ein leckeres Buffet. Zwei Stunden am
Stück durchs Wasser zu paddeln, macht ganz schön hungrig. Nachdem alle pappsatt sind, fährt der Kapitän nochmals einige Meilen wei-

*Mit dem fetten Boot geht's bis
ans äußere Great Barrier Reef.
Die Unterwasserwelt ist einfach fantastisch*

ter und lässt wieder die Taucher und Schnorchler ins Wasser. Auch wenn es 98 Leute auf dem Schiff sind, gibt es kein Gedränge, weil die Tauchgänge bestens organisiert sind. Die Leute werden in kleine Gruppen mit je einem Leiter eingeteilt. Häufige Durchsagen informieren, welche Gruppe sich gerade wo treffen soll und was uns unter Wasser erwartet. Es sind viele Tauchlehrer dabei, die vor den Tauch- und Schnorchelgängen erklären, was wir beachten müssen, um das Korallenriff nicht zu beschädigen. Verboten ist es, auf den Korallen zu stehen, sie anzufassen oder gar abzubrechen.

Wie vieles in Australien ist die Schnorcheltour mit 185 AUD nicht gerade billig (drei Tauchgänge kosten insgesamt 77 AUD extra). Aber nach sieben Stunden auf dem Boot und davon mindestens drei Stunden im Wasser können wir sagen: Empfehlenswert! Das Great Barrier Reef ist sagenhaft. www.silverseries.com.au

Wer beobachtet hier wen?

180

Great Barrier Reef

Genau genommen ist das Great Barrier Reef nicht ein einziges Riff, sondern eine 2300 Kilometer lange Ansammlung von 2900 Riffen und 900 kleinen Inseln. Hier leben rund 1500 verschiedenen Fischarten, 400 Korallenarten und 5.000 Arten von Weichtieren, dazu kommen noch Schwämme, Anemonen, marine Würmer, Krebstiere und 175 Vogelarten. Kurz gesagt, dort lebt eine riesige Wohngemeinschaft im seichten türkisblauen Wasser, die sich gegenseitig braucht. Das Great Barrier Reef ist seit 1981 Weltnaturerbe.

Das Riff ist ein fragiles Konstrukt, das Einzige auf der Welt, das so riesig ist und von Lebewesen erschaffen wurde. Auch wenn das Riff aussieht, als wäre es aus Gestein: Die Baumeister sind Korallenpolypen, reiskorngroße Tiere, die Kolonien bilden. In ihren Zellen leben einzel-

Oberflächennah lebende Korallen wie die des Barrier Reefs bilden eine Symbiose mit Algen, die nicht nur für Energie, sondern auch für Farbe sorgen

lige Algen, die mithilfe des Sonnenlichts sich selbst und ihre Gastgeber mit Energie versorgen, sodass die Korallen in der Lage sind zu wachsen und ein kalkiges Außenskelett zu bauen So wächst die Kolonie wie eine Stadt. Außen an der „Fassade" siedeln sich andere Meerestiere an. Die Riffgroßstadt haben Millionen von Polypengenerationen in Tausenden von Jahren erschaffen. Korallen können nur in klarem Wasser überleben, bei Temperaturen zwischen 18 und 30 Grad. Vor der Ostküste Australiens gedeihen die Korallen deswegen so gut, weil hier das Wasser seicht ist uns sie viel Licht abbekommen. Noch.

Da es neben der unbeschreiblich vielfältigen Natur auch Industrie an der australischen Ostküste gibt, schädigen Umwelteinflüsse das Riff.

...so hat mich der Tintenfisch angegriffen

Die UNESCO hat Australien gedroht, das Riff als gefährdetes Naturerbe zu klassifizieren, doch der Industrie scheint dies gleichgültig zu sein. Sie würde ihre Aktivitäten am liebsten noch ausbauen, den Gas- und Kohleabbau beispielsweise (Australien ist weltgrößter Steinkohle-Exporteur, einige Häfen liegen nahe dem Riff). Auch der Tourismus ist gemeint. Jedes Jahr besuchen zwei Millionen Urlauber das Riff, rund 30.000 Arbeitsplätze sind vom Riff abhängig. Auch wenn die einzelnen Ausflugsboote nur Genehmigungen für bestimmte Ankerplätze haben, bringen sie auch manchen ignoranten Touristen zum Riff. Trotz der Hinweise trampeln viele Schnorchler und Taucher auf den Riffen herum. Sie töten damit nicht nur die Korallen, sondern auch die Fische, die darin oder von den Korallen leben.

Der australische Umweltminister jedoch hat kein Verständnis, dass die UNESCO der Natur Priorität einräumt. Viele Genehmigungen für mehr Infrastruktur seien schon erteilt, und wenn ein Land Krankenhäuser, Polizei und Schulen haben wolle, dann dürfe man nicht die wirtschaftliche Entwicklung des Landes gefährden, heißt es. Wissenschaftler haben gerade die Prognose abgegeben, dass das Riff bis 2025 tot sein könnte. Nicht wegen des Klimawandels, sondern wegen der Menschen, die ihn verursachen.

Tag 46, Port Douglas – Cairns, 90 km, wolkig, 28 Grad

Heute steht uns ein Organisationstag bevor. In fünf Tagen müssen wir bei der Inselgruppe Whitsundays sein, was ungefähr 9 Stunden Fahrt bedeutet, wenn man schnurstracks hinfahren würde. Das haben wir natürlich nicht vor. Eigentlich wollen wir erst noch in den tropischen Regenwald im Norden, auf jeden Fall bis zum Cape Tribulation und dort in den Daintree Nationalpark fahren. Außerdem möchten wir noch einen Flug über das Great Barrier Reef machen und versuchen, kurzfristig einen Termin zu bekommen. Leider sind schon wieder dicke Regenwolken am Himmel, wenn wir nur eine anständige Wettervorhersage hätten. Also rufen wir bei der Fluggesellschaft an und werden direkt mit dem Piloten verbunden. Er empfiehlt uns einen Flug um die Mittagszeit, weil da die Sonne die Riffe am schönsten zum Leuchten bringe. Da aber für heute schon alles ausgebucht ist, halten wir morgen 12:30 Uhr fest. Was nun mit dem Rest des Tages anfangen? Wir entscheiden uns gegen eine Filmaufnahme in Port Douglas,

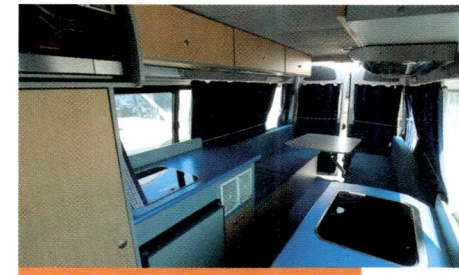

Sieben Meter Komfort in unserem neuen Britz-Camper

Großes Schwimmbecken in Cairns, wo man auch bei Quallenalarm baden kann

einem netten Ort zwar, aber die kurze Einkaufsstraße sieht dann doch aus wie in jedem anderen Ort und ist eher unspektakulär. Also fahren wir auf direktem Weg zu Britz und holen unseren Camper ab. Mann, ist das ein dickes Ding! Sieht aus wie ein langer Sprinter. Nachdem wir nun sechs Wochen lang auf gemütlichen 2 Meter x 1,30 Meter gehaust und im Hochbett geschlafen haben, ist das 7 Meter lange und 2 Meter 80 hohe Geschoss der pure Komfort. Mit Dusche und Toilette, Herd, normal

Oben: Blick auf das Arlington Riff. Unten: Teile des Great Barrier Reefs dürfen nur in großer Höhe überflogen werden

großem Kühlschrank, Mikrowelle, Wasserkocher und Toaster ausgestattet, können wir es uns verdammt gutgehen lassen. Da die Australier viele große Autos wie Pickups oder Vans fahren, passen wir mit den sieben Metern sogar auf jeden Supermarktparkplatz. Die Couch lässt sich mit dem heruntergelassenen Tisch und drei Extra-Holzbohlen zu einem Quadrat-King-Size-Bett mit 1,90 x 1,80 Metern zusammenbauen. Und wenn wir mal irgendwo ganz alleine stehen, dann machen wir hinten die Flügeltüren auf und gucken vom Bett aus direkt in die Natur. Auch fürs Gepäck gibt es genügend Stauraum. Es gäbe sogar eine Klimaanlage, aber die ist uns immer zu laut und zu zugig.

„Da fliegen wir gerade drüber!"

Wir fahren nach Cairns rein. Da es viele Monate gibt, an denen man wegen gefährlicher Quallen nicht im Meer schwimmen darf, gibt es direkt an der Promenade einen großen Swimming Pool. Auf dem Rasen liegen die Leute dicht an dicht, mitten in der prallen Sonne. Manche sehen ganz schön „well done" aus.

Die vielen Touri-Läden scheinen sich ganz auf Käufer aus Japan eingestellt zu haben. Auch das Fachpersonal für den Verkauf von Kängurufell, Didgeridoos und den angesagten Schaffellschuhen ist japanisch. Wir kaufen noch schnell etwas Proviant ein und fahren auf einen netten Campingplatz. Für 31 AUD (powered) stellen wir unsere rollende Herberge auf ein schattiges Plätzchen und machen es uns draußen gemütlich. Es kühlt langsam ab und die Urlauber aus Deutschland, Italien und Frankreich, die um uns herum stehen, machen es wie wir: draußen sitzen bis zum Schluss.

Tag 47, Cairns – Lynch Haven, 215 km, sonnig, auch mal wolkig, 28 Grad

Wir schieben langsam die Verdunkelung beiseite und sehen strahlendblauen Himmel. Keine einzige Wolke, das perfekte Wetter für den heutigen Flug übers Riff! Ein Amerikaner, den wir in Alice Springs kennen gelernt haben, hat uns eine günstige Fluggesellschaft empfohlen: Für 139 AUD geht's mit Barrier Aviation eine Stunde lang über das Weltnaturerbe. Dem Piloten haben wir bereits gestern erzählt, dass wir mit Kameras kommen, und so wurde eine Maschine mit Fotofenster organisiert. Dies bedeutet, dass das Fenster ein großes Loch hat, durch das wir filmen können.

Wir sitzen zu zweit zusammengequetscht auf der Rückbank, starten in Richtung Süden und überfliegen Cairns. Die Stadt liegt direkt am Meer und ist umgeben von vielen grün bewachsenen Hügeln, die bis

Per Seilfähre über den Daintree River in eine andere Welt

ans Wasser reichen. Der Pilot umkreist Green Island, eine kleine, bewohnte Insel, und keine fünf Minuten später blicken wir schon auf die unglaublich schönen Riff-Formationen. Das Arlington Riff ist ein großes zusammenhängendes Riff mit einem Schmankerl in der Mitte: einem Riff, das aussieht wie ein Herz. David schenkt uns unterwegs eine Postkarte von dem Herz-Riff, damit wir es auch erkennen. Mit dem Foto in der Hand sitzen wir da und vergleichen die Riffe mit der Postkarte. Und siehe da, mit viel Fantasie erkennen wir es. Es sind die Farben und Formen, die uns einfach staunen lassen. Der Überflug über das Weltnaturerbe ist in bestimmten Zonen nur in großer Höhe gestattet, damit die Tiere nicht gestört werden. Fast eine halbe Stunde lang überfliegen wir ständig neue Riffe, beispielsweise das Michaelmas Reef, Middle Cay oder Upolu Cay, und fliegen zurück zur Küste. Aus der Luft entdecken wir den palmengesäumten Strand von Palm Cove, in weiterer Entfernung die Skyrail-Seilbahn nach Kuranda und den

Highway entlang der Küste, den wir schon so oft zwischen Port Douglas und Cairns hin- und hergefahren sind.

Der Wechsel der Perspektive lohnt sich, jeden Cent ist dieser Flug wert, denn er bietet die beste Möglichkeit, einem die Schönheit und Einzigartigkeit des Riffs vor Augen zu führen. Die Bilder springen quasi von selbst in die Kamera, der Pilot fliegt butterweiche Kurven und wir müssen uns zwingen, nicht ständig durch den Sucher zu schauen. Denn sonst vergeht so eine Stunde so schnell, dass trotz toller Bilder in der Kamera im Hirn nichts hängen bleiben kann. So funktionieren unsere Reisedokus aber nicht. Wir können die Motive nicht einfach stumpf abfilmen, sondern müssen dabei sehen, riechen, hören und fühlen, damit wir später die Bilder mit Geschichten verknüpfen können. In unseren Filmen zeigen wir nur das, was wir selbst spannend und außergewöhnlich finden. Und dieser Flug zählt ohne jeden Zweifel zu den außergewöhnlichsten Erfahrungen, die wir in Australien machen. Und natürlich soll er im Film vorkommen. Die Farben, die Strukturen, die beeindruckende Größe des Riffs, all das ist atemberaubend schön.

Nach dem Flug bedanken wir uns überschwänglich beim Piloten und fahren mit einem breiten Grinsen im Gesicht weiter. Es dämmert schon, aber wir wollen es unbedingt noch bis zum Cape Tribulation schaffen. Mit einer Fähre überqueren wir (für 22 AUD für die Rückfahrkarte) den Daintree River und reiben uns am anderen Ufer die Augen. Mit einem Schlag fahren wir durch eine andere Welt. Dichter Regenwald umgibt uns, die Straße ist eine Serpentinenpiste, den letzten Rest Tageslicht schluckt das Blätterdach über uns. In der Dunkelheit zu fahren, ist einfach unangenehm. Außerdem ist die Landschaft um uns herum so außergewöhnlich, dass es ein Frevel wäre, sie nicht bei Tageslicht zu sehen. Wir kommen an Lynch Haven vorbei, in der schwärzesten Dunkelheit ist auf einmal Licht am Straßenrand, das aus einem gemütlichen Restaurant scheint. Ein Schild macht uns glücklich: „Camping"! Für 28 AUD nehmen wir eine „powered site", machen uns in der Gemeinschaftsküche noch ein leckeres Abendessen und legen uns im Westflügel des Autos aufs Bett. In angenehmer Lage zeigen wir uns gegenseitig die Aufnahmen vom Riff von oben und stellen fest: ein wirklich einmaliges Erlebnis! Durch die Filmaufnahmen haben wir noch länger etwas davon. Und andere auch!

Achte Woche

Von Lynch Haven bis Sapphire

Irgendwo aufzuwachen, wo man am Abend zuvor in der Dunkelheit angekommen ist, hat doch immer seinen Reiz. Unser Camper steht inmitten eines dichten Regenwaldes. Außer uns sind nur noch zwei andere Pärchen auf dem Platz. Die kreischende Unterhaltung der Flughunde mischt sich mit dem Gegurre einer Taube, das sich wie „Mama, Mama" anhört. Die Geräusche aus dem Regenwald ziehen uns in ihren Bann, stundenlang könnten wir das genießen und ziehen es sogar in Erwägung, eine dieser CDs mit australischem Naturgezwitscher zu kaufen, die es in fast jedem Touri-Shop gibt. Der Lynch Haven umgebende Regenwald hat drei gekennzeichnete Wege, die direkt durch den Regenwald führen. Straßengeräusche werden hier geschluckt, nur die vielen Tiere sind zu hören und das Knacken der Äste unter unseren Füßen. Hin und wieder ertönt auch ein „Ui!". Dann hat einer von uns etwas entdeckt, was er dem anderen nicht vorenthalten möchte: eine besonders schön gewachsene Alexandra-Palme, ein wulstiges Wurzelwerk, ein Spinnennetz, das quer über den Weg gespannt ist - zum Glück mit einer kleinen Spinne in der Mitte, rote Pilze, die auf einem Baumstamm wachsen. Kurz gesagt: exotische Natur, wie man sie in Deutschland nicht kennt. Das Schönste daran: Wir haben das Stückchen Regenwald ganz für uns allein. Dass der Daintree Nationalpark seit 1988 zum „Queensland Wet Tropics"-Weltnaturerbe zählt, wundert uns nicht. Die üppige Natur beeindruckt uns sehr. Unser erstes

Ziel am Morgen heißt Cape Tribulation (Kap des Kummers/Leidens). Der Name stammt von James Cook, der hier mit seinem Schiff auf ein Riff lief. Er war damit der erste Weiße, der Bekanntschaft mit dem Great Barrier Reef gemacht hat. Unser nördlichstes Ziel an der Ostküste ist eine breite sandige Bucht, an der ein Mangrovenwald bis an den Strand reicht. An der Spitze ragt ein schwarzer Felsen aus dem Wasser. Wir gehen Richtung Kap zu einem wunderschönen Aussichtspunkt, von wo man direkt über die Spitzen des Mangrovenwalds aufs Wasser gucken kann. Dicke Wolken, auch einige Regenwolken ziehen über die Bucht hinweg. Besonders schön lässt sich das Kap mit dem Weitwinkel-Objektiv aufnehmen, die komplette Bucht mit dem beeindruckenden Wolkenhimmel.

Wir bekommen den Tipp, als nächstes am „Mangrovia Boardwalk" auszusteigen, was ausgeschildert ist. Dort gäbe es immer mal wieder riesige Warane zu sehen, die bis zu zwei Meter lang sein können. „Wenn ihr dort Deutsche auf den Tischen des Picknickplatzes

Üppige Natur im Daintree-Nationalpark, der zum Weltnaturerbe der UNESCO zählt. Unten: Mangrovenwurzeln

stehen seht, die ganz aufgeregt sind, muss einer da sein!", sagt uns Pam, die sich hier gut auskennt. „Warum müssen es denn Deutsche sein?", wollen wir wissen. „Na, die sind immer so aus dem Häuschen, wenn sie mit der echten Natur Kontakt haben, die kennen das nicht so." „Ach so", sagen wir und grinsen. Da fällt bei ihr der Groschen und sie fragt: „Seid ihr aus Deutschland?" und kennt unsere Antwort bereits. Also halten wir Ausschau nach auf Tischen stehen Landsleuten. Der Bohlenweg geht von einem lianengesäumten Regenwald in einen Mangrovenwald über. Auf dem Weg sehen wir kleine Krebse mit roten Scheren, Kröten, wir hören Vögel, kommen an einem schönen Strand vorbei... und sehen noch immer keine auf Tischen stehenden, kreischenden Deutschen... Also fahren wir noch ein Stückchen weiter und halten beim Bat House an. Dort päppeln freiwillige Helfer Flughunde auf und wir hoffen, einige mal ganz nah zu sehen. Im Bat House sitzt eine ehrenamtliche Mitarbeiterin, die uns gegen 10 AUD

Eintritt mit „Old boy" bekannt macht. Dabei handelt es sich um einen kopfüber in der Ecke hängenden Spectacled Flying Fox, 25 Zentimeter groß. Er hängt an einem Bein, den Rest seines Körpers hat er in seine Flügel verpackt. Da er aber nun schon Beute riecht, blinzelt er uns an und reckt seinen Kopf aus dem Mantel. Sein Gesicht sieht aus wie bei einem Miniaturhund, das Fell ist braun genau wie die Augen, mit einer spitzen Schnauze - sehr niedlich. Old boy lässt das gereichte Apfelstück ganz im Maul verschwinden, kaut alles gut durch und eine Minute später spuckt er die Schale wieder aus. Die mag er nämlich nicht.

Dann fahren wir weiter, die Straße ist mal breit, mal schmal, mal gewunden, mal kerzengerade, nur eines bleibt immer gleich: tropischer Regenwald säumt unseren Weg. Vom nahegelegenen Alexandra Range Lookout haben wir zum Abschluss des Tages einen großartigen Blick

Nur am Cape Tribulation reicht der Mangrovenwald direkt bis an den Strand (oben) Die Straße ist von dichtem Grün gesäumt (unten)

aus einigen hundert Metern Höhe auf das intensive Grün des Waldes und das Blau des Pazifiks.

Um unserem Zeitplan gerecht zu werden, fahren wir heute noch bis Cairns. Hinter der Fähre sind es noch gut 100 Kilometer, davon 50 über eine kurvige Strecke. Dafür müssen wir keinen Campingplatz suchen, sondern fahren wieder direkt zum Cairns Holiday Park, weil's da so schön war (27,90 AUD powered). Wir resümieren: Der Ausflug in den Daintree Nationalpark war großartig und ist unbedingt empfehlenswert!

Tag 49, Cairns – Ingham, 308 km, wolkig, 27 Grad

Warnung vor der Kollision mit Helmkasuaren: Das dargestellte Größenverhältnis soll den Autofahrern offenbar besonderen Respekt einflößen

Australien hat ja nun einiges an tierischen Geschöpfen zu bieten. Von gefährlich bis eklig, von riesengroß bis textmarkergrün. Immer aber so beeindruckend, dass wir inzwischen schon zu Tierfilmern geworden sind. Was uns aber auch ständig so alles vor die Linse läuft! Alle Tiere, die wir später in unserem Film zeigen, begegnen uns zufällig. Aber es gibt immer noch Tiere, die auf unserer ganz persönlichen „Möchten-wir-unbedingt-in-freier-Natur-sehen-Liste" stehen. Der Cassowary befindet sich beispielsweise darauf, der Helmkasuar kommt nur im Norden von Queensland vor. Er ist mit dem Emu verwandt, auch ein riesiger, flugunfähiger Vogel, der aussieht wie ein überdimensional großer Truthahn. Sein Gefieder ist glänzend schwarz, sein langer Hals leuchtend blau und rot, auf dem Kopf hat er einen Höcker und unten am Kinn einen roten Lappen. Er ist sehr scheu und es soll nur noch 1200 Exemplare geben, die im Dickicht unterwegs sind. Der Vogel ist sehr wichtig für den Fortbestand des Regenwaldes, denn seine Leibspeise sind Früchte. Mit den Samen im Magen läuft er durchs Dickicht und macht irgendwo einen schönen Haufen. Der Vorteil ist, dass die Samen der vielen Baumarten mit dem frischen Dung bestens gedeihen. An der Straße stehen immer wieder Schilder, die darauf hinweisen, dass man besonders vorsichtig fahren soll, um die Zahl der Helmkasuare nicht noch weiter zu dezimieren.

Wir stoppen am Mission Beach, einem wunderschönen Strand an einem hübschen kleinen Ort, und gehen Richtung Wasser. Unter Palmen stehend, schauen wir aufs Meer. Es ist gerade Ebbe und das Meer ist gut 30 Meter entfernt. Direkt vor unseren Füßen ist der Sand weiß, aber auf 25 Metern Breite ist der Sand gelblich, nass und irgendwie uneben. Ein Strand voller Kugeln! Wir schauen genauer hin: Trilliarden von winzigen Krebsen kommen bei Ebbe aus ihren kleinen Löchern gekrabbelt. Die „Sand Bubbler Crabs" nehmen Unmengen Sand auf, filtern daraus ihre Nahrung und formen aus dem gereinigten Sand mit ihren Scheren eine perfekte Kugel, die sie unter ihrem Hintern durchschieben. Mit dem Makro-Objektiv robben wir über den Strand und versuchen das Schauspiel mit der Kamera einzufangen. Die kleinen Krabben aber sind wieselflink und flüchten, sobald der Boden unter unseren Körpern vibriert. Also versuchen wir es mit einem Trick und kesseln einige Krebse ein, sodass sie alle im selben Loch verschwinden. Das findet der Hausherr gar nicht witzig und wirft seine Artgenossen direkt aus seinem Wohnloch. Dann fängt er an, den Boden rundherum zu beackern. Ein tolles Spektakel, das sich bei jeder Ebbe wiederholt!

Myriaden winziger Krebse formen am Mission Beach kleine Sandkugeln

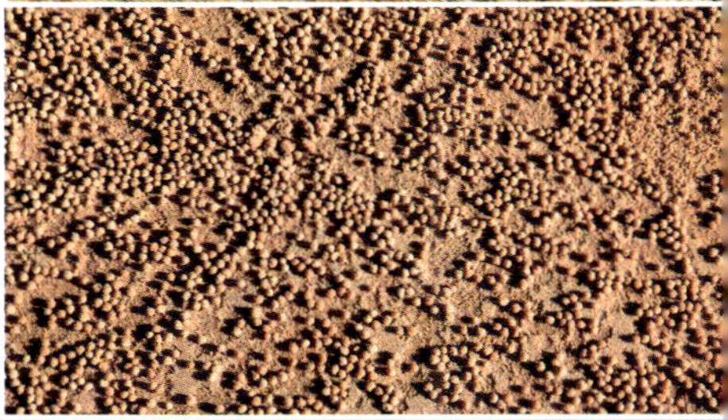

Auf dem Weg vom Strand zum Highway machen wir eine Vollbremsung: „Ein Cassowary! Dort! Er läuft gerade über die Wiese!". Christian sprintet mit der Kamera aus dem Auto. Und tatsächlich, ein bestimmt 1,70 Meter großer Vogel schreitet mit seinen riesigen, dinosaurierartigen Klauen über die Wiese zum nächsten Waldstück. Wir entdecken noch einen zweiten im Gebüsch. Als sich ein Auto nähert, bekommt der Filmstar jedoch einen Schreck und rennt irre schnell davon. Bis zu 50 km/h kann er flitzen - gut, dass wir nicht in seiner Bahn standen. Zum Glück hatten wir es gerade noch geschafft, die Kamera anzumachen, Schärfe und Blende einzustellen und den Helmkasuar im Busch und im Galopp zu filmen. Toll!

Wir fahren durchs Hinterland über Silkwood weiter nach Ingham. Dabei kommen wir an vielen Bananenplantagen vorbei, deren Früchte in bunte Plastiktüten eingehüllt sind, damit die Tiere sie am Baum nicht anknabbern. Soweit das Auge reicht, dehnen sich Zuckerrohrplantagen aus. Die Pflanzen sind einen Meter hoch und sehen aus wie Schilf. Wenn sie zwei bis vier Meter hoch sind, werden sie geerntet. Unzählige Schienen müssen wir überqueren, die einzig und allein als Transportweg für das frisch geerntete Zuckerrohr dienen. 4000 Kilometer Schmalspur sind im Bundesland Queensland nur deshalb verlegt worden, um die Ernte so schnell wie möglich zur Fabrik zu bringen. Wenn das Zuckerrohr nicht innerhalb von 16 Stunden nach der Ernte verarbeitet wird, verdirbt es. 6300 Familien und Firmen leben in Queensland vom Zucker, 95% der Zuckerproduktion Australiens kommt von hier. Von Weitem sehen wir einen Schlot qualmen - eine Zuckerfabrik. Je näher wir kommen, desto stärker riecht es nach Karamell.

Wir fahren weiter bis nach Ingham, wo wir auf dem Campingplatz zum ersten Mal die Küche im Camper ausprobieren. Sie läuft mit Gas auf drei Flammen. Wir lassen alle Türen offen, damit es sofort durchlüftet. Leider sind ganz schön viele fliegende Ameisen unterwegs, deshalb bleiben wir drinnen. Fliegende Ameisen wollen wir weder um uns herum, noch im Essen oder vor der Kameralinse haben.

Zuckerrohrplantagen soweit das Auge reicht und eine nach Karamell riechende Zuckerfabrik auf dem Weg nach Ingham

Tag 50, Ingham - Airlie Beach, 507 km, wolkig, 26 Grad

Morgens auf dem Campingplatz wollen wir uns noch im Aufenthaltsraum mit dort ausliegenden Flyern und Karten von der Umgebung eindecken. Christian nimmt sich eine Broschüre und klappt sie auf. Aus der Heftmitte glotzen ihn zwei große Glupschaugen an. Tatsächlich sitzt vor ihm ein hübscher, knallgrüner Frosch! Da wir seine Behausung nicht gerade artgerecht finden, setzen wir den Frosch auf einen Baum etwas abseits vom Campingplatz. Wie er so da- sitzt, müssen wir ihn unbedingt filmen, denn er ist ziemlich fotogen mit den orangefarbenen Augen und der glänzenden, grünen Haut.

Der Wallaman-Wasserfall, der höchste einstufige Australiens

Heute haben wir eine Riesenstrecke vor uns, 500 Kilometer von Ingham nach Airlie Beach. Ist doch in fünf Stunden geschafft, könnte manch einer denken. Aber eben nicht bei Dreharbeiten. Ständig entdecken wir Neues, wofür es sich anzuhalten lohnt: Kühe, die neben der Straße grasen, ein Zuckerrohrtransportzug, eine Schmalspurbahn, auf der 20 mit Zuckerrohrstücken beladene Waggons hängen, ein Lizard auf der Straße, ein schöner Ausblick auf einen der Berge, eine schöne Wegstrecke, die wir fünfmal hin- und herfahren... So können aus fünf Stunden auch gerne mal acht oder zehn werden. Wenn uns dann noch die Wolken in die Quere kommen, ist der Tag schneller vorbei, als gedacht.

Wir kurven auf 540 Meter über Normalnull zum Wallaman-Wasserfall, dem höchsten einstufigen Australiens. 268 Meter fällt das Wasser in einen Pool. Obwohl „fallen" eigentlich nicht das richtige Wort ist. Auf den ersten hundert Metern können wir das Wasser noch verfolgen, dann aber lösen sich die Wassertropfen auf und aus dem satten Strahl wird eine feine Wassernebelwolke. Sieht toll aus, denn das Sonnenlicht bricht sich zu einem Regenbogen. Jetzt die Kamera raus und oh Schreck: Eine dicke Wolke schiebt sich gerade vor die Sonne, Zeitpunkt der erneuten Freigabe: ungewiss. Na gut. Nutzen wir die Zeit, um schon mal das Bild perfekt einzurichten. Und dann vergeht die Zeit. Sehr viel Zeit. Zeit zum Nachdenken... Sollen wir vielleicht den Standort wechseln? Vielleicht doch das andere Objektiv nehmen? Aufnahmen bekommt man entweder, wenn man geduldig wartet oder besonders schnell ist und den Augenblick des Geschehens nutzt. Wir bevorzugen eigentlich die dritte Variante: Wir kommen irgendwo hin, unterhalten uns nett mit den Leuten dort und halten fest, was gerade passiert. Dabei lacht uns die Sonne an und die Aufnahmen sind perfekt. Bei aller Recherche, bei aller Planung im Voraus kann man nie wissen, ob plötzlich etwas passiert. Deshalb ist jeder Tag aufs Neue spannend.

Tag 51, Airlie Beach, 50 km, mal sonnig, mal Wolken, 26 Grad

Laut Reiseführer ist Airlie Beach DAS Ziel für alle, die die Ostküste entlangreisen. Es gibt dort eine Strandbarmeile, wo eine entspannte Atmosphäre herrscht, aber der Sandstrand in der hübschen Bucht ist verwaist. Gebadet wird in einem künstlich erschaffenen Pool, der „Lagune". Rettungsschwimmer Brandon erklärt uns, dass am Strand gefährliche Haie und Stinger lauern, mit denen ein Kontakt im schlimmsten Falle tödlich ist. Mit „Stinger" ist der der Box Jellyfish gemeint, auch Seewespe genannt, die giftigste Meeresbewohnerin überhaupt. Die durchsichtige Qualle hat drei Meter lange Tentakel und fühlt sich im warmen Wasser Nordaustraliens besonders wohl. Wenn man sie berührt, feuert sie explosionsartig Gift aus Nesselzellen, was höllisch schmerzhaft sein soll. Wer dann versucht, die Tentakel wegzureißen,

Der schöne Arlie Beach (im Hintergrund) ist verwaist

macht alles nur schlimmer, denn damit verbreitet sich das Gift noch schneller. Im Buch „Gefährliches Australien" haben wir gelesen, dass sich eine Berührung anfühlt, als hätte man glühendes Eisen auf der Haut. Wer viel Gift abbekommen hat, stirbt kurze Zeit später an Atem- oder Herzstillstand. Es gibt aber auch ein simples Gegenmittel: Essig. An den Stränden stehen Flaschen bereit, die man innerhalb der ersten zehn Minuten auf die tentakelbesetzte Haut gießen soll. So lösen sich die Tentakel von der Haut. In Australien stehen an allen Stränden, an denen die Seewespe unterwegs ist, Warnschilder. Außerdem gibt es an manchen Orten große Netze, die einen Schwimmbereich abtrennen. Auch Ganzkörperschwimmanzüge werden angeboten. Oder man vermeidet es in Nordqueensland von Oktober bis Juni im Meer zu schwimmen. Dafür gibt es öffentliche Schwimmbäder.

Vor Airlie Beach liegen die Whitsunday Islands, 74 bewaldete Inseln, von denen neun touristisch genutzt werden. Beliebte Touren sind hier „Schnorcheln am Great Barrier Reef" und „Entspannen am Whitehaven Beach". Wir fliegen mit einem Wasserflugzeug fast 30 Minuten über das Great Barrier Reef und kommen an einem weiteren Korallenriff in Herz-Form vorbei. Der Pilot Drew hatte uns schon am Boden vorgewarnt: Das Herz sei mitten in einem Riff versteckt, er würde uns auf dem Flug den entscheidenden Hinweis geben, wann wir auf den Auslöser drücken sollen. Ein Pilot seiner Fluglinie habe übrigens vor 30 Jahren die Insel „entdeckt", erzählt er. Wir fliegen also übers Riff, dann hören wir über Kopfhörer: „Okay, folks, get the cameras ready 5-4-3-2-1 - There it is!". Oh ja, da ist das Herz, ziemlich klein, und nach zwei Sekunden ist es auch schon wieder aus dem Blickfeld verschwunden. Für ein Foto reicht die Zeit vielleicht, aber für den Film hätten wir das Herz schon gerne ein bisschen länger im Bild. Kurze Zeit später landen wir ganz sanft auf dem Wasser und steigen in ein Glasbodenboot um, das uns zum Schnorcheln zu einem Riff fährt. 13 Leute sind heute mit uns unterwegs. Wir bekommen die Schnorchelausrüstung gereicht und schon geht's ins 24 Grad warme Meer. Wir sehen viele große Cods (Zackenbarsch), einen blue spot-

ted Stingray (Stachelrochen) und jede Menge hübsche bunte Fische. Nach einem Glas Sekt in der Sonne geht's mit dem Wasserflugzeug zum Strand aller Strände. Angeblich rangiert der Whitehaven Beach unter den Top 10 Stränden weltweit ganz oben. Mit einem Quarzgehalt von 99,7 % ist er einer der weißesten Strände überhaupt. So weiß, dass unsere Kameras kaum mehr eine vernünftige Blende anbieten, so weiß, dass wir es ohne Sonnenbrille kaum aushalten, so weiß, dass zig Touren mit Helikopter, Boot oder Flugzeug Halt an dem acht Kilometer langen Strand machen. Der Sand ist weich wie Puder und quietscht unter unseren Füßen. Wer matten Silberschmuck dabei hat, bekommt ihn mit dem

Wasser-Sand-Gemisch an diesem Strand durch Reiben wieder glänzend. Der Himmel ist voller Schäfchenwolken und die Bilder mit dem Weitwinkel an der Kamera sehen einfach klasse aus. Keine Frage, ein schönes Fleckchen Erde, aber unter unseren persönlichen Top10-Stränden weltweit ist dieser Strand nicht dabei. Überhaupt ist es doch Blödsinn, Strände weltweit in eine Hitliste einordnen zu wollen. Es gibt mindestens hunderttausend Strände, die es verdient haben, in die Top 10 zu kommen.

Bei der Tour mit einem Wasser-flugzeug liegt das Gate direkt am Strand. Pilot und Purser in Personalunion

Mit dem Flieger geht's zurück zum Whitsunday Airport und wir erkunden noch ein bisschen Airlie Beach. Gerade kommt der Greyhound Bus an, in dem viele Backpacker sitzen und auf Quartiersuche gehen. Ziemlich viel junges Gemüse unterwegs hier, in den Kneipen sind sie bester Stimmung, kein Wunder, dass der Ort hier so beliebt ist.

Tag 52, Airlie Beach - Eungella, 238 km, leicht bewölkt, 24 Grad

Der Eungella (ausgesprochen Jángella) Nationalpark liegt im Hinter-land, und im üppigen Regenwald kann ein Fluss mit interessanten Bewohnern aufwarten: Dort leben Platypusse. Besser bekannt als Schnabeltier, eine Tierart, die es nur in Australien gibt. Ungefähr 25 Zentimeter groß sieht der Platypus aus wie ein plattgeklopfter Biber mit Entenschnabel. Als die ersten weißen Siedler ein ausgestopftes Tier nach London schickten, dachten die Engländer, man wolle sich einen Jux erlauben und ein Präparator habe einen Entenschnabel an einen Biber geklebt. Das Schnabeltier ist ein eierlegendes Säugetier, es lebt in sauberen Süßwasserflüssen und ernährt sich von Krabben, Würmern und Larven. Die meiste Zeit sind die Tiere im Wasser. Da sie nachtaktiv sind, kommen sie so gegen fünf Uhr abends aus ihrem Bau nahe der Wasserkante und ge-hen auf Futtersuche. Sie tauchen mit geschlossenen Augen und Oh-ren und haben eigens eingebaute Sensoren, mit denen sie die elektri-schen Kontraktionen, die ihre Beu-te aussendet, aufspüren können.

Schnabeltierhype

Ab halb fünf sammeln sich ca. 20 Touristen auf einer extra ange-legten Plattform am Broken River oder stehen unterhalb der Brücke. Wir stellen uns mit in die Reihe und sind mucksmäuschenstill, denn der Playtypus taucht bei Lärm nicht auf. Nach einer Stunde ist es so weit: Ein Schnabeltier taucht unterhalb der Brücke auf, guckt sich kurz um, holt Luft - und schwups - ist es auch schon wieder abgetaucht. Ein Raunen geht durch die Menge. Ob es die Freude ist, ein Platypus gesehen zu haben oder der Ärger, nicht rechtzeitig den Auslöser gedrückt zu haben, können wir nicht sagen. Nach spätestens zehn Minuten geht den aquadynamischen Tieren die Puste aus und sie müssen wieder auftauchen. Wenn sie Beute gemacht haben, kommen sie an die Wasseroberfläche, kauen und schlucken ihr

Nach einer Stunde Warten ist der Platypus im Kasten

Häppchen herunter. Dann geht's wieder unter Wasser. Das macht der Platypus zwölf Stunden am Tag.

Wir haben auf jeden Fall Glück: Das Schnabeltier durchpflügt den Fluss nicht von rechts nach links, sondern taucht in einem Radius von zehn Metern immer mal wieder auf. Für uns hat sich der Ausflug gelohnt, der Platypus ist im Kasten, wir haben den Ausflug noch zu einer kleinen Wanderung im Regenwald genutzt und der tolle Campingplatz „Explorers Haven" liegt auf dem Berg in Eungella. Der Blick ins Tal ist umwerfend und ein Bild wert (30 AUD powered).

Tag 53, Eungella – Emerald, bewölkt, 443 km, 18-25 Grad

Der Sonnenaufgang über dem Tal sei umwerfend, sagt die Campingplatzbetreiberin und sie betet alle Vokabeln herunter, die die Australier zu gerne benutzen: „spectacular" sei das, eine „awesome experience" and „the most beautiful sunrise of the world". Gut, sie habe ihn jetzt schon länger nicht mehr gesehen, weil sie später aufsteht als 5:30 Uhr, wenn die Sonne aufgeht. Aber er ist und bleibt „not to be missed". Unser Wecker klingelt also um fünf Uhr, genug Zeit, sich den Schlaf aus den Augen zu reiben und die Kamera zu positionieren. Wir lüpfen erwartungsfroh den Vorhang und schauen auf eine graue Wand. Noch nicht einmal unseren Campingplatznachbarn können wir sehen, der nur fünf Meter entfernt steht. Eungella ist ein Aboriginal- Name und heißt übersetzt „Land der Wolken". Sehr treffend. Wir bleiben liegen, rollen uns auf die andere Seite und lassen uns zehn Minuten später wieder vom Handywecker aufwecken. Gardine auf: Nebel. Das Spiel geht nun zehnmal so weiter. Bis wir aufgeben und einfach aufstehen, ohne die Sonne auch nur ein einziges Mal gesehen zu haben. Es ist trotzdem ein Bild wert. Vor uns der Regenwald, die Nebelschwaden lösen sich aus den Bäumen und steigen in den Himmel auf. Der subtropische Regenwald hier ist der älteste, den Australien zu bieten hat.

Ein perfekter Fahrtag, wir fahren knapp 450 Kilometer bis nach Emerald, vorbei an unzähligen Zuckerrohr- und Kornfeldern. Emerald ist das Tor zu vielen Minen und dem größten Saphirvorkommen der südlichen Hemisphäre. Hier haben schon viele ihr Glück versucht und nach Edelsteinen geschürft.

Wir fahren als erstes zum Visitors Center, wo uns eine vor Informationen strotzende Frau eine Broschüre nach der anderen in die Hand drückt und alle unsere Fragen interessiert und gut gelaunt beantwortet. Als wir am nächsten Campingplatz ankommen, erfahren wir, dass es keinen Platz mehr gibt! Alles voll in einem Ort wie Emerald? Die Campingplatzfrau erklärt uns, dass gerade Fruit Picking Season ist und die Saisonarbeiter alle Plätze belegen. Zum Glück gibt es einen zweiten Campground, auf dem wir ein schönes Plätzchen zugewiesen bekommen.

Tag 54, Emerald – Sapphire, 123 km, bewölkt, 36 Grad

Ran an die Klunker! Heute schürfen wir Edelsteine

Heute lautet die Devise: ran an die Klunker! Unter unseren Füßen schlummern blaue, grüne und gelbe Edelsteine und wir sind bereit, die Saphire zu schürfen. Da wir keine Ahnung haben, wie das funktioniert, buchen wir eine „Gem Fossicking Tour" mit Keith. Kurz vor acht Uhr an unserem Treffpunkt auf einem Parkplatz ist er ein bisschen wortkarg, Marke kauziger Einsiedler, begrüßt uns und die anderen beiden Pärchen mit einem typischen „G'day, mates!". Alles klar, G'day zurück! Wir lernen Margret und Ray kennen, ein sympathisches Rentnerehepaar aus Australien. Die beiden haben vor zehn Jahren ihr Haus und allen Krimskrams verkauft und sind seitdem mit ihrem Wohnmobil in ihrem Land unterwegs. Wann immer sie an einer Schürfstelle vorbeikommen, nutzen sie die Gelegenheit, ein paar Steinchen zu finden. Dass sie schon erfolgreich waren, zeigt Margrets Schmuck: Ohrringe, Kette und zig Ringe sind mit selbst geschürften Steinen verziert. Noch ein Pärchen ist heute mit dabei: Damaris und Patrick kommen aus der Schweiz und sind wie wir echte Greenhorns. Sollten sie etwas Feines aus der Erde holen, dann könnte das vielleicht einen ganz besonderen Ring zieren, verraten sie uns und besiegeln das mit einem Kuss.

So, nun aber mal los! Keith heizt mit uns 20 Kilometer den Highway entlang, fährt in das Schürfgebiet Glenalva und über eine buckelige 4 WD-Strecke auf den letzten 100 Metern erreichen wir - eigentlich nichts. Es sieht hier genauso aus wie schon die letzten 50 Kilometer auf dem Highway. Die Bäume stehen weit voneinander entfernt, trockene Grasbüschel bedecken die Erde in beigebraun. Das Einzige, was hier anders ist, sind die kunterbunt zusammengewürfelten Stühle, die mitten in der Natur stehen. Keith reicht jedem Paar eine Spitzhacke und eine Schaufel und lotst uns 30 Meter in die Büsche. „Gestern hat es geregnet, das erste Mal seit sechs Monaten. Das ist gut, denn dann schauen dir die Saphire schon aus dem Dreck entgegen, sie sehen aus wie Glas." Spricht's, bückt sich und hat ein erbsengroßes Stückchen in der Hand. Er steckt es sich in den Mund, um den restlichen Schmutz abzulutschen, holt es heraus, hält es zwischen Daumen und Zeigefinger und betrachtet es mit seinem Kennerblick: „100 Dollar", brummelt Keith. Sechs Augenpaare heften sich sofort an den Boden und suchen den steinigen Untergrund nach schimmernden Stückchen ab. Natürlich haben wir kein Glück. Jetzt zur Saphir-Schürftechnik. Hier läuft es nicht wie im Abenteuerland, wo Schokoladengoldtaler in den Sand gemischt werden, der dann mit einem Plastiksieb umgegraben wird. Das ist das wahre Leben. Echte Erde, ehrliche Arbeit, Glück oder Enttäuschung.

In der Nähe von Sapphire gehen wir auf Schürftour. Keith (rechte Seite, oben links) weiht uns in die Materie ein. Was wir finden, dürfen wir behalten

Wir sollen mit der Spitzhacke die erste Bodenschicht von etwa 20 Zentimetern weghacken. Darunter kommt eine Lehmschicht zum Vorschein. Wenn Saphire in dem Stückchen Erde sind, dann schlummern sie genau über der Lehmschicht in den fünf Zentimetern Erde. Mit der Schaufel schippen wir diese Schicht in einen Eimer. Die Erde ist hier sehr steinig, deshalb verabschieden wir uns schon mal von großen roten Steinen und nehmen den Rest mit zu einer Trommel. Vorne befindet sich eine Kurbel, die wir langsam im Uhrzeigersinn

Für Saphirhändler ist unser Fund nichts wert, aber wir freuen uns sehr über unseren selbst geschürften Klunker

drehen sollen. Der Eimerinhalt teilt sich langsam in seine Bestandteile auf. Unten rieselt feine Erde heraus, die wollen wir nicht. Hinten aus der Trommel fallen faustgroße Steine heraus, diese lehnen wir auch ab, da sie alle rot sind. Denn Saphire kommen in allen Farben vor, nur nicht in Rot. Aus einer Schütte kullert der weiterzuverarbeitende Erd-Gestein-Mix in den nächsten Eimer. Mit je 25 Kilo Steinen an jedem Arm geht's die 40 Meter zurück Richtung Auto. Dort hat Keith inzwischen Plastikfässer mit Wasser gefüllt. Hier sollen wir das gesiebte Erdreich nun waschen. Damit man das nicht mit der Hand erledigen muss, sind „Whilloughbys" am Fass befestigt, eine Hebelapparatur, mit der man die Erde in einem Sieb sanft abschütteln kann. Wir schütten die Erde auf ein Sieb und hängen das in den Whilloughby ein. Mit einem Griff kann man nun das Sieb kurz unter der Wasseroberfläche halten und mit leichten und schnellen Auf-und Abbewegungen löst sich langsam die Erde von den Steinen. Nach einer Minute Waschen kippen wir unseren ersten Schürferfolg auf einen Tisch und suchen zuerst mit den Augen die Steine ab. „Wenn es aussieht wie Glas, dann ist es ein Saphir", sagt Keith und puhlt sogleich mit seinem Finger in unserem Steinhaufen herum. „Nö," sagt er, „nichts drin, weiterwaschen". So geht das sechsmal, bis wir das untere feinmaschige Sieb aus dem Wasser nehmen und umkippen. Unglaublich, aber wahr, wir haben mit unserem ersten Eimer schon ein Stückchen blauen Saphir aus der Erde geholt! Wir jubilieren, unsere neuen Fossicking Freunde klopfen uns neidlos auf die Schulter. Jetzt hat uns das Schürffieber gepackt! Wenn das so einfach ist, geistert es in unseren Köpfen herum. Wir sehen Keith durchs Gelände laufen. Seine Hände ruhen verschränkt auf dem Rücken, sein Blick ist stier auf den Boden geheftet. Plötzlich bückt er sich, steckt sich einen Stein in den Mund, holt ihn wieder heraus und betrachtet ihn gegen die Sonne. Ein Lächeln blitzt über sein Gesicht und er schiebt sich den Saphir in den Mund. „Steckst du die Saphire in den Mund?", fragen wir und er nickt. „Ist am sichersten da, darfst du halt nicht runterschlucken", sagt er. Wir geben zu, dass uns nach dem ersten Fund schon die Sucht gepackt hat. Das sei ihm vor 20 Jahren auch so gegangen, sagt Keith. Was er schon alles gefunden hat, will er uns nicht erzählen, ist wohl ein Geschäftsgeheimnis. Aber es ist auch „hard work". Bis die Spitzhacke sich durch 20 Zentimeter Erde gräbt und die Eimer durch den Busch geschleppt sind, rinnt uns ordentlich der Schweiß.

Damaris und Patrick haben gleich sechs Eimer Erde gehackt, gesiebt und gewaschen. Auch bei ihnen schlummert der Fund im feinmaschigen Sieb. Drei kleine Saphire. Nur Margret und Ray, die schon an anderen Schürfstellen so erfolgreich waren, dass sie ein kleines Kaffeeglas mit Schraubverschluss voller Edelsteine vorzeigen können, sind bisher leer ausgegangen.

Von 9 bis 13 Uhr hacken, sieben und waschen wir und freuen uns ab und zu über einen weiteren Fund. Es ist zwar nichts Größeres dabei, aber dafür leuchten die Steine in der Sonne grünlich und bläulich. Unsere Ausbeute macht uns zwar nicht reich, aber dass wir tatsächlich etwas gefunden haben, macht uns glücklich.

Neunte Woche

Von Sapphire bis Glass House Mountains

Tag 55, Sapphire – Rolleston, 207 km, Sonne, 32 Grad

Genug in Edelsteinen gebadet - wir fahren in einen der beliebtesten Nationalparks der Queensländer. Der Carnavon Nationalpark hat eine lange Schlucht zu bieten, die steilen Wände sind kalkweiß und die Vegetation ist tropisch. Die Straße dorthin führt uns durch Weizenfelder, trockene Steppe und kleine Ortschaften. Die letzten Kilometer sind holperige Schotterpiste, sechs Meter hinter uns im Campervan poltert die Bettkonstruktion, als würde sie jeden Moment zusammenkrachen. Auf dem Parkplatz hüpfen Kängurus und Wallabies, an die wir uns ganz schön nah heranpirschen können. Als Christian fünf Meter entfernt sein Kamerastativ abstellt, knurrt ihn plötzlich ein Kängurumännchen an. Das Tier richtet sich auf - beide sind fast gleich groß. Blitzschnell macht Christian eine Kehrtwende und sucht das Weite. Der Weg durch die Schlucht ist lang, es gibt verschiedene Wanderwege, einer soll zu besonders schönen Felszeichnungen der Aboriginals führen. Mal wieder haben wir die Qual der Wahl und entscheiden uns schließlich für einen Weg, der zur „Moss Oasis" führt. Die Wanderung fängt gleich gut an, wir überqueren einen Fluss auf mehreren hintereinander gelegten Steinen und laufen an großen Farnen, Palmen und 50 Meter hohen Bäumen vorbei. Als wir einen 1,50 Meter langen Buntwaran sehen, bleiben wir abrupt stehen. Aufgeschreckt von unseren Schritten, flitzt er einen Baumstamm hoch, um auf 10 Me-

tern Höhe wieder sitzen zu bleiben. Nach eineinhalb Stunden schöner Wanderung stehen wir vor einem Wasserfall, der von der Schlucht eingekesselt ist. Es scheint so, als käme in diesen sattgrünen Winkel niemals ein Sonnenstrahl. Ein modriger Geruch umgibt uns, beständig tropft das Wasser von den Farnen in den Fluss. Sandstein ist wie ein großer Schwamm, der die Feuchtigkeit aufsaugt, das Wasser in den vielen Gesteinsschichten filtert und 30 Meter weiter unten über die Farne tropfen lässt.

Eines steht für uns fest: Der weite Umweg ins Hinterland hat sich gelohnt und wir wären gerne noch weiter in die über 20 Kilometer lange Schlucht gewandert. Immerhin haben wir acht Kilometer geschafft und es sehr genossen.

Tag 56, Rolleston – Bundaberg, 516 km, Sonne, 33 Grad

Wenn man, so wie wir, in 100 Tagen ganz Australien bereisen will, dann ist alles eine Frage der Organisation, der Selbstdisziplin und vor allem des Timings: Nach einer siebenstündigen Autotour kommen wir in Bundaberg nahe der Küste an. Bundaberg ist bekannt

Ein Abstecher ins Hinterland in die Carnavon Gorge lohnt sich, uns laufen auf dem schönen Wanderweg Wallabies und ein Buntwaran vor die Füße

209

für seine Rumdestillerie, eierlegende Schildkröten an einem Strand und ungewöhnlich viel Architektur mit Charme. Wir kommen also mit klaren Vorstellungen in der Stadt an, was wir hier alles filmen möchten, stürmen ins Visitor Center und erklären der 70-jährigen Elaine, die hier ehrenamtlich Touristen informiert, was wir wann machen möchten. „Wir würden gerne die Turtle Tour für heute Abend um sieben Uhr buchen, sind wir hier richtig?" „Oh ja, das seid ihr. Grundsätzlich zumindest. Heute findet aber keine Tour statt, morgen erst wieder. Wahrscheinlich. Denn es sind noch keine Schildkröten am Strand. Oh, wenn ihr Ende November oder Mitte Dezember hier seid, dann kommen nachts bis zu 500 Schildkröten an den Strand, die bis zu 100 Eier ablegen und dann wieder ins Meer gehen. Ach, es ist so herzig zu sehen, wenn dann ab Januar die winzig kleinen Schildkröten ins Meer kriechen!", trillert Elaine und schaut in unsere entsetzten Gesichter. „Haben wir das richtig verstanden? Keine Schildkröten?" „Nein, leider nicht". Wenn wir „nur" herumreisen würden, könnten wir das verkraften, aber da wir ja hier einen Reisefilm drehen, ist es mehr als ärgerlich, wenn eine der Hauptattraktionen nicht stattfindet. „Dann machen wir eben eine Whalewatch-Tour mit". Hier an der Küste kommen nämlich Buckelwale vorbei und genießen die warme Strömung zwischen Hervey Bay und Fraser Island. Wir strahlen Elaine erwartungsvoll an. „Oh, die Wale sind schon weg, die Saison ist vorbei, leider gibt es keine Whalewatch-Tour mehr ". Wir schauen uns entgeistert an. Zweimal Pech gehabt? In unserem Hirn rattert es, was wir über Bundaberg noch erzählen wollen. „Können wir uns denn die Rumbrennerei anschauen?" „Ja", frohlockt Elaine, „das könnt ihr, ihr müsst aber während der Tour alle elektronischen Geräte in einem Safe einschließen. Es gibt dort Orte, an denen die Alkoholkonzentration in der Luft so hoch ist, dass ein einziger Funke die ganze Destillerie in die Luft sprengen kann und das ist auch schon zweimal passiert!" Unsere Schultern sacken nach unten. Als Filmemacher hat es nun keinen Sinn, eine Tour zu machen, bei der man nicht filmen darf, also müssen wir zähneknirschend auch auf diese Geschichte in unserem Film verzichten. Aber noch geben wir nicht auf. „Wir haben gelesen, dass hier das Zuckerrohr der gesamten Gegend auf Schiffe geladen wird, das möchten wir gerne sehen." Wir haben unterwegs schon Zuckerrohrfelder und die kleinen Bähnchen gefilmt, jetzt würden wir die Geschichte gerne abrunden mit Bildern, wie das Zuckerrohr verladen und verschifft wird. Aber auch hier schüttelt Elaine ihre goldgefärbte, frisch ondulierte Lockenpracht. „Noch nicht einmal das Visitor Center bekommt Bescheid, wann ein Schiff beladen wird, denn das würde einfach zu viele Schaulustige anlocken. Die Firma möchte nicht, dass gefilmt wird", sagt Elaine. Uff. Nächster Punkt von unserer Drehliste gestrichen. Bliebe da noch die schöne Architektur Bundabergs, aber die allein macht noch keine Geschichte, die wir in unserem Film erzählen möchten. Außerdem vernebeln die Wolken den sonnendurchfluteten Blick auf tatsächlich sehr hübsche Häuser aus den 30ern. Wir zucken mit den Schultern und beschließen kurzerhand, dass Bundaberg eben nicht im Film vorkommen wird. Wir haben so viele schöne Geschichten und wunderbare Natur, dass es kein Drama ist, wieder mehr im nächsten Ort zu drehen. So ist das eben, wenn man auf Dreh-Reise ist. Es bewahrheitet sich der alte Spruch: Ein Film entsteht immer dreimal: zuerst am Schreibtisch, wenn wir festlegen, was wir zeigen möchten, welche Geschichten wir erzählen wollen. Wenn wir dann unterwegs sind, müssen wir oft feststellen, dass Länder, Menschen und Orte nicht so sind, wie wir es uns vorgestellt haben. Manchmal macht einem das Wetter einen Strich durch die Rechnung, vielleicht hat jemand keine Lust, vor der Kamera zu stehen. Dafür sind dann andere Geschichten, die wir unerwartet erleben und filmen, Bestandteil des Films. Und drittens entsteht der Film beim Schneiden. Vielleicht sind die Aufnahmen nicht so gut, wie man sich das vorgestellt hat, passen Geschichten nicht so gut aneinander, wie gedacht. Dann fallen sie im Nachhinein dem Schnitt zum Opfer. Manchmal muss man

Mach Pause oder ruhe in Frieden! - australischer schwarzer Humor

eben Mut zur Lücke haben und sich dafür lieber voll und ganz dem nächsten Programmpunkt widmen. Schließlich liegen noch viele Tausend Kilometer Australien vor uns. Aus persönlichem Interesse fahren wir zur Rumdestillerie, aus deren Schlot dicke Rauchwolken quellen. Vor allem wollen wir wissen, ob der Qualm nach Rum riecht. Die erste Erkenntnis: Das tut er nicht. Die zweite Erkenntnis: Wir sehen gerade noch die letzte Gruppe des Tages im Gänsemarsch durch die Anlage laufen und fragen den Tourführer, wo denn wohl die Bar sei, um ein Gläschen Rum zu probieren? „In die Bar dürfen nur diejenigen, die bei der Tour dabei sind", sagt die Frau und: „Bundaberg steht für verantwortungsvolles Trinken!" Danach hatten wir gar nicht gefragt…

Hervey Bay ist für uns Ausgangspunkt für zwei Inselerkundungen

Tag 57, Bundaberg – Hervey Bay, 208 km, wolkig, 26 Grad

120 Kilometer trennen Bundaberg von Hervey Bay. Wir fahren die unspektakuläre Strecke in einem durch. Naja, fast. Gleich zu Beginn erblicken wir an einem Kreisel stadtauswärts ein bekanntes blau-orangefarbenes Logo: Aldi Süd! Nichts wie hin und den Wagen vollgepackt! Wir haben die Auswahl zwischen Goldbären, australischen Orangen und der aktuellen China-Wok-Koch-Serie. Außerdem ist die Weihnachtsecke ganz schön groß, echte „Nurnberger Lebkuchen", Spekulatius und blinkende Rentiere gehen weg wie warme Semmeln.

Gail heißt die entzückende Visitor Center-Fachfrau heute (wir fragen übrigens nicht jeden nach dem Namen, hier tragen fast alle Namensschilder), bei der wir alle Fragen bezüglich Hervey Bay loswerden können. Sie erzählt uns, dass es hier südlich des Great Barrier Reefs keine Stinger-Quallen mehr im Wasser gibt, das Bad im Meer also nicht gefährlich ist. Es sei denn, ein Hai kommt, aber davon geht Gail nicht aus. Wir wollen für Sonntag unbedingt eine Tour buchen, aber es bietet sich einfach nichts an. „Was machen wir denn dann morgen?", fragen wir uns. Und Gail antwortet: „Dann macht ihr eben mal einen Tag frei vom Herumreisen. Ich gebe es euch auch gerne schriftlich: Morgen habt ihr ,one day off'." Wenn wir hier einfach „nur" im Urlaub wären, hätten wir für sie ein Freudentänzchen aufgeführt. Aber nach all der Hetzerei, um noch rechtzeitig die Waltouren zu schaffen, ist das natürlich ein Schlag ins Kontor. Aber bestimmt wird uns noch etwas einfallen. Wir bummeln ein bisschen durch Hervey Bay, laufen den ewig langen Yachthafen auf und ab und halten die schöne Bucht im Bild fest. Unser Campingplatz liegt direkt am Strand in der Einflugschneise von herrlich kreischenden Papageien. Bei Dämmerung verziehen sie sich und die Bäume über uns sind Treffpunkt

für Hunderte Flughunde, die sich gegenseitig anquieken. Und dann raschelt es auch noch im Gebüsch. Wir schalten unsere Kamera auf Nachtsichtmodus und siehe da, ein Brushtail Possum, ein Kusus aus der Familie der Kletterbeutler. Kusus-Mama mit Kusus-Kind auf dem Rücken schauen sich kurz bei uns um und verschwinden dann im Baum. Das ist ja eine tolle WG hier. Gute Nacht, Getier um uns herum!

Unser Campingplatz liegt direkt am Strand (oben).
Am Abend bekommen wir dort Besuch von Brushtail Possums

Tag 58, Hervey Bay – Lady Elliot Island – Hervey Bay, 15 km, leicht bewölkt, 27 Grad

„Huuuh maa! Schilhööhhee! Aaa esch!" tönt es durch den Schnorchel hindurch. Übersetzt heißt das: „Guck mal! Schildkröte! Da rechts!" Nach unseren vielen gemeinsamen Schnorcheltrips können wir uns inzwischen auch gut unter Wasser verstehen. Wir lassen also unseren Schwimmbrillenblick vom Boot ins blaue und glasklare Wasser gleiten und siehe da: Eine Schildkröte! Riesengroß! Ihr Panzer ist gemustert wie ein Fußball, Green Turtle bzw. Grüne Meeresschildkröte heißt die Art und sie schwimmt vollkommen unbeeindruckt vor uns her. An Land sehen die Tiere immer so behäbig aus, dass sie einem fast leidtun können, immer das riesige Gewicht ihrer Einzimmerwohner mit sich herumschleppen zu müssen. Unter Wasser jedoch kommen sie mühelos voran. Ihre langen Vorderbeine sehen wie Ruder aus, ihre Hinterbeine fungieren als Richtungsgeber, aber auch als zusätzlicher Motor.

Wir gönnen uns heute eine Tagestour auf eine vorgelagerte Insel: Lady Elliot Island heißt die kleine Koralleninsel auf der unzählige Seevögel, Weißkappennoddis, brüten. Um die Insel herum liegen Korallenriffe, die Insel gehört zu den südlichen Ausläufern des Great Barrier Reefs und ist den Ausflug wert. Höchstens 150 Leute dürfen auf der Insel sein. 35 Minuten fliegt das kleine Propellerflugzeug uns und zehn andere Tages- und Übernachtungsgäste auf die Insel. Sie ist 0,6 km² groß, in 45 Minuten sind wir bequem einmal herumgelaufen. Das Schnorcheln am Riff ist großartig, das Wasser so glasklar, dass es eine reine Freude ist. Und wenn dann auch noch eine Schildkröte durch die bunte Korallenwelt schwebt und vor unseren Augen an ein paar Korallenstäbchen knabbert, ist das kaum noch zu überbieten. Nach unserem ersten gemeinsamen Schnorchelgang mit den anderen Tagesgästen gehen wir dann auf eigene Faust ins Wasser. Fantastisch! Wir sehen zwei weitere Schildkröten, viele verschiedene knallbunte Fische, unzählige Fischschwärme und alles, was in der Korallen-Unterwasserwelt Rang und Namen hat. Dann zeigt sich auch noch Wobbegong, ein Gemeiner Teppichhai. Er erinnert keineswegs an einen Hai, wie man ihn aus Gruselschockern kennt. Er ist flacher und nicht grau, sondern hell- und dunkelbraun meliert wie ein oller Perserteppich. Um sein breites

Unser schönstes Erlebnis auf Lady Elliot Island: Wir treffen beim Schnorcheln auf eine Grüne Meeresschildkröte

Maul hat er lauter Fransen, was ihm eine gewisse Ähnlichkeit mit einem Bettvorleger gibt. Der nächste Höhepunkt: Ein Sting Ray, ein Rochen, dessen Spannweite drei Meter beträgt, schwebt gerade majestätisch fünf Meter unter uns, und wir bleiben lieber auf Abstand. Schließlich hat genau so ein Exemplar den legendären Crocodile Hunter Steve Irwin auf dem Gewissen. Ein Sting Ray hatte ihm seinen Stachel in die Brust gerammt. Respektvoll beobachten wir den Rochen, bis er langsam davongleitet. Nach sieben Stunden auf der Insel, die wie im Fluge vergangen sind, müssen wir den Rückweg antreten. Wären wir doch bloß über Nacht auf der Insel geblieben, dann wären wir wahrscheinlich immer noch im Wasser. Die Lady Elliot-Tagestour ist mit 300 AUD pro Person nicht gerade billig, aber wenn man sich mal etwas Besonderes gönnen möchte, wäre das vielleicht etwas... www.ladyelliot.com.au

Tag 59, Hervey Bay - Fraser Island, 8 km, bewölkt, 27 Grad

Und wieder geht's auf eine Insel, diesmal nach Fraser Island, der größten Sandinsel der Welt. Vom Festland bis zur Insel schippern wir mit der Fähre in 50 Minuten. Die Insel ist mehr als 120 Kilometer lang und alle Straßen bestehen aus Sand. Da unser Camper kein 4WD ist und es ohne ein solches Auto kein Vorankommen gibt, lassen wir den Camper auf dem Festland stehen und übernachten zur Abwechslung mal in einem echten Zimmer. Unsere Unterkunft für eine Nacht liegt direkt am Anleger. Das „Kingfisher Resort" bietet für Neuankömmlinge gleich eine geführte Wanderung zu einem Aussichtspunkt an, klar, dass wir auf der Suche nach den schönsten Bildern auch immer gerne denen folgen, die sich gut auskennen. Rangerin Emily ist mit ihren Geschichten rund um die Insel nicht zu stoppen. So erfahren wir

Lady Elliot Island: Weißkappennoddi (oben), Makroaufnahmen von Korallen sind hart erarbeitet (Mitte), Fraser Island: Ankunft am Kingfisher Resort

auch, was Fraser Island so besonders macht: Im Gegensatz zu den umliegenden Inseln ist die Insel nach der Eiszeit durch stete Anhäufung von Sand entstanden. Irgendwann konnten sich die ersten Pflanzen auf der Sandbank ansiedeln, welche den Sand mit ihrem Wurzelwerk zu einem soliden Fundament werden ließen. Inzwischen ist Fraser Island ein Nationalpark, den jedes Jahr 300.000 Menschen besuchen. So viele also wie den Uluru - Ayers Rock. Seit 1992 ist Fraser Island Weltnaturerbe.

Ohne Geländewagen geht auf Fraser Island, der größten Sandinsel der Welt, nix. Jarrad, unser Guide, fährt mit uns zum Lake McKenzie...

Tag 60, Fraser Island, 47 km, sonnig, 27 Grad

Unser Insel-Tourguide heißt Jarrad, ist Mitte 20, gut gelaunt, smart, liebt seinen Job, kennt sich fantastisch aus und vor allem: Er will uns einen schönen Tag machen. Da Christian 1996 bereits einige Tage auf der Insel verbracht hat, hat er genaue Vorstellungen davon, was er alles sehen und filmen will. Jarrad bescheinigt uns, dass das ein straffes Programm sei, aber wenn wir uns ranhalten, würden wir alle die 17-Uhr-Fähre zum Festland schaffen. Jarrad muss einkalkulieren, dass wir im weichen Sand im Wald höchstens mit 35km/h unterwegs sein können, später am Strand mit 80km/h und dass es nicht unwahrscheinlich ist, unterwegs irgendwo auch mal steckenzubleiben.

Nachdem unsere Reifen Unmengen von weißem Sand durchgepflügt haben, zeigt uns Jarrad den Lake McKenzie. Auf Fraser Island gibt es mehr als 100 Seen, die über die Insel verteilt sind. Am Lake McKenzie legen alle Besucher einen Stopp ein. Das hat seinen Grund: Der große Süßwassersee hat wahnsinnig weißen

Sand und türkisblaues, glasklares Wasser. Auch wenn der Andrang hier in der Hauptsaison groß sein kann, am frühen Morgen tummeln sich hier gerade mal 15 Leute. Jarrad schaut zum ersten Mal auf die Uhr. „Guys!", ruft er uns zu. „Ihr wollt doch zum Indian Head. Wir schaffen das, aber dafür müsst ihr euch ein bisschen beeilen. Wir können die Zeit im Regenwald verkürzen und nur einen kleinen Rundweg laufen, aber wir müssen JETZT los!" „Okay, okay", rufen wir ihm zu, aber die Sonne ist nicht richtig draußen und so sieht der See nicht türkis, sondern matschig-blau aus. Da das Farbenspiel hier das Wichtigste ist, müssen wir es unbedingt einfangen, also warten wir. Jarrad rauft sich die Haare. „Ich mach schon mal die ‚Aircon' an" ist sein Codewort für „LOS JETZT"!

Früher lebten auf der Insel Holzfäller. Als Fraser Island zum Weltnaturerbe ernannt worden ist, war es dann vorbei mit dem Raubbau. „Central Station" hieß die kleine Stadt, die mit Schule und allem Drum und Dran mitten auf der Insel lag. Der Ort heißt auch heute noch so, es gibt einige alte Holzhütten und einen in der Zwischenzeit angelegten großen Picknickplatz. Hier ist auch der Ausgangspunk für diverse Regenwaldwanderungen. Wir nehmen den kürzeren Weg und tauchen sofort in tropische Vegetation ein. Das gibt's sonst nirgendwo auf der Welt, ein Regenwald, der auf Sand wächst. Ein Kingfisher, ein sehr scheuer Vogel, fliegt uns vor die Kamera und wir hören das Plätschern eines Creeks, der sich auf dem sandigen, weißen Boden einen Weg durch Bäume und Büsche schlängelt. Obwohl wir jetzt schon in einigen Regenwäldern unterwegs waren, unterschieden sie sich jedes Mal. Viele Pflanzen sind endemisch, die Geräusche sind immer andere, manchmal umgeben uns riesige Bäume, dann wieder Farne, jedes Mal sehen wir unterschiedliche Tiere. Jede Regenwaldwanderung ist tatsächlich einzigartig und hinterlässt bleibende Erinnerungen. „Come on, guys, wir fahren jetzt eine Stunde bis zum nächsten Ziel, ich habe schon mal entschieden, dass wir einen Programmpunkt ans Ende setzen, falls dann noch Zeit bleibt, also auf Richtung Indian Head!" „Wuff."

...einem von über 100 Süßwasserseen. Auch einmalig: ein tropischer Regenwald, der auf Sand wächst

Einen Highway, der direkt am Strand entlangführt, hat die Insel auch zu bieten. Der 75 Mile
Beach, der erbsenzählermäßig genau genommen
nur 54 Meilen lang ist, ist offizieller Highway im
Bundesstaat Queensland. Es gilt ein Tempolimit
von 80km/h, es seien schon viele verunglückt,
die sich mit dem Fahren im Sand nicht gut aus-
kannten und sich dann überschlugen, klärt uns
Jarrad auf. Es ist einfach großartig, direkt am
Wasser entlangzufahren, die Wellen sind so schön wie an der Nordsee,
nur die Wasserfarbe ist hier eher satt-türkis statt grau-braun. Links
von uns stehen üppige, bewachsene Hügel, nicht nur schön fürs Auge,
sondern auch für die Kamera.

*Offizielles Verkehrshindernis
auf dem Highway am Strand,
das Wrack der Maheno. Seit
1935 rostet es hier schon vor
sich hin*

Schon von Weitem können wir die nächste Attraktion sehen, ein
Schiffswrack, das direkt an der Wasserkante liegt. Die „Maheno" war
früher ein Luxusliner, 1905 gebaut und 122 Meter lang. Das Dampf-
schiff pendelte in seiner Dienstzeit zwischen Sydney und Auckland
hin und her. Es war gerade auf dem Weg zu seiner letzten Reise - nach

Japan zur Verschrottung – da fegte 1935 ein Zyklon über die Insel und trieb das manövrierunfähige Schiff an den Strand. Genau an der Stelle liegt es noch heute und das Gerippe sieht so richtig schön verrostet aus. Ein sehr dankbares, faszinierendes Kameramotiv. Die Maheno kostet uns einen weiteren Programmpunkt. Jarrad ist schon zu Plan C übergegangen, weniger ist mehr.

Trotzdem schaffen wir es zum „Indian Head", einem Aussichtspunkt, der auf 56 Metern Höhe einen eindrucksvollen Blick über den Strand bietet. Indian Head ist eine von drei Gesteinsformationen auf der Sandinsel. Hier oben geht uns das Herz auf. Das liegt an der unbeschreiblich schönen Aussicht auf zwei lange Strandabschnitte, an dem tosenden Meer, an den schmeichelnden Türkistönen des Wassers und an dem Glück, dass wir mehrere Delfine beobachten können, wie sie über die Wellen surfen und zum Abschluss einen doppelten Rittberger springen. Leider haben wir nicht schnell genug die Kamera bei der Hand, also prägen wir uns diese Erinnerung ein und können sie nur mit uns selbst teilen. Jarrad ist schon vor einiger Zeit den Hügel heruntergelaufen und wartet auf uns. Zehn Minuten hat er uns

Unser nördlichster Punkt auf Fraser Island ist Indian Head. Wie der Felsen zu seinem Namen kam, erklärt uns Jarrad in einem Interview. Mal wieder ist James Cook dafür verantwortlich

Ein weiteres Highlight: sich mit der sanften Strömung des Eli Creek an den Strand treiben lassen

gegeben, aber anfangs waren die Delfine noch nicht zu sehen... Als wir zum Auto kommen, hat Jarrad im Kofferraum ein kleines Büffet eröffnet. Er meint, wir sollten uns doch wenigstens die Zeit nehmen, um mal in eine Stulle zu beißen. Das machen wir auch. Er hat Brot mitgebracht, das wir nach Herzenslust belegen können, und wir stellen entsetzt fest, dass wir zum ersten Mal in Australien direkt am Strand mit Blick auf die Wellen einfach nur eine Pause machen, nicht filmen, es uns einfach nur gutgehen lassen...

Ein Blick auf die Uhr genügt und Jarrad reißt uns aus unseren romantischen Vorstellungen, gerade ein bisschen im Urlaub zu sein. Das nächste Ziel ist der Eli Creek. Ein Süßwasserbach, der sich 6,5 Kilometer über die Insel bahnt, bis er am Strand sein süßes Wasser in das salzige Meer fließen lässt. Der knietiefe Fluss strömt gemächlich ins Meer, und so laufen alle mindestens einmal den Boardwalk hoch, um sich dann ganz sanft mit der Strömung des Flusses an den Strand spülen zu lassen. Wir sind um die Mittagszeit da und mehrere große Ausflugsbusse und zig 4WD parken am Strand. Die Stimmung ist gut, die mitgebrachten Getränke kalt und Jarrad erzählt uns, dass anstelle der 100 Leute, die jetzt da sind, an Weihnachten der Creek komplett überfüllt ist. Dann kommen die Familien und machen an Weihachten das, was alle hier tun: am Meer sein und ein kühles Bierchen bei 30 Grad Außentemperatur zischen. Da könnte man doch neidisch werden.

Jarrad hat inzwischen aufgehört zu zählen, wie oft er die Planung geändert hat, und spricht nun ein ernstes Wörtchen mit uns. „Guys, ich habe alle unwichtigen Programmpunkte gestrichen, aber ich möchte euch gerne meine Lieblingsstelle auf Fraser Island zeigen. Es bleibt dann aber keine Zeit mehr für den Lake Wabby Lookout, wir haben auch keinen weiteren Zeitpuffer mehr, ist das für euch akzeptabel?" „Na klar", wir springen ins Auto und Jarrad parkt keine zehn Minuten später an einer Stelle, an der heute noch keiner geparkt hat, denn wir hinterlassen die ersten Reifenspuren im Sand. Jarrad faszinieren die „Sandblows", die Wanderdünen auf der Insel. Er führt uns durch einen kleinen Wald und wir bleiben sprachlos vor einer endlosen Sandlandschaft stehen. Sanfte Hügel wölben sich vor unseren Augen der Sonne entgegen, nicht eine einzige menschliche Spur im Sand – aber dafür viele kleine Pfotenabdrücke. „Dingos!", juchzen wir, es gibt 400 auf der gesamten Insel und wir hoffen schon den ganzen Tag, dass uns einer vor die Füße läuft. Natürlich nicht zu nah. Jarrad erklärt, dass sehr viele Welpen unterwegs sind und ihre Eltern sie ohne Rücksicht auf Verluste verteidigen, wenn man ihnen zu nahe kommt. „Nie einem Dingo den Rücken zeigen", ist das erste Rezept und das zweite:

Jarrads Lieblingsplatz auf der Insel: die Wanderdünen. Wir entdecken dort unseren ersten Dingo

„Arme verschränken, um breiter zu wirken, dann trollt er sich." Das Wichtigste aber ist: auf Abstand bleiben. Auch wenn ein Dingo aussieht wie ein hübscher Hund, ist es doch ein wildes Tier, das sich ähnlich wie ein Wolf in Notwehrsituationen zu verteidigen weiß. Noch während uns Jarrad eindringlich ermahnt, vorsichtig zu sein, sehen wir einen Dingo. Er liegt im Gebüsch und schaut uns neugierig an. Wir bleiben stehen und filmen. Das scheint ihm nichts auszumachen. Der Dingo-Papa legt sich auf die Seite und schenkt uns nur noch einen müden Blick. Die Dingo-Mama aber macht sich über den sandigen Hügel aus dem Staub.

Jarrad freut sich sehr, uns den Wunsch mit den Dingos erfüllt zu haben, aber er verzweifelt langsam. Die eingeplante Zeit für Unvorhergesehenes ist in diesem Augenblick verbraucht. Jarrads Pech ist, dass seine Lieblingslandschaft auf der Insel wirklich ein optischer Genuss ist. Der Sand liegt wellenförmig vor uns, mal mit ockergelben oder roten Einschlüssen, dazwischen viele verwitterte graue Holzstücke und vom Sand eingeschlossene Büsche und Bäume. Der Sand ist so weiß, dass man meinen könnte, wir stünden auf einem Gletscher. Wenn da nicht der direkte Blick aufs Meer wäre und die unbarmherzige Sonne mit nun knapp 40 Grad auf uns herunterbrennen würde. Am Himmel sind einige Wolkenformationen, die das Bild einer einsamen Mondlandschaft im Weitwinkel-Objektiv zu einem Gemälde machen.

Jarrad peitscht uns den Sandhügel herunter, sperrt uns ins Auto und lässt uns erst eine Stunde später wieder am Yachthafen heraus. Fünf vor fünf ist es, wir haben es tatsächlich geschafft, rechtzeitig zur Fähre zu kommen. Ein aufregender Tag liegt hinter uns, auf dieser abwechslungsreichen Insel könnten wir ohne Probleme drei Wochen Urlaub verbringen. Aber das Leben ist nun mal kein Wunschkonzert, dafür haben wir jede Menge traumhafter Aufnahmen im Gepäck. Wir fragen Jarrad zum Abschied, ob er nicht die restliche Zeit mit uns durch Australien reisen möchte. Endlich einer, der uns in allem unterstützt, viel Geduld mit uns hat, aber auch mal ein Machtwort spricht. Zuckerbrot und Peitsche funktioniert auch bei uns.

Wir finden, Fraser Island ist ein Muss an der Ostküste. Die Sandpisten machen die Insel noch zu einem größeren Abenteuer. Weil aber im-

Rechte Seite >>
Hier machen die Australier selbst gerne Urlaub: Noosa Heads und die Strände an der Sunshine Coast

mer wieder Touristen in Unfälle verwickelt sind, weil sie auf dem ungewohnten Untergrund nicht fahren können, überlegen die Aussies, die Straßen zu teeren. Was für eine schreckliche Vorstellung!

Tag 61, Maryborough – Glass House Mountains, 263 km, sonnig, 35 Grad

Für die Strecke von Maryborough bis Brisbane (rund 260 km) haben wir einen Tag Zeit. Einen Tag lang für die „Sunshine Coast", die, wie wir heute feststellen, ihren Namen zu Recht trägt. Wir schwitzen schon beim Frühstück, in der prallen Sonne halten wir es kaum aus. Unser erstes Ziel heißt heute Noosa Heads. „Egal, was Sie dort tun, machen Sie es stylish", rät ein Reiseführer, und schon beim Reinfahren in die Stadt wird klar, dass hier der Schotter wohnt.

Auf dem Weg zu den Glass House Mountains fahren wir den ganzen Tag gemütlich die Sunshine Küste herunter. Unterwegs bleiben wir immer mal wieder stehen und bewundern die Aussicht auf goldgelbe Strände, meist so um die 100 Meter breit und viele Kilometer lang. Wir sehen Jogger, Herrchen mit Hund, Surfer Rettungsschwimmer, schmusende Pärchen, Spaziergänger, die sich wohl nach Dienstschluss noch ein bisschen den Wind um die Nase pfeifen lassen wollen. Die Australier stehen auf die Sunshine Coast, die Orte entlang der Küste sind boomende, aber trotzdem stressfreie Touristenorte.

Zehnte Woche

Von den Glass House Mountains bis Morisset

Tag 62, Glass House Mountains – Brisbane – Surfers Paradise, 255 km, sonnig, 26 Grad

Schon von Weitem können wir sie sehen, die Glass House Mountains. Mehrere Vulkanfelsen ragen schwarz bis zu 550 Meter hoch und in unterschiedlichsten Formen aus dem Boden. Es gibt einige schöne Wanderungen und Aussichtspunkte rund um diese einzigartigen Felsen, die eingebettet sind in Eukalyptuswälder, Macadamianussbäume und Ananasfelder. Es scheint hier oft zu regnen, denn das Weideland, an dem sich laut blökende Kühe satt fressen, ist saftig grün. Wir fahren morgens um halb acht auf eine Anhöhe, wo wir ganz allein sind. Eine himmlische Ruhe umgibt uns, nur die wunderbar singenden Vögel und die sirrenden Grillen sind zu hören. Der Mount Coonowrin hat es uns besonders angetan. Sieht aus wie ein abgebrochenes Stück Kohle, von einem Riesen in die Erde gerammt. Wir fahren bis an den Fuß des Vulkankegels und machen von allen Seiten Aufnahmen.

Nach zwei Stunden Ausflug in die ältere Erdgeschichte machen wir uns auf nach Brisbane. Die Stadt, rund 900 Kilometer nördlich von Sydney gelegen, ist die Hauptstadt des Bundesstaates Queensland. Fast zwei Millionen Menschen leben in und um die Stadt herum und sie scheinen alle gleichzeitig mit dem Auto unterwegs zu sein. Nach den vielen Wochen, die wir fast mutterseelenallein auf dem Highway verbracht haben, stehen wir hier im ersten endlosen Stau seit zwei Monaten. Ein bedrückendes Gefühl! Wir fahren zu einem Lookout, der uns einen tollen Überblick über die Stadt bietet. Der Mount Cha ist ein Besucherma-

Die Vulkanfelsen der Glass House Mountains ragen schwarz bis zu 550 Meter in den Himmel empor. Die Vulkankegel sind umgeben von Eukalyptuswäldern, Macadamianussbäumen und Ananasfeldern

gnet, mit Restaurant und einem spitzen Ausblick auf die Skyline.

Wie gut, dass wir ein Navi haben, in Brisbane würde wir sonst nur herumirren. Zu viele Straßen führen aus der Stadt heraus, überqueren den Brisbane River und schon hat man sich ins Nirwana geschossen. Wir entscheiden uns, die Stadt bald wieder zu verlassen, denn die großen Städte Australiens ähneln sich doch sehr. Das Phänomen existiert weltweit: Durch die Globalisierung verlieren die Städte ihren eigenen Charme. Überall prangen die gleichen Logos der großen Ketten an den Häuserfassaden. Außerdem sind uns zu viele Menschen unterwegs. Sorry, Brisbane, hast bestimmt auch schöne Ecken, aber wir wollen weiter. Leider verlassen wir die Stadt während der Rushhour. Auf dem Highway stehen wir eingekeilt von Fahrzeugen, es kommt zum Verkehrsstillstand. Der Stau sieht hier auch nicht anders aus als die tägliche Belastungsprobe zwischen Frankfurt und Wiesbaden: immer nur eine Person im Auto, alle vier Spuren dicht. Aber der große Unterschied ist, dass hier keiner nervt, zu dicht auffährt, hupt oder uns einen Vogel zeigt, nur weil wir kurzerhand mal im Straßenlabyrinth die Spur wechseln müssen. Die Aussies bringt eben so leicht nichts aus der Ruhe, was das Fahren mit unserem sieben Meter langen Ungetüm dann doch etwas angenehmer macht. Eigentlich wollten wir es noch nach Surfers Paradise schaffen, einem Vorort der Stadt Gold Coast, aber wir kommen

nur mit 20km/h stop and go voran. Gerade als wir schon abfahren wollen, um in irgendeinem Wohnviertel zu übernachten, löst sich der Stau in Wohlgefallen auf und wir fahren noch bis zum „Main Beach Caravan Park" in Surfers Paradise. Kurz bevor das Büro schließt, bekommen wir gerade noch ein Plätzchen zugewiesen. Endlich wieder Küste – und was für eine! Die Gold Coast hat 290 Sonnentage im Jahr, wie im Paradies!

Tag 63, Surfers Paradise, 0 km, stark bewölkt, 26 Grad

Surfers Paradise fällt unter das Motto: „Hätten wir nicht gedacht". Wir dachten nämlich, wer einem Ort den klingenden Namen Surfers Paradise gibt, der schaut auf meterhohe Wellen, sitzt an einem kilometerlangen Sandstrand, umgeben von schönen Frauen im Bikini und durchtrainierten Männer in Surfshorts, schlürft lässig einen Cocktail am Strand, fühlt sich am Ziel seiner Träume und kann es vor Idylle kaum aushalten.

Dem ist aber nicht so: Der Ort mit knapp 20.000 Einwohnern ist eine Betonwüste. Übereinander gestapelt haben bestimmt ein Drittel der Bewohner eine Wohnung mit Meerblick. Das bislang höchste Gebäude „in town": der Q1 Tower, der im 77. Stock eine Aussichtsplattform hat, für 20 AUD sausen wir im Fahrstuhl 230 Meter hoch zum „most spectacular view in Queensland". Der 360-Grad-Blick lässt ungehinderte Blicke auf die Stadt zu. Viele der Hochhäuser haben auf dem Dach einen Swimming Pool, an angelegten Kanälen liegen riesige Villen mit Yacht am eigenen Anlegesteg. Hier kommen die Touristenströme durch, von Backpackern aus aller Welt über die japanische Reisegruppe bis hin zu australischen Junggesellenabschiedsteilnehmern. Laut Reiseführer ist das hier „DIE Partyhochburg an der Küste mit einer wilden und trashigen Partymeile".

Wenn wir unseren Blick von den zahlreichen Wolkenkratzern Richtung Wasser lenken, sehen wir einen wunderschönen Strand und eine sanft plätschernde Brandung. Aber leider keine Surfer. Ein Rettungsschwim-

Ausblick vom Q1 Tower auf Surfers Paradise

mer erläutert, dass es leider nicht die richtige Zeit für große Wellen sei, der Wind komme aus der falschen Richtung. „There is no motion in the ocean", sagt er uns. Nun stehen wir bedröppelt da: Weder ein Paradies in Sicht, noch wellenreitende Surfer. So haben wir uns Surfers Paradise wahrlich nicht vorgestellt. Der Ort wäre sicherlich nicht so populär, wenn er immer noch „Elston" heißen würde. Eine Immobilienfirma hatte 1917 ein leerstehendes Hotel in Elston mit dem erfundenen Namen „Surfers Paradise" besser an den Mann bringen wollen. Hat geklappt...

Tag 64, Surfers Paradise – Lamington Nationalpark – Byron Bay, 239 km, wolkig bis heiter, 23 Grad

So verlassen wir also die Stadt der Hochhäuser und fahren zum nur zwei Stunden entfernt liegenden Lamington Nationalpark. Der Regenwald hat schon in den 1910ern Touristen in diese Gegend gelockt, seit 1994 gehört er zum Weltnaturerbe. Nach einer Fahrt an schier endlosen Vororten geht's auf einmal Serpentinen bergauf. 25 Kilometer lang. Die Straße ist oft einspurig, viele Kurven können wir nicht einse-

Das muss man sich erstmal trauen: In Surfers Paradise so ein Schild aufzustellen

hen und der Wald um uns herum wird immer dichter. Da die Blätter ein dichtes Dach bilden, dringt das Sonnenlicht nicht auf die Straße. Nach einer Weile fahren wir durch die Wolkenschicht. Der Camper gibt im ersten Gang jaulende Töne von sich, denn die Serpentinen wollen gar nicht mehr aufhören.

Hoch oben am O'Reilly Plateau sehen wir dann die Sonne wieder. Statt Motorenlärm lauschen wir den Unterhaltungen der Vögel im Regenwald. Also nichts wie rein in den Wald! Und wieder einmal stehen wir staunend in einer fast unwirklichen Landschaft. So schön und so exotisch: Pflanzen, die sich um sich selbst drehen und aussehen wie Telefonkabel, Bäume mit einem mächtigen Wurzelwerk. Der Geruch von Feuchtigkeit mit einem Hauch Moder begleitet uns bis zum Beginn des „Tree Top Walks". Über stramm gespannte Hängebrücken geht's auf 24 Meter Höhe, an einem Ausguck mit schönem Blick ins

Tal sogar auf 30 Meter, bei jedem Schritt knarzen die Holzplanken und unsere Schritte führen zu einem immer stärkeren Wippen der Brücke. Wir laufen durch die Baumkronen, der dichte Wald gibt kaum einen Blick aufs Tal frei.

Inzwischen sind einige Ausflügler auf dem Tree Top Walk, die Laute der Menschen übertönen die des Regenwaldes. Schade, dass hier so viele durchpoltern und sich so jegliche Chance nehmen, auch nur ein Tier zu sehen.

Wer Vögel beobachten möchte, hat auf dem Plateau zwei Möglichkeiten: Entweder früh morgens leise in den Wald laufen, wenn noch keiner da ist. Oder Vogelfutter im Kiosk kaufen und damit die Erlaubnis zu haben, Wildvögel zu füttern. Also ran an die JodS11-Körnchen. Zwischen 11 und 15 Uhr ist es erlaubt, den Vögeln ein Menü anzureichen. Wir haben kaum die mitgegebene Schüssel in der Hand, da fliegt uns auch schon ein bunter Papagei im Sturzflug an. Keine zwei Sekunden in der „Feeding-Area", sind wir umringt von den schönsten Vögeln, den rot-blauen Crimson Rosella Papageien und den grün-orangefarbenen King Parrots. Wirklich wunderschöne Tiere, bestimmt 50 flattern uns um die Ohren und - GUTENTAG - sitzt uns auch schon einer auf der Schulter. Einer der großen Vögel setzt sich auf den Kopf, um den besten Platz in der Buffetschlange zu ergattern. Je frecher, desto erfolgreicher. Um uns herum stehen noch vier andere Touristen, die sich im Souvenirshop einen offiziellen Vogelfutterteller geholt haben.

Die stramm gespannten Hängebrücken des „Tree Top Walks" am O'Reilly Plateau wippen bei jedem Schritt

Es gibt hier oben ein Feriendorf, das schon ziemlich lange existiert. Wir fragen Shane O'Reilly, Hotelier in der dritten Generation, wie das mit dem Tourismus alles angefangen hat. Die O'Reilly Brüder kamen 1911 auf das Plateau, die Regierung wollte hier Viehwirtschaft etablieren. Also zogen sie los, bewältigten den mühevollen Aufstieg, steckten Claims ab, rodeten das Land, bauten Häuser und holten Vieh auf den Berg. 1914 wurde dann das Gebiet um die Farm zum Nationalpark erklärt und die ersten Touristen kamen, die die Natur und die Tierwelt schätzten. Viele von ihnen wohnten damals bei den O'Reillys. Warum also nicht auf Tourismus umsatteln, fragten sich die Familienmitglieder, und verdienten von da an Geld mit den Urlaubern. Zwei Tage dauerte die beschwerliche Anreise aus Brisbane, allerdings haben die Menschen damals noch mehrere Wochen Urlaub hier verbracht, heute ist es ist meist nur ein Wochenende.

Der Ausflug in den Lamington Nationalpark beweist wieder einmal, dass Abstecher ins Hinterland unbedingt lohnenswert sind. Wir hätten dort auf jeden Fall mindestens eine Nacht bleiben sollen, denn gerade am frühen Morgen ist man so herrlich allein in so einer besonderen Landschaft, und in der Dämmerung kommen die nachtaktiven Tiere heraus und lassen sich beobachten, wenn man leise ist. Aber wie wir heute wieder festgestellt haben, beherrschen diese Kunst nur wenige Menschen.

Byron Bay ist unser nächstes Ziel. Das Navi gibt als Ankunftszeit 20:27 Uhr an, obwohl wir erst 19 Uhr haben und nur 34 Kilometer vor uns. Bis der Groschen fällt: Wir sind im nächsten Bundesland angekommen, New South Wales, und hier klaut man uns schon wieder eine Stunde Zeit. 10 Stunden vor Deutschland sind wir nun. Byron Bay soll ja DER Ort zwischen Cairns und Sydney sein, an dem man unbedingt stoppen muss. Hier halten alle Greyhound-Busse, Backpacker aller Länder, vereinigt euch.

Es ist Freitagabend und in den vielen Kneipen geht die Post ab. Der Plan: Schnell einen Campingplatz suchen und noch ein Getränk in einer Bar zu uns nehmen. Aber dann: Zwei Campingplätze am Strand fahren wir an und sehen schon das „No Vacancy"-Schild an der Kette baumeln. Etwas außerhalb finden wir schließlich nach einer Stunde Rumsucherei ein schönes Plätzchen. Sue, die Campingplatzrezeptionistin, ist entzückend freundlich, ihr Mann zeigt uns am Platz noch, wo wir Strom bekommen, und fragt: „Na, geht ihr jetzt noch los?" Wir

Den King Parrot gibt's nur an der Ostküste in Australien

231

New South Wales

Irgendwo musste ja mal die weiße Geschichte Australiens beginnen. Sie tat es in New South Wales. Hier schipperte 1770 James Cook vorbei, ging an Land und erklärte das Gebiet zu Neusüdwales. Danach machte sich James Cook erst mal vom Acker. Es vergingen 18 Jahre und die Briten kamen wieder. Mit der „First Fleet" erreichten die ersten 751 Strafgefangenen und 250 Soldaten mit ihren Ehefrauen Australien. Die Neu-Australier siedelten sich im heutigen Sydney an. Den Tag der Landung, den 26. Januar, feiern die Australier als „Australia Day". Nicht ohne Proteste, denn mit diesem Tag begannen schwere Auseinandersetzungen mit den Ureinwohnern, bei denen viele Aboriginals ermordet wurden. Außerdem haben eingeschleppte Krankheiten aus Europa, wie z.B. die Pocken, die Aboriginals getötet.

Mit Sydney als Hauptstadt, einigen Weinregionen, traumhaften Stränden, netten Skigebieten und Australiens höchstem Berg steht New South Wales bei vielen Touris ganz oben auf der Liste. Ein Drittel aller Australier lebt in diesem Bundesstaat.

Das, was die meisten von Sydney kennen, ist die Oper, die Harbour Bridge und das Feuerwerk an Silvester. Aber die Stadt besteht aus viel mehr als Bauwerken. 4,6 Millionen Menschen leben in 490 Stadtteilen, verteilt auf einer Fläche von 60 x 80 Kilometer. Eingerahmt von Nationalparks können sich die Sydneysider entscheiden, ob sie lieber Beton oder unberührte Natur um sich haben wollen. Auf jeden Fall spielt sich viel Leben auf dem Wasser ab.

schauen uns an und entscheiden: „Nö. Party ist auch hier, die Nachbarn haben schön laut Mucke an, außerdem wollen wir keine 50 Minuten Fußweg (einfache Strecke) auf uns nehmen, für heute reicht es!"

Um 22 Uhr ist auf der Damentoilette kein Waschbecken mehr frei. Die Glätteisen qualmen, das Parfüm macht blind und die Mädels in ihren eng anliegenden Fummeln lassen die Cola-Rum-Dosen kreisen. Da kommt sich Silke mit ihrer Zahnbürste im Mund und der kuscheligen Kapuzenjacke doch ziemlich außerirdisch vor. Ein bisschen neidisch auf die bevorstehende Partynacht, aber mit Blick auf den nächsten Drehtag, der früh beginnen soll, gehen wir ganz spießig früh ins Bett.

Backpacker aller Länder fahren nach Byron Bay, dem Partyort an der Ostküste

Tag 65, Byron Bay, 28 km, bewölkt, 25 Grad

Um 6 Uhr morgens sind wir in der Dusche völlig allein. Wir wollen früh zum Strand, denn unser Wunsch ist es, in Byron Bay ein paar Surfer vor die Linse zu bekommen. Als erstes fahren wir zum Leuchtturm, denn von dort aus haben wir einen guten Blick über einige Strände und können dann entscheiden, wo wir die besten Chancen haben, große Wellen und gute Surfer zu sehen. Ein Blick nach rechts - nichts, ein Blick über die Kuppe nach links - nö. Es schwappen nur kleine Wellen an den Strand, dafür steht kein Surfer früh auf. Also machen wir stattdessen jede Menge Aufnahmen vom hübschen, 1901 gebauten weißen Leuchtturm, der uns den Weg zum östlichsten Punkt Australiens weist. Ein Boardwalk führt bis an die Felsen. Ganz schön sportlich sind die Byron Bayer, hinter uns und vor uns schnaufen Jogger, Radler, Walker und Kinderwagenschieber den steilen Aufstieg zum Leuchtturm hoch. Da die Wolkendecke immer wieder aufreißt, haben wir manchmal lange Sonnenfenster, die wir angestrengt nutzen, manchmal sind wir aber auch zehn Minuten an einen Ort gefesselt und warten auf Sonne. Schließlich fahren wir zurück ins Städtchen, die Hauptstraße und zwei Querstraßen sind das soziale Zentrum. Die Cafés sind alle brechend voll. Alles Leute zwischen 18 und 30. Mit Baujahr 69 gehören wir da schon zum alten Eisen.

Wir lassen uns ein bisschen treiben, landen am Hauptstrand, beobachten Kitesurfer und spüren, wie der Wind stetig zunimmt. Wind, Wellen und Landschaft kommen uns bekannt vor und eine holländische Gruppe bringt es auf den Punkt: „Jetzt sind wir so weit gereist bis Byron Bay und hier sieht es aus wie an der Nordsee!" Stimmt, vielleicht gefällt es uns deswegen hier so gut. Vielleicht liegt es auch daran, dass hier alle Menschen mit einem Grinsen im Gesicht rumlaufen und gute Laune verbreiten.

Tag 66, Byron Bay - Emerald Beach, 256 km, sonnig, 26 Grad

Die ganze Nacht schüttet und plattert es auf unseren Bus. Die Wolken haben sich mal so richtig ins Zeug gelegt, aber am Morgen strahlt uns dann wieder die Sonne am blauen Himmel entgegen. Wir fahren nochmals Richtung Leuchtturm, wo es uns diesmal fast umbläst. Ein Wahnsinnswind kommt über den Hügel gepfiffen, sodass wir die Kameras auf dem Stativ kaum ruhig halten können Auch die Wellen sind ein bisschen größer, was ein paar Surfer aufs Wasser gelockt hat. Wir fahren runter zum Strand. Von der Anhöhe haben wir schon ein Pärchen beobachtet, das sich ein Surfbrett teilt. Wir sprechen das Paar an und bitten es , unsere wasserdichte Kamera am Surfboard zu befestigen und noch eine Runde zu surfen. Aber die beiden lehnen dankend ab. Sie sind schon über zwei Stunden im Wasser und ihre Hautfarbe außerhalb der Surfklamotten erinnert an reife Tomaten. Im Wasser tummelt sich gerade eine Surfanfänger-Gruppe. Marc, der Surflehrer, erklärt uns, dass die Mädels und Jungs erst seit einer Stunde im Wasser sind und fast alle von ihnen schon einige erfolgreiche Runden hingelegt haben. Das bedeutet, sie sind auf dem Brett ein bisschen rausgepaddelt, haben sich Richtung Strand gedreht, auf die richtige Welle gewartet und dann ordentlich mit den Armen die Fluten durchpflügt. Dann kommt der schwierige Moment, in dem sie sich auf dem Brett hochdrücken müssen, sich hinstellen, einige Tippelschritte nach vorne gehen, um im Stehen vollkommen ausbalanciert das Brett Richtung Strand gleiten zu lassen. Bis es sie vom Brett holt. Den einen schon nach zwei Metern, die andere erst am Strand. Der Surflehrer hat für das Erfolgserlebnis extra größere Bretter mitgebracht, die das Aufstehen erleichtern. Aber das Timing, die Welle im richtigen Mo-

Der weiße Leuchtturm von Byron Bay markiert den östlichsten Punkt Australiens

Byron Bay ist das wahre Surfers Paradise!

ment zu nehmen, das muss erst gelernt werden. Eineinhalb Stunden später kommen alle reichlich erschöpft, aber doch sehr glücklich aus dem Wasser.

Nach einer Stunde am Strand haben wir das Gefühl, dass unsere Haut für heute genug Sonne abbekommen hat. Trotz Lichtschutzfaktor 30+. Es geht an der Küste entlang, nächster Halt: „Evans Head". Unser Blick wird versperrt von einem überlebensgroßen Schild, auf dem steht, was man alles am Strand machen und nicht machen darf. Also, mit dem Auto drauffahren ist erlaubt, solange man in einem 4WD unterwegs ist. Angeln darf man, aber nicht überall. Unser Favorit: Gassi gehen ist mit bis zu vier Hunden erlaubt, bei fünf Hunden muss man eine Begleitperson mitbringen. Alle Eventualitäten, auch wenn sie nur alle Schaltjahre mal passieren, sind hier geregelt. Hinter dem Schild tut sich eine großartige Kulisse auf, eine raue Küste mit einem wilden Meer, und wir stehen auf einer Düne mit im Wind tanzenden Gräsern.

236

Nur noch knapp 700 Kilometer bis Sydney, wir wollen es heute bis nach Coffs Harbour schaffen, bis zu einem Campingplatz am Strand. Auf dem Pacific Highway kommen wir gut voran und schmieden Pläne für die nächsten Tage. Was soll noch im Film vorkommen? Welche Geschichte fehlt uns? Und wo treiben wir noch einen Surfer in hohen Wellen auf, der sich von uns eine Kamera ans Board kleben lässt und damit die Wellen reitet?

Vor dem Besuch des Strandes in Evans Head bitte das Kleingedruckte lesen

Tag 67, Emerald Beach – Port Macquarie, 282 km, sonnig bis bewölkt, 24 Grad

Eine Freundin sagte vor der Abreise zu uns: „Zwischen Sydney und Byron Bay lohnt es sich nicht, anzuhalten." Das sehen wir ganz anders. Wir fahren durch viele kleine Orte mit nettem Ortskern wie Nambuc-

237

ca Heads. Laut Reiseführer dürfen wir uns den Leuchtturm am Smoky Cape nicht entgehen lassen. Naja, denken wir, auch wenn Leuchttürme, und besonders die kleinen bulligen australischen, ihren Reiz haben, warum sollten wir nach Byron Bay schon wieder einen filmen? Gucken kost ja nüscht, also verlassen wir den Highway Richtung South West Rocks. Die Straße wird sofort schmal, das Land ist flach und üppig grün, es gibt viele Kühe - sieht ein bisschen nach Schleswig-Holstein aus. Schnurstracks fahren wir an einem idyllischen Fluss entlang. South West Rock ist ein nettes Kaff am Strand. Mit vielen Kängurus. Ganz leise nähern wir uns den grauen Ostküstenkängurus, halten unsere Kameras drauf und können sie in Ruhe betrachten. Sie lassen sich beim Grasen nicht stören, also gehen wir ein bisschen näher ran. Die Gesichter sehen so schön aus, erinnern an Bambi, mit langen Augenbrauen und Rehblick. Ein Stück Wiese nach der anderen knabbern die Vegetarier ab, halten das Gras schön kurz und düngen währenddessen noch den Rasen.

Wir werfen noch einen Blick aufs Lighthouse Smoky Cape, das auf einem bewaldeten Hügel steht. Da hatte der Reiseführer Recht, ein besonders hübsches Exemplar steht vor uns, weiß getüncht, klein und bullig und das Leuchtturmwärterhaus beherbergt eine Bed &Breakfast-Pension. Die Buchten ringsherum sind ebenfalls traumhaft schön, alle menschenleer und von türkis-grünem Wasser gesäumt. Während der letzten Aufnahmen verschwindet die Sonne hinter Wolkengebilden, die den halben Himmel über uns ausfüllen. Ein gutes Zeichen, endlich weiterzufahren. In vier Tagen müssen wir den Camper in Sydney abgeben und auf den letzten 400 Kilometern und um Sydney herum gibt's noch viel zu viel zu sehen und zu filmen. Wir machen Halt in Port Macquarie. Die Sonne ist schon untergegangen. Uns fällt auf, dass es nicht auf einen Schlag dunkel wird wie in Westaustralien, wo es uns immer vorkam, als hätte jemand das Licht ausgeknipst. Allerdings ist es hier abends fast zu kalt, um draußen noch am Camper zu sitzen. Da machen wir es uns doch lieber drinnen gemütlich. Wir müssen wieder einige Speicherkarten auf Festplatte kopieren und die Akkus laden.

Auf dem Weg von Byron Bay nach Sydney gibt es immer wieder wunderschöne einsame Buchten zu entdecken

Tag 68, Port Macquarie - Morisset, 327 km, bewölkt, 23 Grad

Ein Blick aus dem Camper verheißt nichts Gutes: Grauer Himmel, heute Nacht hat der Regen ganz schön auf das Blech geprasselt, aber das war wohl noch nicht genug. Die Wolken können noch mehr. In der Dusche ist das schlechte Wetter das Tagesgespräch, es soll sogar noch schlechter werden und die Wolken sollen sich erst in drei Tagen wieder verziehen. Das haben wir echt nicht verdient. Schlechtwettertage bedeuten fürs Filmen Zwangspause. Das könnte man positiv als freien Tag betrachten, was uns aber schwerfällt. Schließlich haben wir uns die Tour von Cairns nach Sydney gut aufgeteilt, wir wollen noch viele Stationen zeigen, die einen Stopp lohnen, aber wer will die Orte schon im Regen sehen? Außerdem sind unsere Kameras wasserscheu. Also fahren wir zum Koala Hospital, das mitten in der Stadt liegt. Es wird dringend gebraucht, denn in der Stadt soll es von Koalas nur so wimmeln und leider geraten die Tiere immer wieder vor Autos oder werden von Hunden gebissen. Auch Buschfeuer können für die Baumbesetzer schmerzhaft ausgehen. Entweder kommt ihnen das Feuer zu nah oder der Rauch steigt ihnen in die Lungen. Im Hospital kümmert sich eine fest angestellte Tierärztin mit vielen Freiwilligen um die verletzten Koalas, bis zu 200 Patienten behandeln sie hier im Jahr. Wir sprechen gleich die erste nette „Krankenschwester" an und stellen uns vor. Wir möchten gerne ein kurzes Porträt über das Koala-Hospital drehen und fragen sie, ob sie das genauso toll findet wie wir. Wenn in Deutschland ganz viele Menschen darüber informiert werden, kommen bestimmt viele deutsche Australienreisende auch hierher und spenden etwas. Denn diese Einrichtung, die es schon seit 1976 gibt, finanziert sich einzig und allein über Spenden. Wir werden an Bridget verwiesen, die sich uns mit den Worten vorstellt: „Hallöö, isch bin die Brigitte aus Sachsen! Ich bin neunzehnhundertsechzig ausgewandert and well, von Sydney dann hierhergezogen. Seit sieben Jahren bin ich hier schon Volunteer. Come in, ich führ euch rum!" Das lassen wir uns von der energischen Mittsechzigerin nicht zweimal sagen und dürfen hinter die Kulissen blicken. Auf dem Gelände sind viele Gehege, in denen sich verletzte Koalas nach ihrer Behandlung erholen können. Zurzeit sind 13 Tiere da. Wie lange sie bleiben, hängt von ihrer Verletzung ab. Manche werden nach drei Tagen schon wieder an den Ort zurückgebracht, an dem sie gefunden wurden. Andere haben Chlamydien und müssen über zwei Monate Antibiotika bekommen. Andere müssen nach einem Hundebiss operiert werden und bleiben, bis sie sich wieder selbst versorgen können. Brigitte schneidet mit einer Astschere frisch geerntete lange Eukalyptusäste auf ein koalahandliches Format. Es gibt über 600 Sorten Eukalyptusbäume in Australien. Die Koalas fressen aber nur 10-15 Sorten, der Rest ist giftig für sie. Koala heißt in der Sprache der Aboriginals übrigens „nichts trinken" und tatsächlich bekommen sie durch die Blätter genug Flüssigkeit. Allerdings sind die Blätter nicht sehr energiereich, weshalb Koalas 18 von 24 Stunden schlafen.

Die meisten ehrenamtlichen Mitarbeiter hier haben ihre berufliche Laufbahn schon hinter sich und engagieren sich jetzt für die wirklich putzigen Tiere. Wir sehen mindestens 20 Frauen und Männer mit Namensschild, die mit großem Vergnügen und viel Koala-Wissen ihren Dienst machen. Gerade als uns Brigitte aufklärt, dass der Koalabär gar kein Bär ist, sondern ein Beuteltier, kommt ihre Kollegin Morgan mit einem weißen Sack an uns vorbei. Darin sitzt ein ca. 7 Kilo schweres Koalamännchen, das in den Untersuchungsraum gebracht wird. Dieser ist mit einer großen Scheibe versehen, so dass die Besucher bei den Behandlungen live dabei sein können. Wie in einem OP-Raum sieht es aus und Morgan setzt behutsam den Sack auf die Behandlungsspritsche. Dr. Shane öffnet den Stoffsack langsam und eine Koalanase kommt zum Vorschein. Die wird allerdings gleich von einer Narko-

Koala-Krankenwagen

242

Im Koala Hospital in Port Macquarie kümmern sich eine fest angestellte Tierärztin und viele freiwillige Helfer um die Patienten. Brigitte aus Sachsen ist eine von ihnen

semaske verdeckt, denn der Koala soll ein kurzes Schläfchen machen. Eine Ultraschalluntersuchung steht an. Er ist hier, weil er von einem Auto angefahren worden ist. Es besteht der Verdacht auf innere Verletzungen. Die anschließende Operation gelingt und Dr. Shane sagt, dass der Koala in ein paar Wochen schon wieder in die freie Natur entlassen werden kann.

Brigitte begleitet uns zum Ausgang. „Schade", sagt sie, „dass ihr nicht noch bis heute Mittag bleiben könnt. Dann führe ich eine deutsche Reisegruppe durch das Hospital. Sagt den Germans im Kino, dass sie alle herkommen sollen, wir sehen uns!" (www.koalahospital.org.au/)

Dass der Himmel immer noch grau ist, haben wir im Koala-Hospital unter den dicken Eukalyptusbäumen gar nicht gemerkt. Aber jetzt erkennen wir unsere missliche Lage. Wir wollen die Küste entlangfahren und zeigen, dass auch dieser Teil des Landes lohnt, entdeckt zu werden. Unsere Fahrt geht über einen Tourist-Drive an der Küste entlang in das idyllische Seal Rocks, wo es nichts außer einem kleinen Lädchen und einer schönen Bucht und einem hübschen Leuchtturm gibt. Es regnet aber in Strömen und wir müssen einsehen, dass es heute mit dem Filmen nichts mehr wird, da wir einfach keine Zeit haben, auf die Sonne zu warten. Also fahren wir noch ein paar Kilometer Sydney entgegen.

Elfte Woche (1)

Von Morisset bis Sydney

Tag 69, Morisset - Sydney North, 166 km, fast nur Regen, 18 Grad

Die Oper in Sydney, das meist fotografierte Wahrzeichen Australiens, füllt auch unser Fotoalbum

Auf direktem Weg sind es noch 123 Kilometer bis Sydney. Der Regen prasselt auf die Straße. Einmal aus dem Auto gestiegen und wir sind nass bis auf die Haut. Das Aussteigen lohnt sich trotzdem, die Küste ist wunderschön. Ab und zu gucken wir über die Dünen und sehen herrliche Sandstrände und raues Meer. Fieberhaft überlegen wir, was wir nun mit dem Tag anstellen sollen. Wer will schon im Film die Oper in Sydney bei schlechtem Wetter sehen? Wir nicht, es sei denn, in drei Tagen ist das Wetter immer noch nicht besser. Dann haben wir gar keine andere Wahl. Denn ein Film ohne Oper ginge ja wohl nicht. Wir entscheiden uns, auf einen Campingplatz in einem nördlichen Vorort von Sydney zu fahren, denn mit einem sieben Meter langen Camper in eine 4-Millionenstadt zu fahren, wäre reiner Irrsinn. Gegen Mittag stellen wir unser Auto auf dem Campingplatz ab. Glück gehabt, denn wir haben einen der letzten vier Plätze ergattert. Mit dem Zug fahren wir in die Stadt. Weil wir hier nun fünf Tage unterwegs sein werden, kaufen wir uns für 48 AUD eine Wochenkarte, die für Bahn, Bus und Fähren gilt. Unser erstes Ziel heißt Sydney Aquarium. Es ist überdacht, wohl temperiert und mit einem Kombiticket können wir auch noch den Skytower hinauffahren. Natürlich sind wir bei dem schlechten Wetter nicht die Einzigen, die auf die Idee gekommen sind, sich Fische anzugucken. Der Knaller ist, dass man zwei riesige Aquarien, so groß wie Schwimmbäder, in einem gläsernen Tunnel unterwandern kann. Verschiedene Haie, zwei Seekühe und Rochen so groß wie die Pfanne

von Villariba schweben um den Tunnel herum. Und immer wieder auch über unsere Köpfe hinweg. Das sind die Momente, in denen die japanischen Besucher spitze Schreie ausstoßen und sich mit zu Peace-Zeichen erhobenen Fingern fotografieren lassen. Viele um uns herum genießen aber einfach die surreale Kulisse und machen nach minutenlangem Staunen noch ein Erinnerungsfoto. Wer etwas für diese Meeresbewohner übrig hat und auf seinen Schnorchel- oder Tauchtouren ein Zusammentreffen mit diesen außergewöhnlichen Geschöpfen verpasst hat, bekommt das Erlebnis jetzt nachgereicht. Der Eintritt ist sein Geld wert, finden wir.

Tag 70, Sydney, mal sonnig, mal wolkig, 23 Grad

Die größte Stadt Australiens hat über 4 Millionen Einwohner. Und fast alle wollen, wie in jeder anderen Großstadt auch, zur selben Zeit zur Arbeit. Mitten im Strom der vielen Pendler sitzen wir zwei quietschvergnügt und schmieden Pläne für den Tag. Auch das Wetter spielt mit, die Sonne lacht. Zunächst fahren wir in die Innenstadt und stehen vor dem Rathaus, einem altehrwürdigen Gebäudekomplex aus

Das „Queen Victoria Building"
- eine Einkaufspassage in altem Gemäuer...

hellem Sandstein. Um das Rathaus herum stehen Jacaranda-Bäume, die gerade fliederfarben blühen, was wir natürlich im Film festhalten müssen. Dazu bimmelt noch die kleine Turmuhr den Big-Ben-Sound und die Straßenbezeichnungen machen die Kulisse perfekt: Es sind die Namen der britischen Königsfamilie. Keinen Steinwurf vom Rathaus entfernt steht das „Queen Victoria Building", eine Einkaufspassage in altem Gemäuer. Lang und schmal, über drei Stockwerke hoch, sieht es fast wie ein Schloss aus. In der Mitte erschlägt uns ein künstlicher Weihnachtsbaum, der nicht nur über drei Stockwerke reicht, sondern über und über mit funkelnden Kristallen behängt ist. Kitsch as Kitsch can. Nicht nur das Auge frohlockt angesichts des schön erhaltenen Gebäudes, auch die Kamera läuft heiß. Eigentlich wollen wir jetzt auf den Skytower herauffahren und einen Rundumblick auf Sydney werfen, aber das Wetter spielt nicht mehr mit. Sydney im grauen Dunst lohnt sich nicht, also tritt Plan B in Kraft: Noch ein bisschen die Stadt erkunden und dann mit der Bahn zwei Stationen zurückfahren, über die Harbour Bridge bis zum Milsons Point, um einen Blick auf die Oper zu werfen. Die Aussicht von der Brücke ist zwar vergittert, damit keiner herunterspringen kann, aber in Brusthöhe ist ein 20 Zentimeter breiter Schlitz, durch den wir das Kameraobjektiv halten können. Was wir nicht bedacht haben bei dem schönen Opernblick: Durch den Verkehr vibriert die Brücke ständig und wenn ein größerer LKW vorbeirumpelt, beginnt unsere Kamera sogar zu hüpfen. Eine ruhige Kameraeinstellung scheint aussichtslos. Aber die Blicke, die sich uns bieten, sind sehr schön und der Weg lohnt sich allemal. Nur, wie kommen wir zu unseren ersehnten Bildern? Die Rettung naht und kostet 11 AUD pro Person: 200 Treppen führen bis auf die Spitze eines Brückenpfeilers. Hier oben gibt es einen unverbauten Blick auf den Hafen und der Brückenpfeiler steht im Gegensatz zur hängenden Brücke stabil. Der Ausblick auf die Oper und die Skyline ist großartig. Ein riesiges Kreuzfahrtschiff macht die Kulisse perfekt. Das Weitwinkel-Objektiv ist im Dauereinsatz. Der Verkehr im Hafenbecken vor der Oper ist enorm, ständig fahren gelb-grüne Fähren hin und zurück. Ausflugsboote tuckern unter der Brücke hindurch, auch ein Gasöltanker wird durch die Hafeneinfahrt geschleppt. Unser Blick geht in alle vier Himmelsrichtungen. Dabei können wir einige Touri-Gruppen beobachten, die wohl den hipsten Sigthtseeing-Ausflug ma-

... auch im Inneren ist die victorianische Architektur erhalten

Die „Sydney Harbour Bridge" wird von den Sydneysidern auch liebevoll „Coathanger" - Kleiderbügel - genannt

chen: An Seilen gesichert steigen sie über die Stahlkonstruktion der Harbour Bridge, bis sie von ganz oben sicher einen luftigen Ausblick haben. Allerdings bekommen wir Schnappatmung, als wir den Preis für die billigste Tour hören: 218 AUD pro Person! So'n Wucher haben wir schon lange nicht mehr gesehen.

Unser spitzenmäßiger Ausguck auf dem Brückenpylon macht leider schon um 17 Uhr zu, wir könnten noch ewig hier oben stehen und auf die Stadt schauen, gerade jetzt, wo das Licht so schön ist. Aber auch die Mitarbeiter wollen wohl mit der großen Welle wieder raus aus der Stadt schwappen. Wir schwappen mit, zurück zum Campingplatz, denn wir müssen den Camper morgen wieder abgeben. Und aus Erfahrung wissen wir, dass es ganz schön lange dauert, die 10 Kilo Rechercheunterlagen und alles andere aus den Schränken wieder in zwei große und zwei kleine Rucksäcke zu packen.

Tag 71, Sydney North - Sydney City, sonnig, erst am Abend bewölkt, 25 Grad

So, vom Campervan haben wir uns verabschiedet. Die nächsten drei Nächte bleiben wir im Hotel in Downtown Sydney. Die Sonne lacht, wir auch, weil wir etwas Schönes vorhaben. Um 12.30 Uhr startet in

Darling Harbour unsere Hafenrundfahrt mit Rudi und Gerda. Die beiden haben einen Motorkatamaran, auf den 12 Leute passen. An Bord wird fast ausschließlich deutsch gesprochen und das hat auch seinen Grund: Viele Deutsche, Schweizer und Österreicher sind gerne in kleinen Gruppen unterwegs. Viele mögen es auch, wenn sie an einer deutschsprachigen Rundfahrt teilnehmen können, bei der sie ihre Fragen loswerden können. Rudi kommt ursprünglich aus Deutschland. Er ist vor 30 Jahren nach vielen Reisen durch die Welt in Australien gelandet. Rudi und seine Frau Gerda, die seit knapp 20 Jahren auf dem Kontinent lebt, haben sich in Sydney auf die Wünsche der deutschen Urlauber eingestellt. Vor einigen Jahren haben sie das Boot gekauft und machen je nach Buchungslage bis zu viermal die Woche eine Hafenrundfahrt. Vier Stunden dauert der besondere Blick auf Sydney. Und leckeres Mittagessen und Kaffee und Kuchen gibt's auch

Für schlappe 218 AUD kann man die Stahlkonstruktion erklettern, aber auch der Ausblick vom Brückenpfeiler lohnt sich schon und ist deutlich günstiger zu haben

noch. Mit an Bord sind drei Paare aus Deutschland und zwei Freundinnen aus Genf. Leinen los! Schon nach ein paar Minuten fahren wir unter der Harbour Bridge hindurch und an der Oper vorbei Richtung Meer. Es geht vorbei an Villengegenden, traumhaften Buchten, vielen Ausflugsdampfern und kleinen Inseln. Nach einer Stunde Fahrt ankern wir in einer Bucht mit türkisblauem Wasser und einem kleinen Sandstrand. Gerda tischt ein Buffet auf mit Meeresfrüchten, Salaten und deutschem Brot, dazu gibt es australischen Wein. Nach der Pause geht es weiter durch die immer breitere Hafeneinfahrt. Rudi muss höllisch auf die vielen Segelboote aufpassen, die um uns herum kreuzen. Das hält ihn aber nicht davon ab, ständig Geschichten zu erzählen. „An Silvester sind hier so viele Leute mit dem Boot unterwegs, um das Feuerwerk zu sehen, dass man trockenen Fußes von einer Landseite zur anderen gehen kann", erzählt Rudi. „Viele fahren schon am Vortag in das Hafenbecken vor der Harbour Bridge, um dort zu ankern und sich den besten Platz zu sichern. Um 21 Uhr gibt es schon mal ein kleines Feuerwerk für die Kinder und um Mitternacht

Die grün-beigen Fähren gehören zum öffentlichen Nahverkehr, 9 Linien durchkreuzen den riesigen Sydney Harbour

böllert's dann ordentlich los." Das muss bei einem lauen Lüftchen bei 25 Grad eine echte Alternative zum Feiern bei frostklarer Nacht in Deutschland sein...

Die Hafenrundfahrt mit Rudi und Gerda ist spitzenmäßig. Mit Grausen sehen wir die Hafenrundfahrt-Riesenpötte mit 600 Leuten an Bord an uns vorbeifahren, aus deren Lautsprechern unverständliches

Skyline von Sydney

Gequake dröhnt. Rudi hält einfach dort, wo er etwas Interessantes entdeckt, kennt fast alle anderen Boote um uns herum und erzählt eine Anekdote nach der anderen. Als Rudi das erste Mal nach Australien kam, war er von der australischen Lebensart begeistert. Und von Sydney, das sei DIE Stadt für ihn, weil sie von so viel Grün und von Nationalparks umgeben ist. Wenn er Lust auf Leute hat, geht er in die Stadt oder vielmehr in die vielen Stadtteile. Die Innenstadt selbst sei abends ziemlich tot, weil dort nur Büros und Läden sind. Wenn Rudi mal mit sich und der Welt allein sein will, kann er das trotz vier Millionen anderer Menschen auch. Die Stadt verteilt sich über 60 x 80 Kilometer. Schon ein paar Kilometer außerhalb hat man die Natur oft ganz für sich allein. Und was ist denn nun diese viel gelobte Lebensart? Rudi zählt auf: „Jeder quatscht mit jedem, alle sind freundlich zueinander, man ist entspannt drauf, sogar im Stadtverkehr wird nur selten gehupt, das Leben funktioniert mehr miteinander als gegeneinander, meistens scheint auch noch die Sonne und die Temperaturen sind auch im australischen Winter noch angenehm." Wenn Rudi und

Gerda mal nach Deutschland fahren, finden sie es dort für drei Wochen schön, aber dann freuen sie sich wieder auf das australische Klima - in jeder Hinsicht.

Nach vier Stunden setzen uns die beiden wieder am Darling Harbour ab. Weil die Sonne immer noch strahlt, nehmen wir eine Fähre vom Circular Quay. Die Schiffe gehören zum öffentlichen Nahverkehr und sind in unserem Wochenticket gleich mit enthalten. Wer keine Zeit und kein Geld für eine größere Hafenrundfahrt hat, kann auch einfach die Fähre nehmen. Neun Linien durchkreuzen den Hafen.

Rudi hat uns den Tipp gegeben, am Abend um 9 Uhr noch einmal zum Darling Harbour zu kommen, da gäbe es einmal in der Woche ein Feuerwerk zu sehen. Dass wir später in Achterreihen am Hafenbecken stehen würden, hätten wir uns allerdings nicht vorgestellt, es sind mehrere 10.000 Menschen da, die alle, so wie wir, beim ersten Knaller zusammenzucken. Was dann folgt, ist ein Abgeballer von Raketen in allen Farben und Formen, die sich wunderschön in der Skyline spiegeln. Keine Frage, es hat sich gelohnt, hierherzukommen. Nach zehn Minuten ist alles vorbei und schon setzt sich die Masse wieder in Bewegung. Die einen strömen in die Freiluftkneipen, die anderen zurück ins Hotel.

Es ist ganz offensichtlich Wochenende: Party-Time. Wir kommen an Massen von aufgerüschten Bräuten, Junggesellinenabschiedsgirls in Schwindel erregend hohen Stöckelschuhen vorbei. (Hier spricht man übrigens von „Hen's nights".) Schon beim Zuschauen müssen wir bei jedem der ungalanten Storchenschritte innerlich vor Schmerz aufschreien. Viele gehen zu einer „Dinner Cruise", andere sind auf dem Weg zu den Clubs am Darling Habour, aus denen uns schon Laserlicht und DuutzDuutzmusik entgegenschallt. Nicht so ganz unser Ding... Außerdem müssen wir erst mal die Kameras loswerden.

Newtown, so schlägt es der Reiseführer vor, sei der Stadtteil, um auszugehen und auf normales Stadtleben zu treffen. Er liegt etwas außerhalb, sodass wir die Bahn nehmen. Wir erhoffen uns ein bisschen was von Frankfurt-Bornheim, Hamburger Schanze oder Bremer Ostertorviertel. Tatsächlich kriegen wir das auch. Viele kleine Läden, Richtung Rockabilly und Second Hand, ein paar gemütliche Kneipen. Wir entscheiden uns für einen Pub mit Flipper und guter Musikbox. Ein netter Türsteher, der die Tür komplett mit seinem Körper ausfüllt, lotst uns freundlich hinein und wir genehmigen uns ein paar Bierchen.

Die King Street ist ziemlich lang, belebt und beleuchtet. Deswegen wollen wir zurück ins Hotel in der Innenstadt laufen. Eine Stunde dauere das mindestens, sagt der Türsteher, der die Strecke aber noch nie zu Fuß gegangen ist. Es ist ein bisschen frisch für kurze Ärmel und wir hoffen auf ein Zwischen-Aufwärmpils in netten Kneipen, aber die Bürgersteige sind in der Millionenmetropole nach Mitternacht hochgeklappt, also laufen in einem Stück Richtung Hotel. Nach vielen Kilometern, die wir den ganzen Tag gelaufen sind, lassen wir uns aufs Bett plumpsen. War ein toller Tag, viel fürs Auge, viel für die Kamera.

Tag 72, Sydney – Bondi Beach, erst sonnig, dann neblig, 23 Grad

„...und dann nüscht wie raus zum Wannsee!" Was den Berlinern der Wannsee, den Hamburgern die Alster, das ist für die Sydneysizer der Bondi Beach. Obwohl sie das Glück haben, von etwa 70 schönen Stränden umgeben zu sein, zieht es die Jungen und (neidlos festgestellt) Schönen und alle anderen auch an den Bondi Beach. Wir fahren zusammen mit vielen Menschen im Zug Richtung „Eastern Beaches". An der Endstation laufen alle Richtung Bushaltestelle. Der Strand ist einige Kilometer von der Station „Bondi Junction" entfernt. Die Busse, die fast im Minutentakt abfahren, sind schnell voll, wir ergattern noch einen Stehplatz und sind ab diesem Zeitpunkt der Schwerkraft hilflos ausgeliefert. Der Busfahrer gliedert sich in den Stop-an-Go-Verkehr ein. Augenscheinlich hat er vergessen, dass hinter ihm 50 Leute sitzen und 30 stehen. Er gibt Vollgas, wenn sich 20 Meter vor ihm eine Lücke auftut und macht eine Vollbremsung, wenn er an der Stoßstange des Vordermanns hängt. So geht das eine halbe Stunde lang. In der Zeit wären wir auch gelaufen. Als wir aussteigen, reiben wir uns die Augen. Der morgendliche blaue Himmel ist einem Dunst gewichen, der vom Meer her aufsteigt und in Bondi Beach an den Häusern der Bucht hängen bleibt. Am Strand ist ziemlich viel

los. Wir beobachten Menschenmassen, die am Strand liegen, Beachvolleyball spielen, in den Wellen surfen und zu Techno-Takten vom DJ ihren Bikini-Hintern schütteln. Das alles ist eine Augenweide, eigentlich. Nur der graue Himmel trübt das Vergnügen.

Es stellt sich heraus, dass heute der letzte Tag einer kostenlosen Skulpturenausstellung am Meer ist und deswegen noch mehr los ist als sonst. Über 100 Kunstwerke sind auf zwei Buchten verteilt, alle paar Meter gibt's was Neues zu sehen und die Umsetzung der unterschiedlichen Ideen ist einfach großartig. Ein riesiger roter Nagel „spaltet" einen Felsen, ein Spinnennetz aus Glas hängt im Baum, unter einen Vorsprung im Felsen hat ein Künstler ein Haus in Miniaturformat gebaut, Löwen aus Hanfgras liegen im Schatten der Büsche und ein riesiger Wasserhahn steht an den Klippen. Nichts ist abgehoben, sondern immer ein Schmunzeln oder einen zweiten Blick wert. Es bilden sich Schlangen vor einem sechs mal acht Meter großen Bilderrahmen, der den hübschen Blick aufs Meer im Hintergrund umrahmt. Der Vordergrund ändert sich ständig: Unzählige Leute wollen sich im Bilderrahmen stehend mit einem Foto verewigen. Diejenigen, die sich fotografieren lassen wollen, stehen in einer Reihe von links an und auch die Fotografen stehen vor dem Bild in einer Schlange. Also huschen im Halbminutentakt indische Großfamilien, japanische Faxenmacher, Aussies mit Hund, eine Mama mit Kleinkind und zur Freude aller, Polizisten auf Pferden durchs Bild und die Fotografen halten diese Momente fest.

Die Freiluft-Skulpturenausstellung „Sculptures by the sea" findet jedes Jahr im Oktober und November zwischen Coogee und Bondi Beach statt und ist kostenlos. Nebenbei kann man den wunderbaren Spaziergang auf den Felsen genießen

Wir tun das auch. Es ist so unterhaltsam zu beobachten, welche unterschiedlichen Posen die Models einnehmen, wie sie von den Fotografen dirigiert werden... Schon jetzt freuen wir uns darauf, die Aufnahmen in unseren Film zu schneiden. Tolle Ausstellung, die man unbedingt gesehen haben sollte!

Wir laufen zurück zur Bucht. Das Wetter ist nicht gerade besser geworden, aber das verdirbt hier keinem die gute Laune. Wer hierherkommt, will nicht allein am Strand sein, sondern unter vielen anderen Leuten den Sonntag verbringen. Wer's ein bisschen ruhiger möchte: Rudi hat uns den Strand von Manly empfohlen, der soll noch schöner sein und außerdem nicht so voll. Bei dem Wetter brauchen wir uns die Fahrt dorthin allerdings nicht anzutun. Jetzt fängt es auch noch an zu regnen. Das war's dann für heute. Wir fahren zurück in die Stadt und gehen in Chinatown essen. Ein ziemlich unbegabter chinesischer Straßenmusiker spielt vor dem Restaurant mit seiner verstimmten Gitarre. Die chinesischen Volksweisen sind zwar ungewohnt fürs Ohr, aber durchaus unterhaltsam. Als er allerdings „Oooohhh Suzannaaa, dont juu kleii for mihihi" anstimmt, wünschen wir uns dann doch ein paar Ohrstöpsel.

Tag 73, Sydney, mal Sonne, mal Wolken, 21 Grad

Vergnügt gehen wir frühstücken. Unser Hotel ist umlagert von vielen hundert Essensmöglichkeiten. Asiaten schlürfen hier ihre Morgennudeln, es gibt viele Bäckereien mit süßem Gebäck, das die Chinesen mit noch mehr Süßkram oder auch Tunfisch verfeinern,

Die Keramik-Rauten entpuppen sich aus der Nähe als Badezimmerkacheln in bahamabeige

es gibt kleine Cafés mit englisch/ australischem Frühstück (Baked Beans, Bacon and Eggs etc.). Das Praktische an Sydney ist, dass man fast alles zu Fuß machen kann. Also laufen wir los Richtung Oper, gut 40 Minuten ab Chinatown. Wir stellen fest: Schöner wirkt die Oper aus der Entfernung. Aus der Nähe verlieren die „weißen Segel" der Oper ein bisschen ihre Leichtigkeit, da ziemlich viel grauer Beton zum Einsatz gekommen ist. Es ist interessant zu sehen, dass ihre Außenhaut einem gekachelten Badezimmer gleicht. Jeder Tourist, der die Oper zum ersten Mal von Nahem sieht, scheint das dringende Bedürfnis zu haben, ihre Außenhaut anzufassen.
Direkt am Opernhaus liegt der Botanische Garten, dessen Küsten-

wanderweg sich so schlängelt, dass wir nach einer guten halben Stunde einen tollen Blick auf Oper und Harbour Bridge haben. Der Himmel ist nicht gerade in den Farben, die wir uns wünschen, aber immerhin regnet es nicht. Bis zum Abend haben wir bestimmt wieder 15 Kilometer unter unseren Füßen durchgeschoben und genau so fühlen sie sich an. Zum Skytower fahren wir deshalb mit dem Bus. Die Sonne geht gerade unter und die ersten Lichter gehen in der Stadt an. Bis das Licht genau richtig ist, nicht zu hell und nicht zu dunkel, und genügend Firmen ihre Hochhäuser bunt beleuchten, kreiseln wir mit ganzen Horden von Reisegruppen im Turm. Ungefähr 100 Schüler aus der Pampa Australiens flippen schier aus beim Blick auf eine so große Stadt. Und die 150 Asiaten drücken ihre Nasenspitzen am Fenster platt. Der Lärmpegel ist beachtlich, von Abendstimmung ist hier nichts zu spüren. Wir müssen uns an der Scheibe regelrecht einen Platz für uns und die Kamera erkämpfen. Aber der Blick lohnt sich und irgendwann wird's dann doch auch ruhiger. Bis die Stadtbesichtiger aber alle wieder in den drei kleinen Aufzügen nach unten transportiert sind, vergeht eine Stunde. Wir nutzen die Zeit, um die Stadt aus allen Blickwinkeln zu fotografieren und zu filmen. Es ist halb neun, in den umliegenden Hochhäusern sehen wir nur noch ausgestorbene Büroräume und unser Magen knurrt. Leider gibt's hier oben keine Kneipe, zu dem Blick hätte uns Wein gut geschmeckt. Wir gehen heute direkt aufs Zimmer, nicht mehr über Los, denn wir müssen mal wieder packen. Morgen bekommen wir den vierten und letzten Camper, die letzte Etappe liegt vor uns.

Blick vom Skytower über das nächtliche Sydney

Kapitel 4

Sydney - Adelaide

74. - 100. Tag

Unsere Highlights:

- Den Ausblick vom höchsten Berg Australiens, dem Mount Kosciuszko genießen. Die Wanderung dorthin natürlich auch, inklusive Schnee.
- Die Ostküste ganz im Süden mit den Orten Bega, Eden, Merimbula und Lakes Entrance ist schön und herrlich stressfrei.
- Drei Tage Tasmanien haben uns nicht gereicht. Auf kleinem Raum sind so viele unterschiedliche und tolle Dinge zu sehen! Das ursprüngliche Tasmanien ist der Knaller.
- Nach einem Stadtrundgang durch Melbourne und dem quirligen Queen Victoria Markt: Die kleinen Gassen in der Innenstadt erkunden, in denen das wahre Leben tobt. Wer gerne isst, trinkt und das Leben genießt, ist da genau richtig.
- Die Great Ocean Road ist zu Recht ein Touristenmagnet. Die sensationellen Ausblicke auf die Küste, die Stopps bei wildlebenden Koalas und bei den 12 Aposteln sind die Tour wert.
- Das Barossa Valley ist eine der bekanntesten Weinregionen Australiens. Durch die kleinen, manchmal sehr deutsch anmutenden Dörfer zu fahren und immer mal wieder an einem Weingut Halt machen, macht Spaß. Weinprobe nicht vergessen!
- Adelaide ist schön entspannt und zum Shoppen ideal, besonders die Rundle St. mit ausgefallenen Boutiquen, netten Kneipen und Restaurants.
- Warum nicht die Australien-Reise auf Kangaroo Island beginnen? Hier hüpfen einem gleich hübsche Kängurus, Wallabies, Pelikane - vielleicht sogar Wombats - vor die Nase, es gibt so viel schöne Natur zu sehen... Fürs Ende der Reise ist es natürlich auch ein Highlight.

Elfte Woche (2)

Von Sydney bis Cooma

Tag 74, Sydney - Lithgow, 170 km, viele Wolken und viel Regen, 18-10 Grad

Maverick heißt das Modell, das uns die nächsten vier Wochen von Sydney nach Adelaide bringt. Der Britz-Camper ist für vier Leute gemacht, zwei können im Alkoven schlafen, zwei im fest gebauten Bett hinten. Es gibt eine kleine Couch, eine große Küche und ein richtiges Bad mit Duschraum und Toilette. Über 7 Meter ist der Camper lang und 3,40 hoch. Der pure Luxus. Der Maverick fährt mit uns zielstrebig aus der Stadt, es geht in die Blue Mountains. Westlich von Sydney liegt DAS Naherholungsgebiet, in das schon seit Jahrzehnten die aufgeheizten Städter fahren, um kühlere Temperaturen zu genießen. Im Visitor Center in Katoomba erklärt uns Ben den Weg und malt eine Karte nach der anderen voll mit vielen tollen Tipps für Wanderungen, tollen Lookouts und lokalen Besuchermagneten.

Beim ersten Tipp, den Wentworth Falls, müssen wir allerdings die Augen reiben. Von jetzt auf gleich stehen wir im dicksten Nebel mit Sichtweiten um die zehn Meter. Am Wentworth Falls Lookout sehen wir von den Wasserfällen außer Nebel gar nichts. Zumindest aber hören wir den Wasserfall. Wir schaffen es gerade noch zum Auto, dann prasselt der Regen los, ohne Unterlass. Also beschließen wir, einkaufen zu fahren, um unsere Vorräte aufzufüllen. Es regnet weiter. Als wir die Koffer aus- und die Schränke vollgepackt haben, hört es langsam auf zu regnen. Sofort fahren wir zum Parkplatz für die berühmteste Attraktion der Blue Mountains: die „Three Sisters", eine

Die Felsformation Three Sisters ist die berühmteste Attraktion in den Blue Mountains

264

Gesteinsformation von drei Fel-
stürmen, die über einem dicken
Teppich von Eukalyptusbäumen
thronen. Nur für fünf Minuten
erlaubt uns Petrus einen Blick auf
die drei Schwestern, viele Touris
kommen so wie wir aus ihren Autos gestürzt und knipsen schnell
ein paar Bilder. Die Blue Mountains werden deshalb „Blaue Berge" genannt, weil die Eukalyp-
tusbäume ätherische Öle ausdünsten, die im Sonnenlicht bläulich
schimmern. Auch jetzt sieht der Wald blau aus, bis zum Horizont
erstreckt er sich. Dazwischen sitzen die Wolken und der Nebel fest.
Das sieht besonders schön aus. Und schon kommt der nächste Wol-
kenbruch. Uns bleibt nur der Blick auf die Wettervorhersage und die
Ungewissheit, dass es morgen genauso oder sogar noch schlimmer
wird.

*Die „Blauen Berge" heißen
so, weil die Eukalyptusbäume
ätherische Öle ausdünsten, die
bläulich schimmern*

Bis Canberra, unserem nächsten Ziel, schaffen wir es bei dem Regen heute nicht mehr. Wir steuern den nächsten Campingplatz an. Das neue Wohnmobil ist wirklich ein Raumwunder. Wir haben beide viel Platz rund um den Tisch für unsere Kameras und Laptops und laden unsere Aufnahmen auf die Festplatte. Als wir die Heizung andrehen, meldet sich das schlechte Gewissen. Während die Nachbarn es im Zelt nass und kalt haben, machen wir es uns im warmen Raumschiff gemütlich...

Tag 75, Lithgow – Canberra – Cooma, 410 km, Schauer am Morgen, bewölkt am Mittag, 13-19 Grad

Es regnet immer noch. Nach so vielen Wochen Dauer-Sonnenschein haben wir das Gefühl, der Herbst sei eingekehrt. Nur ist hier ja statt Herbst Frühling und der ist genauso wankelmütig wie bei uns. Wir nehmen die Scenic Route Richtung Canberra: an den Blue

Australian Capital Territory

Es gab tatsächlich mal die Überlegung, den Namen der Hauptstadt aus Silben australischer Großstädte zu bilden. Meladneyperbane oder Sydmeladperbrisho könnte Canberra heute auch heißen, aber zum Glück haben Menschen mit Verstand den aktuellen Namen ausgesucht. Canberra bedeutet in der Sprache der Aboriginals Versammlungsort. 1901, als die Kolonien in Bundesstaaten umgewidmet wurden, brauchten die Aussies eine Hauptstadt. Weil sie sich nicht einigen konnten, ob nun Sydney oder Melbourne Hauptstadt werden soll, haben sie ab 1913 einfach eine neue Hauptstadt aus dem Boden gestampft. Künstlich erschaffen mit langen Prachtstraßen und vielen Parks strahlt die Hauptstadt keinen rechten Charme aus. Die knapp 400.000 Menschen, die hier leben, residieren im eigens geschaffenen Australian Capital Territory. Die Betonung bei Canberra liegt übrigens auf der ersten Silbe. KÄNN-bera.

Das ACT umfasst nicht nur die australische Hauptstadt Canberra, sondern auch einen Nationalpark (Namigdi-NP) und ein Naturreservat (Tidbinbilla)

Mountains vorbei, durch einsame Wälder, über Serpentinen, durch kleine Ortschaften, bis wir nach vier Stunden in der Hauptstadt ankommen. Canberra ist ja nun mal das Berlin Australiens und muss natürlich im Film vorkommen. Alle haben uns von diesem Trip abgeraten, das sei vertane Zeit, die Strecke an der Küste sei doch viel reizvoller, Canberra sei eine Geisterstadt am Wochenende und nicht viel besser unter der Woche. Trotzdem wollen wir uns gerne selbst ein Bild machen. Der Weg in die achtgrößte Stadt Australiens führt über eine ellenlange gerade Straße, die in einen Kreisel mündet. „Weitläufig" passt hier wohl am besten, zu Fuß ist man hier arm dran. Unser Blick wird auf eine rote, breite Prachtstraße gelenkt, hier geht's zum War Memorial. Protz überall. Vom Mount Aisle haben wir einen Spitzenausblick auf das Schachbrett. Um uns herum viele Schulklassen, leicht zu erkennen an ihren für uns manchmal befremdlich wirkenden Schuluniformen. Besonders leid tun uns die Teenager, die in grauen kurzen Hosen und Alte-Männer-Hemden mit einheitlichen schwarzen Plastik-Schnürschuhen vor beige-weinrot gekleideten Mädels herumscharwenzeln, die auch noch einen Schlips tragen müssen. Wir fragen, warum sie heute hier sind: „Um hier ein bisschen abzuhängen, wir kommen aus Graf-

Die großzügige Bebauung hat einen Nachteil: Canberra ist die Stadt der weiten Wege

Rechte Seite ››
Anstatt ins schöne Sydney oder quirlige Melbourne müssen Schüler nach Canberra auf Klassenfahrt fahren

268

ton." Aha. Einer macht den Versuch und ruft den Satz: „Um was über unsere Geschichte zu lernen", geht aber im Stimmengewirr fast unter. Dann drängt sich ihre Lehrerin ins Bild und sagt, sie seien auf Klassenfahrt und sollen hier etwas über die Geschichte des Landes erfahren. Im Hintergrund macht einer der Schüler Faxen, was die Lehrerin mit Humor nimmt. „Auch wenn die Jungs das wahr-

scheinlich nicht so ganz wahrhaben wollen, der Ausflug wird beno-
tet." Schön zu sehen, dass sich die Kids trotz Schuluniform genauso
verhalten wie bei uns.

Vom Aussichtspunkt blicken wir direkt zum Parlament. Den Gi-
gantismus wollen wir uns unbedingt auch aus der Nähe anschauen.
Das Parlamentsgebäude liegt exponiert auf einem kleinen Hügel am
Ende einer Prachtstraße. Wir halten kurz, um uns das Gebäude anzuschauen, da kommt auch schon ein Polizist auf uns zu. Er schaut
ins Auto und grinst uns freundlich an. „Hier könnt ihr nicht stehen bleiben, aber fahrt doch einfach in die Tiefgarage, da haben wir
Platz für die Autos der Besucher." Wir trollen uns und trauen uns
mit unserem 3,40 hohen Campervan nicht in die Tiefgarage, bis wir
ein Schild sehen, das große Camper und Busse in die richtige Tief-
garagenebene lotst. Und das alles ohne einen einzigen Dollar Park-
gebühren.

Das Parlamentsgebäude von Canberra, aus dem ganzen Parlaments-Beton könnte man 25 Sydney Opernhäuser bauen

Ins Parlament werfen wir auch einen Blick, natürlich nicht, ohne eine Einlasskontrolle wie am Flughafen zu durchlaufen. Unsere Kameras beeindrucken die Kontrolleure aber nicht weiter. Die Frau vom Infostand versorgt uns gleich mit den wichtigsten Auskünften, wo es was zu sehen gibt. Sie schickt uns aufs Dach, denn von oben hätten wir einen schönen Blick auf die Stadt. Außerdem lädt sie uns ein, bei einer Parlamentsdebatte dabei zu sein, dafür müssten wir nur unsere Rucksäcke, Kameras, Handys etc. an der Garderobe abgeben. Sie scherzt mit uns und ist eine hilfreiche Ratgeberin. Wir denken daran, wie es ablaufen kann, wenn man als Tourist nach Berlin in den Reichstag kommt: Nach Parkstress und horrenden Gebühren steht man sich die Beine in den Bauch, wird „uff balinerisch" angeschnauzt und die Sicherheitsleute haben Lachmuskeln im Gesicht, deren Existenz bezweifelt werden darf, mangels Training...

Zwölfte Woche

Von Canberra bis Skenes Creek (Great Ocean Road)

Heute wollen wir den höchsten Berg Australiens besteigen, den Mount Kosciuszko. Keine 120 Kilometer entfernt von Canberra befindet er sich in einem Skigebiet. Die Fahrt geht durch weites Weideland, am Horizont sind wolkenverhangene Bergketten zu erkennen und Schäfchenwolken so weit das Auge reicht. Die ersten Schilder „Ski Hire" amüsieren uns nach so viel Küste, Flip-Flops und Wärme. „Oh-oh-ooh Hohe Berge, La Montanara für das Objektiv", singen

Achtung Wombats! Zum Glück sind sie am Tag selten unterwegs

wir vergnügt vor uns hin, während wir von einem Wintersportort in den australischen Alpen zum nächsten fahren. Die Strecke über Jindabin, einem künstlich erschaffenen Ski-Ferienort, führt uns an grünen Tälern und eukalyptusbewaldeten Hängen vorbei. Die Skisaison geht hier von Juni bis Oktober.

Das Gipfelkreuz des Mount Kosciuszko steht auf einer Höhe von 2228 Metern. Dort wollen wir unsere Flagge in den Boden rammen und einen Gipfeltrunk zu uns nehmen. In Thredbo, einem Skiort auf 1370 Meter über dem Meeresspiegel, steigen wir in den Sessellift (31 AUD p.P. hin und zurück) und überwinden in nur 20 Minuten 600 Höhenmeter. Die Temperatur fällt von 25 Grad

auf nur noch 2 Grad. Zum Glück sind wir bestens ausgerüstet. Auch die Sonne scheint auf einmal und lässt den Himmel in herrlichstem Blau erstrahlen. Von der Bergstation aus sind es knapp 7 Kilometer bis zum Gipfel des Mount Kosciuszko (ausgeprochen: Kosi-osko). Die Landschaft ist wunderschön: Lilafarbene Heideblüten leuchten, der Eukalyptus strömt einen leicht süßlichen Duft aus und der Wind weht uns eiskalt um die Nase. Leider ist der Weg nicht im ursprünglichen Zustand belassen worden, kilometerlang schlängelt sich ein Stahlbohlenweg über die Ausläufer des Berges. Dies beeinträchtigt zwar das Gefühl, etwas Abenteuerliches zu tun, allerdings kommen wir so auch schnell vorwärts. Nach knapp zwei Kilometern Wanderung hören wir aus der Ferne ein Kreischen. Vögel? Andere Tiere? Nein, es handelt sich um eine Gruppe aus England, die sich auf dem ersten Schneefeld eine Schneeballschlacht liefert. Jeder, wirklich jeder, macht ein Foto vor dem satten Weiß. Nun ja, in dieser Jahreszeit wird man auf einer Australienreise auch keinen weiteren Schnee zu Gesicht bekommen!

Die Wanderung auf den Gipfel des Mount Kosciuszko steht auf unserer Wanderhitliste auf Platz 2 nach dem Kings Canyon Rim Walk (siehe Tag 39)

Wir lernen zwei Schweizer kennen. Uns interessiert natürlich brennend, wie man als Bewohner einer Bergregion die australischen Berge empfindet. „Jaa, das ist schon etwas Anderes hier!", sind sie einhelliger Meinung. „Im Reiseführer stand, dass man sogar mit dem Kinderwagen den Berg hinaufkommt....". Sie grinsen über das ganze Gesicht. „Naja, unsere Berge sind schon schöner, aber schließlich fährt man ja in den Urlaub, um Neues zu sehen. Und das hier (sie deuten auf den Stahlbohlenweg) gehört mit Sicherheit auch dazu, aber der Berglandschaft tut das keinen Abbruch."

Und wirklich, der Ausblick ist einfach großartig. Viele Bergketten leuchten hintereinander in bläulichen Schattierungen, der Rundumblick ist atemberaubend, der Wind jedoch bitterkalt. Uns gefrieren beinahe die Hände am Stativ. Der Wind ist so böig, dass wir die Kamera geschützt auf einen Stein stellen müssen, damit sie uns nicht aus der Hand gerissen wird. Der Gipfeltrunk muss wegen Eiseskälte ausfallen, an Glühwein hatten wir nicht gedacht! Um halb drei beginnen wir mit dem Abstieg, um auf jeden Fall den letzten Sessellift um halb fünf zu erreichen. Für 7 Kilometer ist die Zeit großzügig bemessen, nicht aber für neugierige Filmer, die sich auf dem Rückweg in einer neuen Landschaft wähnen, denn die Sonne setzt die Felsen, die gelben Blumen und die kleinen Bäche in ein so schönes Licht, dass wir immer wieder anhalten, um die Kulisse einzufangen. Trotzdem erreichen wir noch rechtzeitig die Liftstation und kommen durchgefroren, aber sehr glücklich wieder in Thredbo an. Fazit: Die heutige Wanderung schafft es auf alle Fälle auf die oberen Plätze unserer persönlichen Hitliste.

Der südaustralische Frühling ist genau so unbeständig wie bei uns zu Hause

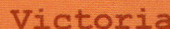

Victoria

Nur weil Victoria der kleinste Bundesstaat Australiens ist, heißt das nicht, dass der „kleine Zipfel" im Südosten nichts zu bieten hat. Im Gegenteil. Melbourne, die Hauptstadt mit 3,7 Millionen Einwohnern, ist eine pulsierende Metropole, deren wahres Leben sich in den Seitenstraßen abspielt. Viele Künstler, vielfältige kulinarische Genüsse und viel für's Auge. Außerdem liegt die berühmteste Straße Australiens in Victoria: die Great Ocean Road. Der Bundesstaat ist sportverrückt: Neben berühmten Wettkämpfen in Kricket und Australian Rules Football gibt's eine Formel 1-Strecke, auch das Australien Open-Tennisturnier findet hier statt. In Torquay wiederum liegt das Zentrum der australischen Surfindustrie.

Eine Mischung aus alten und neuen Gebäuden bestimmt das Stadtbild von Victorias Hauptstadt Melbourne

Tag 77, Cooma – Marlo, 383 km, immer grau, manchmal Regen, 13 – 18 Grad

Was hatten wir doch gestern für ein Glück mit dem Wetter! Heute Morgen zeigt sich die Welt nur grau in grau. Bei Nieselregen tappen wir in die Dusche, danach geht es Richtung Ostküste. Auf den ersten 200 Kilometern an der Küste können wir gleich drei Orte empfehlen, wo wir gerne mehr Zeit verbringen würden: Merimbula, Eden und Marlo. Sapphire Coast heißt die Küstenlinie hier und Merimbula liegt an einer Lagune. Hier kann man sich den Strand je nach Vorlieben, Tageszeit und Wetter aussuchen. Viele Surfer und Kiter brettern am langen Sandstrand vorbei, in der Lagune kann man plantschen, wer es lieber felsig mag, ist an dem vor Wind geschützten Strand richtig. Am Middle Beach gibt es auch noch eine kleine Strandbude mit leckerem Kaffee und selbst gemachten Burgern. Strandbars sind in Australien leider Mangelware und deshalb freuen wir uns umso mehr über diese Entdeckung. Der Ort bietet alles, was das Herz begehrt, und hebt sich wohltuend von jenen Orten ab, die üblicherweise nur mit Tankstelle, General Store und Reifenspezialisten ausgestattet sind. Hier gibt es alles, von Boutiquen über Surfshops bis hin zum Friseur, sogar ein Kino mit zwei Sälen ist vorhanden. Das ist uns in einer Kleinstadt bisher nur wenige Male auf unserer Reise begegnet. Merimbula ist noch aus einem anderen Grund interessant: Sie bieten hier Waltouren an und wir wollen unbedingt eine mitmachen. Leider kommen wir einen Tag zu spät, denn gestern fand die letzte Waltour der Saison statt. Vielleicht sehen wir aber noch mit Glück Humpback Wales oder Blauwale von einer Klippe aus, tröstet uns James im Besucherzentrum. Verdient hätten wir es jedenfalls...

Im netten, kleinen und verschlafenen Ort Marlo steuern wir den Campingplatz an. Genau gegenüber liegt der Pub und es ist Freitagabend. Hier treffen sich die wenigen Einwohner des Ortes. Zur Abwechslung trinken wir auch mal ein Feierabendbier.

Die Bucht von Merimbula, bei Sonnenschein bestimmt noch schöner

Tag 78, Marlo – Foster, 300 km, erst Regen, dann Sonnenschein, wieder Regen, 16–22 Grad

Keine fünf Minuten Sonnenschein, noch nicht einmal fünf Sekunden sind uns vergönnt, stattdessen fallen dicke Regentropfen. Die Wettervorhersage im Radio, die für den Morgen noch sonnige Abschnitte angekündigt hat, tut nun so, als hätte sie nie etwas anderes vorausgesagt als Dauerregen für die nächsten Tage. Im Radio hören wir ein Interview mit dem Wetterfrosch der Station. Er sagt, das Wetter sei völlig normal für den Frühling, viel Regen und große Temperaturschwankungen zwischen 10 und 30 Grad. Wir zucken mit den Schultern, denn genauso stellt sich ja der Frühling in Deutschland dar. Tief in unserem Inneren haben wir natürlich Schiss, dass wir den Dreh vielleicht abbrechen müssen. Aber im Moment steht dies noch nicht zur Debatte, sodass wir als erstes zur Touristeninformation von Lakes Entrance fahren, einem Ort an der Mündung einer Seenlandschaft. Dort fragen wir nach einem Alternativprogramm für Schlechtwettertage. Beth überreicht uns mit sonnengegerbten Händen ein DIN A4-Blatt, das sie bereits für solche Anfragen vorbereitet hat. Es gäbe ganz in der Nähe Höhlen, die es zu besichtigen lohne, nur eine Stunde mit dem Auto entfernt. Wir könnten auch auf der langen Promenade shoppen gehen, außerdem gäbe es einige nette Cafes und Kneipen sowie ein Muschelmuseum mit der wahrscheinlich größten privaten Muschelsammlung der Welt. Im Hafen läge die Fischereiflotte, Lakes Entrance ist einer der größeren Häfen der Berufsfischer, und ein Besuch am Strand lohne sich eigentlich immer.

Alles gute Ideen. Wir beginnen bei Nieselregen mit dem Shoppen und kaufen endlich mal Postkarten und die ersten Weihnachtskarten (Kängurus am Strand, peinlich, aber kommen bestimmt gut an). In eines der vielen Cafés lockt uns das Schild „Bloody good coffee".

Die Hauptstraße in Lakes Entrance

Endlich mal einer, der das Prinzip des Vermarktens verstanden hat. Und Recht hat er auch noch, der Kaffee ist richtig gut und wir bestellen gleich noch ein Frühstück dazu und dürfen entscheiden, ob der Salat vor oder nach dem Toasten des Brotes zwischen die Scheiben gesteckt wird. Sehr aufmerksam. Als wir gerade den letzten Schluck Kaffee genossen haben, reißt plötzlich der Himmel auf und taucht das nette Städtchen in Sonnenlicht. Gutes Timing! Da der Ort durch eine Landzunge vom Meer getrennt ist, gehen wir über eine Fußgängerbrücke Richtung Strand. Auf der anderen Seite begrüßt uns eine Schwanenfamilie, Vater, Mutter und zwei Küken. Das Besondere in Australien ist, dass die Schwäne hier schwarz sind. Ihre Schnäbel sind rot, ihr Hals ist der längste in der Schwanenfamilie und wenn sie ihre Flügel ausklappen, kann man ihre weißen Flugfedern aufblitzen sehen. Die beiden Schwanküken sind grau und flauschig und watscheln ihren Eltern brav hinterher. Alle Touristen, gleichgültig welcher Nationalität, bleiben bei der Schwanenfamilie stehen, um ein Foto zu machen. Die Trauerschwäne sind größer als un-

sere weißen Schwäne und im Sonnenlicht schimmern ihre Federn bläulich schwarz.

Immer wieder schauen wir in den Himmel und versuchen abzuschätzen, wie lange sich die Sonne noch gegen die schnell vorbeiziehenden Wolken durchzusetzen vermag. Am Ninety-Mile-Beach, an dem Lakes Entrance liegt, schauen wir auf ein tosendes Meer. Der Himmel hat alle Schattierungen zwischen grau und blau angenommen, die Wolkenformationen könnten schöner nicht sein. Wir filmen wie die Weltmeister.

Mit dem Auto fahren wir einige Aussichtspunkte an, denn die Besonderheit von Lakes Entrance erschließt sich erst von oben. Die weit verzweigte Seenlandschaft, gespeist von mehreren Flüssen, mündet in Lakes Entrance ins Meer, die Fischer gehen deshalb sowohl auf Süß- als auch auf Salzwasserfischfang. Auch wenn der Ort eine schö-

Der Name ist Programm: In Lakes Entrance münden Seen und Flüsse ins Meer. Uns begeistern die dramatischen Wolkenformationen

ne Kulisse für Bilder bietet, heute ist es der Himmel, der uns zu immer neuen Fotos und Aufnahmen anregt. Mehrere Wolkenschichten schieben sich in unterschiedlichen Geschwindigkeiten und Farben übereinander, ein leiser Donner hallt vom Berg, auf dem wir stehen, und ein paar Kilometer entfernt ergießt sich Regen ins Meer. Innerhalb von Minuten haben uns die Tropfen erreicht. Ideale Bedingungen für einen Besuch im Muschelmuseum! Für 6 AUD pro Person schauen wir uns unzählige Muschelarten aus der ganzen Welt an. Blütenweiße, die aussehen wie Fischskelette, giftgrüne Schneckenhäuser, riesengroße rote Scallops, um nur einige von gefühlten 10.000 zu nennen. Die Sammlung vergrößert sich ständig, denn einige Weltenbummler vererben heute noch ihre Muschelsammlung an das Museum. Wir sind begeistert und haben großen Spaß daran, uns anzuschauen, welche Farben und Formen die Natur geschaffen hat.

Wir können den Eintritt ins Muschelmuseum empfehlen, die private Sammlung ist der Knaller

Tag 79, Foster - Wilsons Promontory National Park – Phillip Island, 196 km, Schauerwolken 11-19 Grad

PIIEP PIIEEP PIIIEEEEP - Um Himmels willen, wo kommt denn dieses ohrenbetäubende Geräusch her? Erstmalig machen wir Bekanntschaft mit dem Feuermelder im Auto. Christian springt Richtung Decke, versucht, den lauten Quälgeist, der unsere gesammelte Nachtbarschaft bestimmt schon geweckt hat, abzuschrauben. Das funktioniert leider erst nach geraumer Zeit. Und das alles nur, weil wir den Toaster versehentlich auf Stufe 5 gestellt haben, Acrylamid lässt grüßen. Während das ehemals weiße Toastbrot und jetzige Brikett immer noch aus dem Toasterschlitz qualmt, fällt Silke das E-book mit den Reiseführern aus der Hand und ist hinüber. Es gibt Tage, an denen man besser im Bett bleiben sollte... Der heutige allerdings hat durchaus noch Potenzial, denn es stehen Wanderungen im Nationalpark Wilsons Promontory auf dem Programm, einer 120 Kilometer langen Halbinsel - 300 Kilometer südöstlich von Melbourne. Der Nationalpark wurde gerade erst wieder eröffnet, ein verheerender Sturm mit sintflutartigen Regenfällen hatte Zufahrtswege zerstört, Wanderwege einfach weggeschwemmt und alle Gebäude nebst Campingplatz

Richtung Wilsons Promontory: Sieht nach dauerhaft gutem Wetter aus, dabei nutzen wir nur eine Regenpause für ein Fahrbild

Der einzige Farbtupfer im Nationalpark: Die Steine am Squeekie Beach sind mit orangefarbenen Flechten bewachsen

unter Wasser gesetzt. Das war im März 2011. Jetzt wird der Park Stück für Stück wieder zugänglich gemacht. Der Hauptort heißt Tidal River, benannt nach dem Fluss, der sich bis zum Meer schlängelt. Im Fluss liegen orangefarbene, riesige Steine, manche so groß wie Einfamilienhäuser, und meist kugelrund. Der Nebel hängt im Tal und lässt auch den Fluss trüb erscheinen. Dies lässt einen ja ganz melancholisch werden...

Wir machen einen Abstecher zum Squeekie Beach. Der Name ist wörtlich zu nehmen, denn der Sand quietscht unter den Füßen. Außerdem sei der Strand einer der weißesten Australiens. Wer wohl noch Anspruch auf diesen Titel erhebt? Am Whitehaven Beach hatte man uns ja Selbiges auch schon erzählt… 10.000 Menschen sollen hier an einem sonnigen Tag in den Ferien einen Blick auf den Strand werfen wollen. Wir sind froh, dass heute nur eine Handvoll gut gelaunter Wandervögel ihre Runden drehen. Der Wind peitscht uns die Gischt ins Gesicht. Wir beschließen, eine der vielen möglichen Wanderungen zu machen und entscheiden uns für jene mit dem klangvollsten Namen: Der „Lilly Pilly Gully Walk" führt durch Regenwald mit einem Abstecher zum Mt. Bishop für den Fernblick. Der Eukalyptuswald hier ist sehr beeindruckend, die Bäume sind die größten, die wir bislang in Australien gesehen haben. 2009 ist die-

ser Waldabschnitt einem Buschfeuer zum Opfer gefallen, was Spuren hinterlassen hat: Alle Baumstämme sind unten schwarz angekokelt und treiben oben trotzdem wieder aus. Immer wieder begegnen wir bunten Papageien, die allerdings so scheu sind, dass wir sie einfach nicht vor die Linse bekommen. Wann immer wir uns ganz leise und langsam nähern, in Zeitlupe unsere Kamera aktivieren und einstellen, fliegen sie in dem Moment weg, wo wir zum Filmen bereit sind. Vom höchsten Punkt auf dem Mt. Bishop gucken wir auf den Tidal River, den Squeekie Beach und vor allem auf die drohenden Regenwolken, die uns fast verschlingen wollen. Wie schön das alles wohl bei Sonnenschein aussehen mag?

Wir erfahren das heute nicht mehr, obwohl es etwas aufklart. Da wir am morgigen Tag auf Phillip Island zum Filmen verabredet sind, fahren wir weiter Richtung Melbourne. Um die Wegstrecke am frühen Morgen so kurz wie möglich zu halten, fahren wir die 2,5 Stunden auf die mit dem Festland durch eine Brücke verbundene Insel. Dass wir uns abends noch lecker Essen kochen, bleibt unseren Nachbarn nicht verborgen: Der Feuermelder gibt Auskunft!

Tag 80, Phillip Island - Melbourne, 187 km, bewölkt, 18 Grad

Endlich Pinguine! Auf Phillip Island lebt die zweitgrößte „Little Penguin" Kolonie in Victoria, die wir uns unbedingt anschauen wollen. Zur allabendlichen „Pinguin Parade" kommen an geschäftigen Tagen bis zu 3000 Menschen! Mit dem Naturreservat-Team stehen wir schon seit Langem in Kontakt. Um halb neun haben wir uns im Pinguin-Zentrum verabredet. Im Vorfeld der Reise haben wir für den Dreh extra ein 16-seitiges Dokument ausgefüllt, in dem wir an-

geben mussten, wer wir sind, zu welchem Zweck wir filmen wollen, wie der Film heißen wird, wer die Bilder zu sehen bekommt und so weiter. Pünktlich zur verabredeten Zeit treffen wir Danene, die „Medienleiterin" der Pinguin-Parade. Sie freut sich, uns kennenzulernen. Nach dem üblichen „Wo kommt ihr her, wo fahrt ihr hin, findet ihr es schön?" lächelt sie uns an und sagt: „Sorry guys, no filming of the Penguins today! But you can talk to the ranger at the Penguin Parade, but you are not allowed to film." Übersetzt heißt das: „Tut mir Leid, aber ihr dürft die Pinguine nicht filmen." Uns fällt die Kinnlade runter. Bis vor zwei Tagen ging doch noch alles klar! Danene erklärt uns, dass wir die Pinguine nicht filmen dürfen, weil die Kameras sie stören könnten. Wenn sie sich gestört fühlen, kommen sie im schlimmsten Fall nicht mehr zu ihrer Kolonie zurück und lassen ihre Jungen im Stich. Dafür haben wir natürlich Verständnis. Auch wenn zwei Personen mit kleinen Kameras bei 3000 Menschen, die sich bewegen und unterhalten, den Pinguinen nicht wirklich auffallen würden... Aber um jegliche Probleme, wie z.B. das Erschrecken durch Blitzlicht, im Vorhinein auszuschließen, ist das Filmen eben generell verboten. Den eigentlichen Grund für unser Filmverbot erfahren wir von Danene erst später: „Ihr habt nicht die erforderliche Betriebsversicherung", sagt sie. Dass wir beide haftpflichtversichert sind und nichts anderes machen wollen, als auf dem Bohlenweg zu stehen und uns eine Kamera vor die Nase zu halten, stößt auf taube Ohren. Vorschriften sind in Australien nicht verhandelbar. Gesunder Menschenverstand oder ein Entgegenkommen sind ausgeschlossen. „Sorry guys, da kann ich nichts für euch tun." Für uns gibt's dann nur eins: Ohne Bild keine Geschichte und ohne Geschichte kein Phillip Island im Film.

Die Entscheidung, direkt weiterzufahren, hat den Vorteil, dass wir schon am Nachmittag in Melbourne sein können. Wir finden übers

Melbourne ist ein Scheinriese. Die Innenstadt ist kompakt und lässt sich prima zu Fuß erkunden

Internet einen Caravan Park in der Ashley Street. Von dort aus sind es nur 35 Minuten mit dem Bus in die Stadt. Also schnell nach Melbourne gefahren, unser Wiesenquadrat bezogen und ab in den Bus. In Melbourne lassen wir uns treiben und finden viele Parallelen zu unserer Heimatstadt Frankfurt. Viele Hochhäuser, klein und kompakt, irgendwie sehr sympathisch. Mit der Kamera bewaffnet beginnen wir mit der Stadtbesichtigung. Schön hier!

Tag 81, Melbourne, leicht bewölkt bis regnerisch, 18 - 29 Grad

Mal sehen, was der Reiseführer zu Melbourne zu sagen hat: Aha, mit einem leckeren Frühstück beginnen, gleich darauf den besten Kaffee der Stadt trinken, zum Mittag dann wählen zwischen Sushi, Baguettes und Pasta und so weiter. Geht es in dieser Stadt denn nur ums Essen und um Genuss? Voller Freude stellen wir nach diesem Tag fest: Genauso ist es! Das war bislang in keinem anderen Ort Australiens so. Zum ersten Mal sehen wir Menschen, die zum Lunch ein Glas

Wein oder Bier trinken, die in gemütlichen Cafés und Kneipen zusammensitzen. Weil hier so viele Nationen leben, gibt es viele unterschiedliche Restaurants, die die herrlichsten Düfte verschiedener Gewürze verströmen. Nach so vielen Fish'n Chips-Orten sind wir hier im Paradies gelandet.

Die Stadt zu entdecken, macht richtig Spaß. Es gibt einen kompakten Kern gibt mit typischer Fußgängerzone. Hier sind die normalen Kettenläden und kleinen Supermärkte, die wir aber links liegen lassen. In Melbourne tobt das Leben vor allem in den Gassen und Arkaden zwischen diesen Hauptstraßen. Beim Visitor Center (das so stark frequentiert ist, dass wir eine Nummer ziehen müssen wie auf dem Amt) nehmen wir einen „Melbourne Walks"-Plan mit, der genau durch diese kleinen Straßen und Arkaden führt. Schon in der Degraves St., die von der Flinder St. abzweigt, gibt es leckere Sandwich-Läden neben Sushi neben Thai neben Italienern neben Türken neben Vietnamesen neben Libanesen neben, neben, neben…

Unbedingt hingehen und sich treiben lassen: Der Queen Victoria Market

Alle vom Feinsten, aber nie Schicki-Micki. Es duftet so herrlich nach frischen Zutaten, dass uns das Wasser im Mund zusammenläuft. Der Central Place und die Flinder St. sind unbedingt einen Abstecher wert. Ungewöhnliche Boutiquen reihen sich zwischen den Restaurants ein und es gibt einige nette Galerien und außergewöhnlich viel Graffiti an den Wänden. Wir sind so angetan, dass wir auf jeden Fall später wiederkommen wollen, doch als nächstes steht der Queen Victoria Market auf dem Programm. In den alten Lagerhallen befinden sich Hunderte von kleinen Händlern, die Obst und Gemüse, Fisch und Fleisch, Klamotten und Geschenke an den Mann bringen wollen. Zuerst gehen wir in die Obst- und Gemüsehalle, denn dort geht's zu wie auf dem Wochenmarkt: „Banana two Dollar, Banana two Dollar, Banana two Dollar", schreit ein Inder durch die Halle. Gleich daneben ruft jemand, dass seine Kirschen die besten seien. Und die Mangos von da hinten, drei für sechs, drei für sechs, dreihei fühür sehechs sind auch nicht zu verachten... Touristen sehen wir nur wenige, hier kaufen also die Melbourner ein. Viele schieben ein praktisches

Rollwägelchen von Stand zu Stand und können angebotstechnisch aus dem Vollen schöpfen.

Natürlich will sich Fischkopp Christian auch die Fischhalle ansehen. Ein netter Fischverkäufer, den wir kennen lernen, produziert sich gern vor unserer Kamera. Er hält sich einen 50 Zentimeter großen, frischen Red Snapper über den Kopf und ruft in die Menge: „Wer will diesen Fisch kaufen?

Wer als Marktschreier am unterhaltsamsten schreit, kommt auch in unseren Film

Wer kauft diesen Fisch? Hallohallohallo, wer will diesen Fisch kaufen?" Angelockt von so viel Verkaufsgeschick tummeln sich bald einige Menschen vor der Theke und kaufen ihm den Fisch in Größe eines Tennisschlägers ab. Von frischen australischen Austern über Tintenfisch bis hin zum Tunfisch liegt hier alles lecker präsentiert in den Kühltheken. Natürlich gehen wir auch noch in die Klamotten- und Geschenkecke. Zig Reihen mit T-Shirts, Schmuck und Souvenirs durchwandern wir und stellen fest: So billige Sweatshirt-Jacken mit Australia-Aufdruck oder andere Mitbringsel haben wir noch an keinem anderen Ort auf unserer Reise gesehen. Auch viel Kitsch wie zum Beispiel Boomerangs „made in China" wird für eine Handvoll

Gleich zwei original in China bemalte Boomerangs zum Schnäppchenpreis

Dollar angeboten. Wir erweitern unser Gepäckstücksortiment um eine seeeeehr große Reisetasche, damit wir auf dem Rückflug für alle Eventualitäten gerüstet sind. Schließlich fliegen wir kurz vor Weihnachten nach Hause, da wird schon noch einiges zusammenkommen…

Mit der Tram geht's in 25 Minuten nach St. Kilda, einem am Strand liegenden Stadtteil von Melbourne, wo sich schon immer Kreative besonders gerne niedergelassen haben. Vor der Pier aus haben wir einen schönen Blick auf die entfernte Skyline und den Strand, außerdem nistet hier eine kleine Pinguinkolonie und wir bekommen sogar einige Exemplare vor die Linse! Sie sitzen in einem Erdloch und schauen uns neugierig entgegen.

Über die Fitzroy St. laufen wir zurück zur Tramstation. Christian, der vor 15 Jahren schon einmal hier war, erkennt nichts mehr wieder bis auf den hübschen Eingang zum Luna-Vergnügungspark. Die einstigen alternativen Läden sind zu Pizza-Hähnchen-Steak-Palästen geworden. Die Läden sind zu groß, um Charme zu haben, und wirken ein bisschen ungemütlich. Wir werden also in der City eine Kleinigkeit essen gehen.

Im Berufsverkehr ist die Tram zurück in die City übervoll, wir quellen mit allen anderen an der fotogenen Flinders Station aus der Bahn und gehen zielstrebig Richtung Seitenstraße. Und wundern uns. Was ist denn hier passiert? Nichts mehr los! Die Kneipen verstecken sich hinter hochgezogenen Rolltoren, die Ladenbesitzer schließen gerade die Türen ab - die Großstadt Melbourne mit über 3 Millionen Einwohnern macht ihre Schotten auch um 17.30 Uhr dicht! Wieder der Beweis, dass wir alles sofort machen müssen, sobald sich die Gelegenheit dazu bietet. Es gibt keine zweite Chance! Wir verzichten auf einen Ausflug zum Eureka Tower, um die Stadt von oben zu sehen, denn bei diesem Wetter brauchen wir dort nicht auf den Sonnenuntergang zu warten und fahren mit dem Bus wieder Richtung Campingplatz. Macht nichts, wir haben einen tollen Tag in der bislang tollsten australischen Stadt verlebt (Sorry Sydney!). Was wollen wir mehr?

Rechte Seite ››
Zwergpinguine und Riesengesicht in St. Kilda

Tag 82, Melbourne – Skenes Creek (Great Ocean Road), 199 km, Regen und Sonnenschein, 15–24 Grad

Kerzengerade sitzen wir im Bett. Kurz vor dem Weckerklingeln rummst ein Donner durchs Wohnmobil und lässt die Töpfe scheppern. Heidewitzka. Im strömenden Regen joggen wir zur Dusche und fragen uns, wann das schlechte Wetter wohl endlich mal aufhört. Und wann die Wettervorhersage wenigstens für die nächsten zwölf Stunden mal stimmt. Da war von Regen keine Rede. Wir brechen zeitig auf und verlassen Melbourne Richtung Westen. Es geht auf die Great Ocean Road, von der Silke nur das Bild mit den Felsen im Wasser kennt: die „Zwölf Apostel". Aber die 243 Kilometer lange Straße zwischen Geelong im Osten und Warrnambool im Osten hat viel mehr zu bieten. Veronica vom Visitor Center am Princess Highway kurz vor Geelong, Rentnerin, braun gebrannt mit einem flotten Kurzhaarschnitt, kennt sich in der Region bestens aus. Sie macht am liebsten Kurztrips in die Umgebung und faltet eine Karte nach der anderen

auseinander und macht Kringel um Kringel, was wir uns auf keinen Fall entgehen lassen dürfen. Außerdem streicht sie uns noch die nettesten Campingplätze an. Die kostenlosen Umgebungskarten sind wirklich klasse, jeder noch so kleine Ort ist eingezeichnet, so finden wir uns zusammen mit unserem Navi gut zurecht.

Die Straße führt Richtung Küste und dass wir nun endgültig auf der Great Ocean Road sind, verrät uns ein Straßenschild, das aussieht, als hätte es Fred Feuerstein aus Baumstämmen zusammengezimmert. Natürlich fahren wir für die Kamera noch mal durch, schließlich halten hier alle Urlauber für ihren Beweisschnappschuss an. Um die Fischerorte an der Küste mit einer Straße zu verbinden, wurde die Great Ocean Road gebaut. Zuvor waren die Orte nur mit dem Boot zu erreichen. Mit Spitzhacke und Brechstange haben über 3000 Kriegsheimkehrer aus dem Ersten Weltkrieg ab 1919 als Arbeitsbeschaffungsmaßnahme die Great Ocean Road in den Fels gehauen. 1932 wurde die lange und kurvenreiche Strecke fertig. Heute ist die Great Ocean Road die bekannteste Straße Australiens.

Wir fahren weiter an der Küste entlang, nach jeder Kurve bieten sich neue, beeindruckende Ausblicke. Zum Glück sind viele Parkbuchten auf der Strecke, damit wir aussteigen und unseren Blick schweifen lassen können, ohne gleich Auffahrunfälle zu produzieren. Wir können „Teddys Lookout" kurz hinter Lorne empfehlen. Die Straße geht steil bergauf, wir jaulen im ersten Gang dorthin und haben einen ungewöhnlichen und schönen Blick auf die Straße, die sich an der Küste entlangwindet.Der Tipp ist übrigens auch von Veronica aus dem Visitor Center. Ebenso der nächste: In Kennett River gibt es Koalas in den Bäumen, die dort einfach so herumsitzen. Kein Zoo, sondern das echte Leben! Der Cafébetreiber am Parkplatz deutet auf einen braunen Schotterweg, der links in den Eukalyptuswald führt. Wir halten bei einer kleinen Menschentraube, die mit hochkonzentriertem Blick in einen Baum starrt. Tatsächlich, da sitzt ein Koala und wie auf Kommando wacht er auf und stopft sich ein Eukalyptusblatt nach dem anderen in den Rachen. Wir entdecken noch sechs andere Koalas in den Bäumen, sogar gleich unten am Parkplatz hocken zwei in ihrer unnachahmlichen Schlafhaltung im Baum und dösen. Papageien und Kakadus kreisen um unsere Köpfe und wir müssen wieder einmal staunen, welchen Tieren wir in Australien in freier Wildbahn begegnen. Und genau das, so stellen wir nicht das erste Mal fest, macht diese Reise so einzigartig!

Im Abendlicht sehen die Strände und schroffen Felsen an der Great Ocean Road noch schöner aus. Wir halten bei jeder Gelegenheit an und lassen uns binnen Minuten vom Wind auf Minusgrade kühlen. Kurz vor Sonnenuntergang ziehen dicke Wolken auf, wir entscheiden uns für Veronicas Campingplatztipp in Skenes Creek (30 AUD) direkt am Strand. Alleine der Küstenabschnitt, den wir heute erlebt haben, rückt auf unserer Australien-reise-Hitliste ganz weit nach oben.

Koalas fressen ausschließlich Eukalyptusblätter. Weil die nicht besonders nährstoffreich sind, pennen die Beuteltiere 20 Stunden am Tag. Die Koalas im Baum zu entdecken, erfordert ein bisschen Übung

Wir haben leider nur zwei Tage Zeit für die bekannteste Straße Australiens

Dreizehnte Woche

Von Skenes Creek bis Strahan

Riesige Farne im Melba Gully Park

Brrrr, ist das kalt! Gerade mal 8 Grad sind es am Morgen und beim Gedanken an den Weg zur Dusche quer über den Campingplatz ziehen wir uns lieber noch einmal die Decke über die Ohren. Gerade wollen wir aufstehen, da beginnt es auch noch wie aus Eimern zu schütten. Was soll's. Aufstehen müssen wir ja doch.

Die Strecke an der Küste entlang nennen die Victorianer „The Worlds Most Spectacular Coast Line" und wer so etwas behauptet, wird von uns besonders unter die Lupe genommen. Egal bei welchem Wetter. In Apollo Bay, einem gemütlichen Ort in der Nähe des Campingplatzes mit vielen netten Cafés und Bioläden, machen wir es uns während des nächsten Schauers mit einem frisch gebrühten Kaffee gemütlich. Eine halbe Stunde lang regnet es so stark, dass wir noch nicht einmal die 50 Meter zurück zum Auto kommen. Aber dann reißt plötzlich der Himmel auf und ein sattes Blau ist zu sehen. Erstaunlich, wie schnell das Wetter hier wechselt! Wir packen die Kameras aus und filmen, was das Zeug hält.

Von Apollo Bay bis Glenaire führt die „Große-Ozean-Straße" ins Inland, gut 50 Kilometer. Statt Küste gibt's einen schönen Rainforest Walk bei Matts Rest. Weil wir das Regenwald-Hinterland der Great Ocean Road genauso spannend finden wie die Küste, machen wir eine Wanderung durch dichtes Grün, den „Melba Gully Walk". Riesige

Farne und hohe Bäume säumen den Weg, Wasser plätschert von den Blättern, Vögel trällern hitverdächtige Melodien. Schön ist es hier, nur eisig kalt.

Einen Abstecher gönnen wir uns noch: Nachdem wir zum wiederholten Male die Hinweisschilder ignorieren, fahren wir auf der für Camper nicht erlaubten, engen, holperigen Piste zum „Wreck Beach". 366 Stufen führen bis zum Strand, wo zwischen Felsen bei Ebbe alte Anker aus dem Wasser ragen. Sie stammen von Schiffen, die hier vor vielen Jahren auf Grund gelaufen sind. Die berüchtigte Küstenlinie zwischen Cape Otway und Port Fairy wird sogar „Schiffswrack-Küste" genannt, denn für 80 Segelschiffe wurde die 120 Kilometer lange Strecke mit vielen Riffen zum Verhängnis. Die Wellen klatschen an den Strand, das Wasser bricht schon 30 Meter vor der Küste an einem Riff, die Wellen sind unglaublich laut und die Gischt verklebt uns binnen Sekunden das Objektiv mit Salz. Trotzdem ist das Wasser besonders filmenswert, türkis mit weißen Schaumkronen. Wir stehen Ewigkeiten am Wasser, versuchen, die Stimmung am Strand einzufangen und das Meer ins richtige Licht zu setzen. Nur die Tatsache, dass das Licht mit jeder Minute schöner wird, bringt uns dazu, weiter Richtung Hauptattraktion der Great Ocean Road zu fahren: zu den 12 Aposteln. Bestimmt die meist fotografierte Sehenswürdigkeit im Bundesstaat Victoria. Hin-

Wir geben alles für eine schöne Aufnahme

Das Wasser nagt beständig an den Felsen und holt einen Apostel nach dem anderen vom Sockel

I was here

ter dem Namen verbergen sich Felsnadeln mitten im Meer, die einst zur Landmasse gehörten. Viele Jahrtausende Wind und Wellen ausgesetzt, wurde der Kalkstein immer stärker ausgehöhlt, bis er den Naturgewalten nicht länger standhalten konnte. Stehen geblieben ist eine Kette von Felsformationen, Schluchten und natürlichen Bögen.

Der erste Stopp für alle, die aus Richtung Melbourne die Küstenstraße entlangfahren, sind die Gibson Steps, die vor mehr als 100 Jahren per Hand in den Stein gehauen wurden. Wir stapfen zum Strand und betrachten eine der Felsnadeln. Wir sind beeindruckt, wie groß und mächtig die einzelnen Felsen sind. Die Wellen höhlen den Stein kontinuierlich aus. Einige der berühmten Kalksteinformationen sind in den vergangenen Jahren bereits eingestürzt, der letzte im Jahr 2009. Angeblich waren es nie zwölf Felsnadeln, sondern nur neun, sicher ist lediglich, dass es jetzt nur noch acht sind. Aber wer weiß, wie lange noch? Die Australier lenken die Besuchermassen auf einen riesigen Parkplatz mit Visitor Center und wir begegnen Busladungen und unzähligen Campern. Im Gänsemarsch geht's an die Küste. Von Natur ist nicht mehr viel zu spüren, manchmal auch nicht zu sehen, denn an vielen Aussichtspunkten versperren hohe Zäune den besten Blick. Früher konnte man bis an die Felskante vordringen und sich den Wind ins Gesicht pusten lassen. Doch seitdem unvorsichtige Touristen verunglückt sind, wurde alles eingezäunt und die Bewegungsfreiheit durch Sicherheitsvorschriften eingeschränkt. Um gute Bilder zu ergattern, müssen wir also waghalsige Kletteraktionen machen. Wir filmen, bis unsere Speicherkarten voll sind, und sind begeistert von den immer neuen Wolkenkonstellationen, die die Felsnadeln umrahmen. Die Zwölf Apostel lassen sich am besten bei Sonnenauf- oder untergang filmen, da dann die Farben der gelblichen Felsen im blauen Wasser richtig schön satt sind. Die Küste ist in der Tat fotogen und herrlich rau. Fazit: Die Great Ocean Road ist auf jeden Fall auf unserer persönlichen Top-10-Australien-in-100-Tagen-Hitliste.

Auf dem Weg Richtung Warrnambool, dem offiziellen Ende der Great Ocean Road, kommen wir noch an einigen Hinweisschildern zu anderen Felsformationen vorbei. Wir machen Halt bei „The Arch" und „London Bridge." Das Meer tost um die Steine und wir könnten ewig dem Spiel der Wellen zuschauen. Langsam verabschiedet sich die Son-

Sicherheitsvorkehrungen schmälern das Vergnügen

Die „London Bridge" heißt Londoner Bogen, nachdem 1990 die Landverbindung ins Meer gekracht ist

Sonnenuntergang am Campingplatz in Warrnambool

ne und mit ihr leider auch unser Tankinhalt. Der letzte Balken der Anzeige erlischt und das Tankstellensymbol blinkt unaufhörlich vor sich hin. Leider passieren wir nur kleine Orte, in denen sich Fuchs und Hase schon längst gute Nacht gesagt haben. Wir fahren so spritsparend wie möglich weiter. Hoffentlich bleiben wir unterwegs nicht stehen, das würde einfach zu viel Energie und Zeit fressen... Wir haben Glück, mit dem letzten Tropfen im Tank kommen wir noch bis nach Warrnambool zur ersten Tankstelle und atmen auf. Jetzt müssen wir nur noch einen Platz für die Nacht finden und die tollen Bilder auf die Festplatte laden. Für 37 AUD nehmen wir einen Camping-Platz direkt am Strand und filmen noch die untergehende Sonne über dem Meer. Der Sand ist richtig kalt und das Wasser ist es auch. Um diese Jahreszeit im Süden Australiens schwimmen zu gehen (es ist ja offiziell Frühling), können wir uns wohl abschminken. Es sind dann aber die 8 Grad Lufttemperatur, die uns auf die geniale Idee bringen, aus Pet-Flaschen und ein bisschen Wasser Wärmflaschen zu basteln, die wir im Halbstundentakt in die Mikrowelle legen. Herrlich!

Tag 84, Warrnambool – Halls Hap (Grampians Nationalpark), 230 km, 10-25 Grad, erst wolkig, dann Sonne pur

Auch wenn der Bundesstaat Victoria auf der Landkarte nur einen schmalen Streifen an der Südostküste sein Eigen nennt, gibt es hier viel zu sehen. Der zweite Besuchermagnet neben der Great Ocean Road ist der „Grampians Nationalpark" im Hinterland. Gut 100 Kilometer nördlich der Küste liegt der Ort Halls Gap, der Ausgangspunkt für die meisten Wandertouren im Nationalpark ist. Das 90 Kilometer lange

Mittelgebirge ist vom Tal bis fast zum Gipfel bewaldet. Eukalyptusbäume in Hülle und Fülle, die Luft duftet nach Saunaaufguss. Da wir
auf dem Weg nach Halls Gap an der Abzweigung zum Mt. William
vorbeikommen, beschließen wir spontan, uns von dort einen Überblick über die Landschaft zu verschaffen. Die Straße geht steil bergauf, ist kurvig und mit unserem breiten Camper nehmen wir fast die
gesamte schmale Straße in Beschlag. Wir können nur hoffen, dass die
Autos aus der Gegenrichtung langsam unterwegs sind und keine über-
großen Fahrzeuge dabei sind. Zum Glück kommt uns keiner entgegen. Wir sind die Einzigen, die den Ausblick vom 1167 Meter hohen
Mt.William genießen.

15 Kilometer vom Ort Halls Gap entfernt, der übrigens nur 300
Einwohner, aber 6000 Gästebetten hat, liegt der Parkplatz für
den McKenzie-Wasserfall. Eineinhalb Stunden Zeit sollen wir
uns für diesen mittelschweren Weg lassen, empfiehlt uns das
Faltblatt des Visitor Centers. Die 1,3 Kilometer geht es dann
über eine sanft abfallende, geteerte Piste und schließlich über

*Die Aussicht vom Mt. William
haben wir ganz für uns alleine*

viele Stufen mit Blick auf den Wasserfall zum Pool hinunter. Unterwegs bleiben wir immer wieder stehen, weil das herabstürzende Wasser so schön glitzert und einen riesigen Regenbogen sprenkelt. Nur zwei andere Pärchen sind den Weg nach unten gelaufen, sitzen auf den Steinen und schauen auf den Wasserfall. Das Rauschen ist so laut, dass wir uns auf drei Meter nicht miteinander verständigen können. Trotzdem empfinden wir das Geräusch als wohltuend beruhigend. Wir gucken glücklich aus der Wäsche und beschäftigen uns mit nichts anderem, als den Wasserfall zu bewundern und im Bild festzuhalten. Schön ist es hier! Auf dem Rückweg nach Halls Gap machen wir noch Halt am Reids Lookout, der Blick ins bewaldete Tal ist den Weg wert.

Im Grampians Nationalpark: McKenzie-Wasserfall (oben) Reids Lookout (unten)

Tag 85, Halls Gap – Ballarat, 228 km, mal Wolken, 10 Grad, mal Sonne, 25 Grad

Brrr, erst weckt uns die Sonne und lacht uns ins Gesicht und wenn wir uns dann aus den Schlafsäcken schälen, versteckt sie sich und hinterlässt Eiseskälte. Brrr und nochmals brrr! Zum Glück sind die Campingplatzduschen auch für Elefanten geeignet und so trommelt ein satter, heißer Strahl auf unsere müden Häupter. Unsere Augen sind noch auf Halbmast, da kommt schon ein gut gelaunter Australier um die Ecke und fragt das typische „How are you doing, mate?" Unsere Standardantwort lautet ja neuerdings „Not too bad", aber zwischen Wachen und Schlafen dringt diese Antwort nicht von den Synapsen zum Mund. Vorm Kaffee bitte keine längeren Dialoge...

Um etwas für unsere müden Knochen zu tun, fahren wir zum Wonderland-Parkplatz, dort beginnen einige Wanderwege. Leider hat hier im Januar ein Sturm gewütet und Teile des Nationalparks sind noch gesperrt. Wir entscheiden uns für den „Grand Canyon Walk." Eine gute Wahl, wie sich herausstellt, denn hier wurde der Natur nicht ins Handwerk gepfuscht: Über dicke Wacker geht es steil den Berg hinauf. Der „Grand Canyon" ist auf jeden Fall ein äußerst fotogener Gesteinstrichter, durch dessen Schlucht wir kraxeln. Hin und wieder flitzt uns eine Echse vor die Kamera und die Sonne brennt uns auf den Kopf. Obwohl wir uns viel Zeit lassen, sind wir eine Stunde später schon wieder am Auto. Wir fahren heute noch 120 Kilometer Richtung Melbourne. Es geht ins Goldgräberstädtchen Ballarat, denn schließlich ist die Entwicklung des Kontinents auch immer mit der Suche nach Gold verbunden.

Tag 86, Ballarat - Bacchus Marsh, 69 km, bewölkt, 10-15 Grad

1851 wurde in der Nähe von Sydney der erste Goldklumpen gefunden, ein 40 Kilo schwerer Brocken. In Ballarat fanden die ersten Siedler im selben Jahr das heiß begehrte Gold und binnen kurzer Zeit siedelten sich 1000 neue Einwohner an, die das ursprüngliche

Das ehemalige Rathaus des Goldgräberstädtchens Ararat

Die alten Häuser Ballarats sind liebevoll restauriert

kleine Versorgungsstädtchen zu einer Kleinstadt machten. Nur zwei Jahre später lebten hier schon über 20.000 Goldsucher, die meisten kamen aus Amerika, England und China. Seinen Höhepunkt erlebte Ballarat 1864. 300 Firmen gab es hier inzwischen, die alle Bedürfnisse der Goldsucher abdeckten. 64.000 Menschen brauchten Werkzeug, Essen und Belustigung. Ballarat erlangte Berühmtheit, als bei einer Auseinandersetzung zwischen Goldsuchern, Polizei und Soldaten mehr als 30 Menschen getötet wurden. Die Goldsucher kämpften für ihre Bürgerrechte. Australiens einzige Rebellion, die

„Eureka Stockade" in Ballarat, war der Beginn der Arbeiterbewegung. Da sich die Australier gerne auf diesen Teil ihrer Vergangenheit besinnen, ist Ballarat natürlich stolz auf seine Goldgräbervergangenheit. Auch wenn die letzte Mine schon 1918 dichtmachte, wurden doch in knapp 70 Jahren 20,5 Millionen Feinunzen Gold aus dem Boden geholt. Dass es den Leuten hier gut ging, sieht man heute an den Straßenzügen mit stattlichen Häusern, von denen noch viele erhalten und restauriert sind. Die meisten zweistöckigen Gebäude sind entweder italienischen oder griechischen Stadthäusern nachempfunden. Wir besorgen uns in der Touristeninformation in der Lydiard Street den Stadtführer „Ballarat Heritage Walking Trails", schnappen unsere Kameras und können uns an den schönen zwei- und dreistöckigen Häusern mit den vielen Details gar nicht sattsehen. Wenn nur nicht so ein eisiger Wind um die Ecken fegen würde! Christian hat sich heute schon eine Mütze zugelegt, doch unsere Zwiebelkleidung hält kaum der Kälte stand. Besonders die Hände leiden. Unsere Stative sind aus Aluminium, was das Filmen zum echten Überlebenstraining werden lässt. Lücken in der Wolkendecke geben uns immer nur einige Sekunden Zeit, um das Rathaus,

Man sieht Ballarat den Wohlstand an, den es als Goldgräberstadt erlangt hat

das Hotel, den Pub, die Kunstgalerie oder den Bahnhof im Sonnenlicht vor blauem Himmel zu zeigen. Wir hetzen also während der bewölkten Phasen ständig von einem Motiv zum nächsten, richten das Bild ein und wenn die Sonne sich zeigt, drücken wir schnell auf den Auslöser. Dass Ballarat großes Geschichtsbewusstsein hat, zeigt sich auch in „Sovereign Hills", einem Themenpark außerhalb der Stadt. Dort wird versucht mit Hilfe von Schauspielern die alte Goldgräberzeit wieder aufleben zu lassen. Schmiede, Pferdekutschen und Böllerschüsse inklusive. Wir entscheiden uns allerdings gegen einen Besuch. Der Eintritt kostet 42,40 AUD. Zwar scheint der Park sehr gelungen und ist bestimmt für Kinder eine Riesengaudi, wir aber stehen nicht so auf Disneyland.

Tag 87, Bacchus Marsh – Melbourne, 59 km, kaum Wolken, 15 bis 25 Grad

Alle haben zu uns gesagt: „Was, ihr macht einen Film über Australien und zeigt nicht, wie schön Tasmanien ist?" Es war nicht geplant, aber: Wann bietet sich nochmals im Leben diese Chance? Wir buchen tatsächlich einen Flug von Melbourne nach Tasmanien. Es geht morgen ganz früh hin und in drei Tagen spätnachmittags zurück. Dazu buchen wir noch einen kleinen Mietwagen. Alles übers Internet. Wir organisieren die nächsten Tage: Wo stellen wir in Melbourne unseren Camper ab? Wie kommen wir zum Flughafen? Welches Programm ist das richtige für drei Tage Tasmanien? Bislang können wir nur die ersten beiden Fragen beantworten: Wir stellen unseren Camper auf den Campingplatz in der Ashley Street ab, wo wir neulich schon mal waren. Das kostet 10 Dollar pro Nacht. Mit dem Taxi fahren wir dann zum Flughafen. Jetzt studieren wir die Landkarte, um die Rundtour zu planen. Tasmanien ist schließlich 296 Kilometer lang und 315 Kilometer breit, das fährt sich nicht auf einer Pobacke ab. Wir überlegen, ob wir schon im Voraus Unterkünfte buchen sollen, entscheiden uns aber dagegen. Zu viel von unserer Flexibilität würde verlorengehen. Und wenn wir nicht alles schaffen, was wir uns vorgenommen haben, macht es auch nichts. Hauptsache, wir waren da. Angeblich soll Tasmanien ja Australiens schönster Bundesstaat sein, der viel Ähnlichkeit mit Neuseeland haben soll. Na, da sind wir ja mal gespannt!

Tasmanien

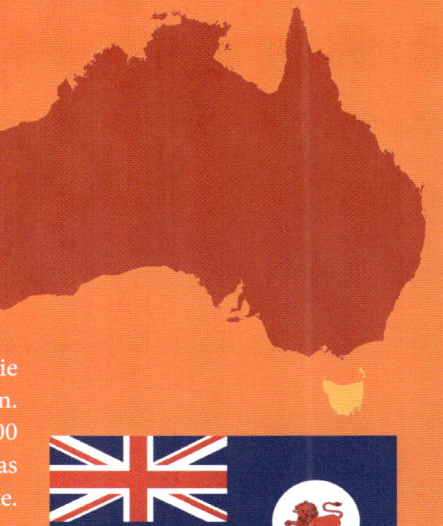

Vor 12.000 Jahren wurde die Insel vom Festland abgetrennt. „Tassie" nennen die Australier die Insel, die schon von vielen Nationalitäten heimgesucht wurde. Zuerst kamen die Holländer, genauer gesagt Abel Tasman, zu dessen Ehren man die Insel später Tasmanien genannt hat. Dann kamen die Franzosen, weshalb viele Ortsnamen an der Ostküste französischen Ursprungs sind. Dann kamen die Briten. Unnötig zu sagen, dass die weißen Abenteurer nicht die Ersten waren, die auf die Insel kamen. Die tasmanischen Aboriginals, man schätzt, dass es 3000 bis 5000 Menschen waren, lebten wohl schon 25.000 Jahre in dem Gebiet. Was folgt, ist ein besonders dunkles Kapitel der australischen Geschichte. Man hatte die Aboriginals „zum Abschuss freigegeben" und in knapp 60 Jahren bis zum Jahr 1865 komplett ausgerottet... Auch Tasmanien war zuerst eine riesige Sträflingskolonie. Heute leben eine halbe Million Menschen in dem Bundesstaat, die Hauptstadt heißt Hobart. Ein Viertel der Insel, die „Tasmanische Wildnis", ist heute UNESCO-Welte.

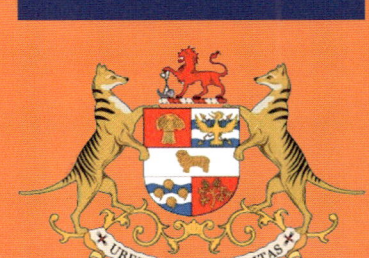

Tag 88, Melbourne - Launceston - Hobart, 365 km, sonnig, 11-23 Grad

240 Kilometer trennen Tasmanien vom australischen Festland, was eine gute Stunde Flugzeit von Melbourne bis Launceston bedeutet. Das Taxi bringt uns pünktlich zum Flughafen. Dort geben wir eine Tasche auf, in der sich Kleidung und Stative befinden. Letztere dürfen nicht ins Handgepäck. Der Flug vergeht blitzschnell, in der Morgensonne kommen wir in Launceston im Norden Tasmaniens an. Während hinter uns das Gepäckband kreist, stehen wir schon am Mietwagenschalter an und bekommen wenig später einen kleinen, roten „Holden Barina". Um 9 Uhr sitzen wir bereits im Auto. Der Himmel ist strahlend blau und unsere Laune blendend. Auf der Straße fallen

> Tasmanien ist der weltgrößte Produzent von Schlafmohn. Daraus werden Schmerzstiller gemacht

als erstes riesige Blumenfelder in rosa und weiß auf. Wir halten an und erkennen Mohnblumen. Blumenfelder, so weit das Auge reicht. Aus unserem ersten Stopp wird ein längerer Filmaufenthalt. Noch im Auto sehen wir uns die unglaublichen Bilder an. Tasmanien ist tatsächlich weltweit der größte Produzent von Schlafmohn. Verarbeitet wird er zu Arzneimitteln wie Morphium und anderen Schmerzstillern. 500 Farmer lassen den Mohn unter strengen Sicherheitsvorkehrungen für die Pharmafirmen gedeihen, weshalb auch überall Schilder stehen, dass man sofort verhaftet wird, wenn man sich dem Feld nähert. Dies gilt allerdings nicht für Wallabies, die wohl des Öfteren auf die Wiese hüpfen, ein bisschen am Strunk saugen und high werden. Ihre Spuren der Verwüstung sind für die Farmer eindeutig: Kreisförmig haben die Wallabies alles niedergetrampelt.

Die Wineglass Bay soll einer der schönsten Strände weltweit sein

Unser erstes Ziel ist die Wineglass Bay. Ein amerikanisches Magazin hat den Strand vor einigen Jahren unter die Top 10 der weltschönsten Strände gewählt. Der Strand liegt in einem Nationalpark und man kann ihn nur mit dem Boot oder zu Fuß erreichen. Im Nationalparkhaus erläutert man uns, welche Routen für Urlauber mit wenig Zeit am besten geeignet sind, und nimmt uns 24 AUD Nationalparkgebühr ab. Wer in Tasmanien etwas sehen will, muss löhnen. Die Insel besteht aus vielen Nationalparks. Wer gleich mehrere besuchen möchte, sollte sich einen Monatspass für 60 AUD zulegen. Stippvisiten wie unsere sind jedoch im System nicht vorgesehen.

Wir fahren zu dem Wineglass-Bay-Besucherparkplatz. Von dort geht's zu Fuß hoch zu einem Aussichtspunkt. Wir schultern unsere Kameras und stapfen den Berg hinauf. Nach 40 Minuten schweißtreibender Wanderung mit 600 Stufen verstehen wir, warum der Ort ein Besuchermagnet ist. Der Strand liegt eingerahmt von Hügeln auf der Halbinsel, das Wasser schimmert aus der Höhe grünlich blau und ist glasklar. Es sind wieder einmal die faszinierenden Farben, die sich uns am stärksten einprägen.

Zurück am Parkplatz sehen wir zwei Mädels, die ein Känguru füttern, obwohl überall Verbotstafeln stehen. Wer diese Schilder missachtet, handelt grob fahrlässig: Kängurus, Possums und Wallabies bekommen

Die Honeymoon Bay hätte den Eintrag in eine Strand-Rangliste genau so verdient: Die Farben hauen uns um

von dem unnatürlichen Fraß eine Krankheit, die „Lumpy Jaw" heißt. Der Kiefer der Tiere verklebt, sodass sie keine Nahrung mehr aufnehmen können und jämmerlich sterben. Also, bitte keine Tiere füttern!

Im Freycinet Nationalpark gibt es noch einige schöne Strände, die von rosa-orangefarbenen Granitfelsen eingerahmt sind. Orthoklas, ein Mineral, ist für die Pinkfärbung im Granit verantwortlich, das Orange kommt von einer Flechte. Wir kommen an der Honeymoon-Bay vorbei und sind nicht die Einzigen, die hier filmen. Eine australische Filmcrew dreht gerade einen Werbespot. Die Bucht bietet in der Tat eine hervorragende Filmkulisse, denn die Farben von Wasser, Felsen und Himmel sind einfach wunderschön. Unsere Entscheidung, hier im Freycinet-Nationalpark zu drehen, hat sich also im Nachhinein als richtig erwiesen. Programmpunkt Nummer zwei ist Hobart, die Hauptstadt Tasmaniens, 200 Kilometer und drei Stunden Autofahrt von hier entfernt. Wir halten unterwegs in regelmäßigen Abständen an, um die Landschaft aufzunehmen. Allerdings sind wir vom frühen Aufstehen doch ziemlich müde und müssen uns beim Fahren immer wieder abwechseln.

Über 200.000 Menschen leben in Hobart an den Ausläufern des Mount Wellington und den Ufern des Derwent Rivers. Schon im zweiten

Wer Tiere mit Menschenessen füttert, befördert sie ins Jenseits. Ihre Kiefer verkleben und sie sterben jämmerlich

Dörfliche Idylle in einer europäisch anmutenden Landschaft in Richmond

Backpacker haben wir Glück mit unserem Zimmerwunsch. Wir finden ein kleines Doppelzimmer ohne eigenes Bad für 69 AUD. Schnell legen wir unsere Taschen ab und folgen dem Essenstipp aus einem Reiseführer. „Vietnamese Kitchen" heißt das "Fully-Licensed"-Lokal am Salamanca Place. Der Platz ist für seine renovierten Lagerhäuser berühmt und in einem solchen soll sich der Vietnamese befinden. Obwohl die Atmosphäre an Bahnhofshalle erinnert, ist das Essen spitzenmäßig - und darauf kommt es schließlich an!

Renovierte Lagerhäuser am Salamanca Place in Hobart

Tag 89, Hobart - Strahan, 298 km, bewölkt, manchmal Sonne, 18-23 Grad

Oh nein, denken wir beim Aufstehen. Nicht wegen der Uhrzeit, sondern wegen der Wolken am Himmel. Heute wollen wir den Mt. Wellington erobern, von dem man einen tollen Blick auf Hobart und Südtasmanien haben soll... Aber daraus wird nichts, denn der Gipfel hüllt sich in Wolken. Dafür zeigt sich in der Stadt ab und zu die Sonne. Also bleiben wir lieber unterhalb der Wolkenschicht, zumal auch Hobart viel zu bieten hat. Es gibt eine sehr schöne Hafenmeile, am Salamanca Place gehen wir diesmal bei Tageslicht an den Kneipen und Kunstlä-

Hobart, die tasmanische Hauptstadt ist die zweitälteste Stadt Australiens nach Sydney

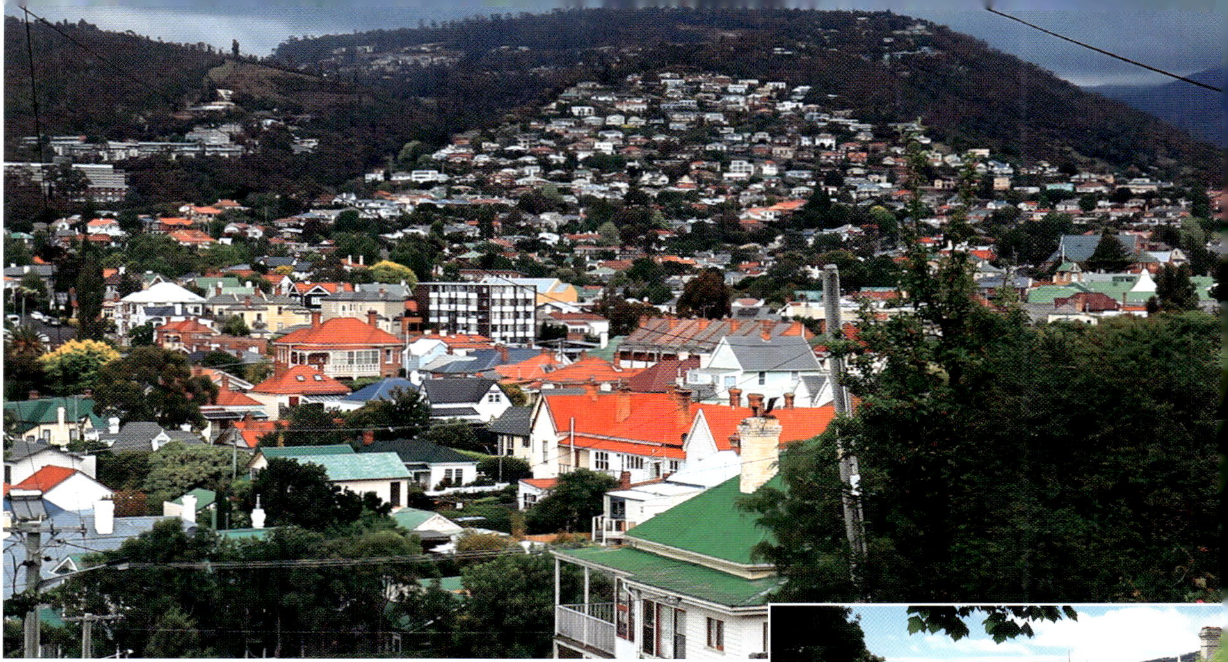

den vorbei, die morgens im Sonnenschein liegen. Es geht weiter am Pier entlang, dort liegen einige fotogene Schiffe wie ein alter Schoner oder große Yachten, es gibt Fischbuden und Restaurants, das ist schon sehr nett hier! Aber leider lässt uns die Sonne nach einer Stunde im Stich. Also fahren wir ein bisschen mit dem Auto durch die Stadt und entdecken das Battery Point Viertel. Hobart ist ja die zweitälteste Stadt Australiens und genau hier haben die ersten Siedler ihre Lager aufgeschlagen. Hobart ist von Wasser umgeben und vor allem von sich sanft erhebenden Hügeln, an die sich hübsche kleine bunte Häuser schmiegen. Es gibt gemütliche Straßencafés und nette Läden, genau wie wir's mögen. Über die Brücke fahren wir auf die andere Seite der Bucht zu einem Aussichtspunkt, der Hobart von seiner schönsten Seite zeigt. Dort machen wir ein Bild und verlassen unsere frisch gekürte australische Lieblingsstadt. Jetzt wollen wir uns Tasmaniens Westküste anschauen und wählen als Zielort Strahan, 300 Kilometer, das heißt vier Stunden reine Fahrtzeit, entfernt. Es geht über die Midlands, vorbei an sanften grünen Teletubby-Hügeln mit vielen grasenden Schafen, Wildbächen, dramatisch wirkenden Bergformationen und durch dichte Wälder. Für die Strecke muss man aber serpentinentauglich sein. Gegen fünf Uhr erreichen wir dann „Strähänn" - dachten wir. Denn die nette Frau im YHA-Backpacker berichtigt uns: „Welcome to STROOOHN!". Und in Strooohn, da ist es richtig schön! 640 Einwoh-

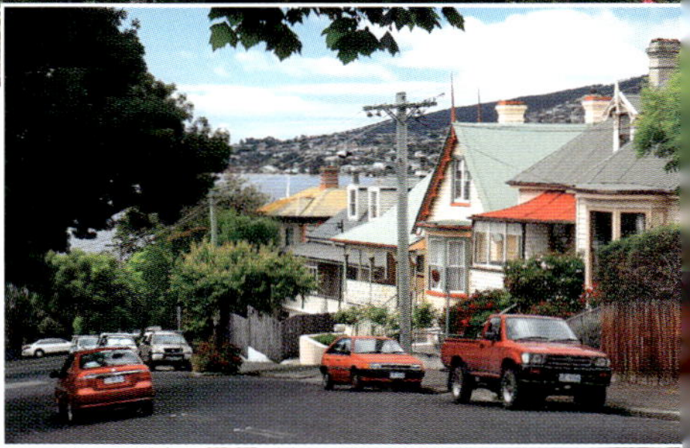

Hobart dehnt sich über die umliegenden Hügel aus

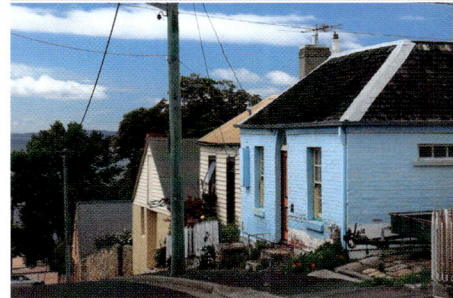

Einer unserer Lieblingsorte in Australien: Strahan

ner hat der hübsche Ferienort und liegt direkt am Macquarie-Hafen. Von hier aus beginnen Touren in die tasmanische Wildnis. Der YHA-Backpacker bietet ein schönes Zimmer (50 AUD) und erweist sich als echter Glücksgriff.

Unsere Gastgeberin empfiehlt uns, den Sonnenuntergang am sechs Kilometer entfernten „Ocean Beach" zu genießen, also fahren wir mit unserer Kameraausrüstung dorthin. 33 Kilometer feinster Sandstrand liegen vor uns. Nur wenig Leute sind unterwegs, die ‚wie wir, mit Fotokamera und einem Glas Rotwein den Sonnenuntergang sehen wollen. Der Strand ist wunderschön, die Dünenlandschaft erinnert an Sylt, doch die Farben gibt es nur in Australien. Das Grün der Pflanzen leuchtet, die Wolken am Himmel zeigen viele Schattierungen von grau bis orange und die Sonne wirft ein glühendes Licht auf die Umgebung. Auch die Berggipfel in der Ferne erstrahlen. So viele schöne Motive

umgeben uns, dass wir die Kamera nicht aus der Hand legen können. Wir treffen einige andere Tasmanien-Reisende und sind uns einig: Tasmanien ist mit das Schönste an Australien, weil es auf wenigen Kilometern so viel Abwechslung bietet und alles noch ursprünglicher als andernorts ist. Manchmal bestehen auf der Landkarte vermerkte Orte lediglich aus fünf Häusern, Strahan als Ferienort ist immer noch klein und übersichtlich und Hobart als Hauptstadt hat so viel Lebensqualität aufgrund seiner Lage und den entspannten Bewohnern. Nur drei Tage in Tasmanien? Definitiv viel zu kurz!

Jetzt sind wir über 16.000 Kilometer von der Nordsee weg und der Strand erinnert uns irgendwie an Sylt

Vierzehnte Woche

Von Strahan bis Kangaroo Island

Henty Dunes: Fast wie auf Amrum – wären da nicht die Berge im Hintergrund

Tag 90, Strahan – Launceston – Melbourne, 359 km, heiter, 22–29 Grad

Morgens um sieben ist die Welt noch in Ordnung? Von wegen! Die Wettervorhersage hat allerschönstes Wetter prognostiziert, doch um sieben Uhr ist davon nichts zu sehen. Im YHA-Backpacker herrscht schon geschäftiges Treiben, die Gemeinschaftsküche duftet nach Spiegelei und verbranntem Toast. Wir verspeisen unseren kläglichen Rest labberiges Brötchen und ziehen los. Vor unserem Abflug am heutigen Nachmittag wollen wir uns noch unbedingt Tasmaniens Norden ansehen. Wir fahren Richtung Zeehan und halten an den Henty Dunes an, die unsere Herzen gleich höherschlagen lassen. Eigentlich handelt es sich um eine 35 Meter hohe, 10.000 Jahre alte Wanderdüne, die direkt im Wald endet. Der riesige Sandberg verschluckt alles, was sich ihm in den Weg stellt. So auch den üppigen Wald, dessen Bäume einfach unter den Sandmassen begraben werden. Unser Weg auf den Dünengipfel ist kein Spaziergang. Wir sinken knöcheltief im feinen Sand ein, der steile Anstieg dauert lange, denn es geht immer nur zwei Schritte vor und einen zurück. Heute sind wir wohl die Ersten, denn wir sehen nur jede Menge Echsenspuren im Sand. Oben angekommen, haben wir einen großartigen Blick auf die Tasmanische See und in der anderen Richtung auf den Wald. Was die Düne schon vor längerer Zeit verschluckt hat, speit sie irgendwann auch wieder aus. Verrottete, graue Baumstämme ragen aus dem weißen Sand hervor. Zum inzwischen blauen Himmel mit Schäfchenwolken bilden die Dünen einen tollen Kontrast und unsere Speicherkarten füllen sich mit Sand.

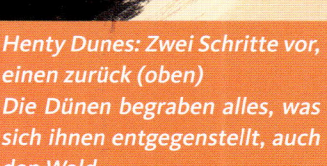

Die Uhr tickt. Unser Navi wurde bereits mit dem Ziel „Flughafen" gespeist, um 17 Uhr müssen wir das Auto abgeben und jeder Stopp kostet köstliche Zeit. Trotzdem bleiben wir etwas länger an den Wanderdünen, denn sie sind nicht nur einzigartig in Tasmanien und wunderschön, sondern haben auch eine längere Sequenz im Film verdient. Nach einer halben Stunde galoppieren wir die Düne wieder herunter, wobei wir unsere Kameras unterm T-Shirt tragen, damit sie kein Körnchen abbekommen.

Henty Dunes: Zwei Schritte vor, einen zurück (oben)
Die Dünen begraben alles, was sich ihnen entgegenstellt, auch den Wald

Auf dem Weg an die Nordküste kommen wir an bizarren Bergformationen des Cradle Mountain Nationalparks vorbei, an blauen Seen, die von Nadelwäldern eingerahmt sind, an noch mehr Mohnplantagen, die uns rosa und weiß schon aus der Ferne entgegenleuchten. Unser Ziel heißt Wynyard. In Wynyard ragt ein Leuchtturm hervor, ein Aussichtspunkt lässt uns auf viele Kilometer Küstenlinie schauen und ein blaues Vögelchen hüpft lustig vor unserer Kamera herum. Es ist ein Superb Blue Wren, ein Prachtstaffelschwanz. Der Stopp lohnt sich, denn die Küstenlinie ist beeindruckend, genauso wie der Wind, der uns um die Ohren pfeift. Über Burnie, eine Industriestadt, geht's nach Devonport. Dort liegt der Fährhafen für die „Spirit of Tasmania", die Fähre, die in ca. 10 Stunden die Bass Straight durchquert, um dann in Melbourne anzukommen. Die Preise, die wir vor einer Wo-

che abgerufen haben, waren 700 AUD pro Person ohne Auto. Deshalb haben wir uns auch für den Flug entschieden (708 AUD für uns beide inkl. einem Gepäckstück + 130 AUD für den Mietwagen). Das knapp 200 Meter lange Schiff liegt im Hafen von Devonport und wartet auf die nächsten 750 Gäste für die Nachtfährfahrt. Wir suchen eine halbe Ewigkeit nach der perfekten Stelle, das Schiff im Hafen aufnehmen zu können, und finden sie dann endlich an der gegenüberliegenden Kaimauer. Auch das wäre also geschafft.

Wir verlassen den Highway, da wir vor lauter Raserei nichts von der Landschaft mitbekommen. Als Christian auf dem Navi eine neue Route eintippt, muss er grinsen: „Ein Lacher ist inklusive", kündigt er seine Wahl an, und bei jedem Schild, das Silke liest, versucht sie, den Humorfaktor zu bewerten. Erst als unser Navi verkündet „Fahren Sie acht Kilometer auf der Frankford Road", ist klar: Es geht nach Hause. Sozusagen. Frankford in Tasmanien hat allerdings nur

eine sehr geringe Einwohnerzahl und die Vorbeirasenden fragen sich wahrscheinlich jetzt noch, warum zwei Touri-Trottel am Ortsschild stehen, um sich dort zu fotografieren. Silke als Frankfodder Mädsch hofft auf ein T-Shirt mit der Aufschrift „I love Frankford", aber der tasmanische Mini-Ort hat sich auf diese Art von Bedürfnissen noch nicht eingestellt. Nach einigen weiteren Stopps an prächtigen Mohnfeldern und Kamilleblütenanpflanzungen ist unsere verbliebene Zeit fast aufgebraucht.

Deshalb fahren wir auf der kürzesten Route Richtung Launceston. Der Flughafen liegt einige Kilometer entfernt auf dem platten Land und wir müssen noch tanken. Die Kilometeranzeige offenbart: In drei Tagen sind wir knapp 1200 Kilometer gefahren. Dies grenzt an Irrsinn, hat aber wirklich Spaß gemacht. Wir würden Tasmanien auf jeden Fall nochmals bereisen, dann aber mindestens drei Wochen hier verbringen, denn die Landschaft ist wirklich außerordentlich schön und abwechslungsreich. Mit vielen schönen Geschichten und Aufnahmen im Gepäck erreichen wir schließlich den Flughafen und sitzen keine 40 Minuten später schon wieder im Flugzeug. Tasmanien hat tatsächlich nur wenig mit dem australischen Festland zu tun und erinnert uns eher an Neuseeland, wo auch hinter jeder Kurve ein neues Fotomotiv wartet. Nur einen Tasmanischen Teufel haben wir leider nicht gesehen. Als wir in Melbourne ankommen, stellen wir uns in die Taxischlange und bekommen irgendwann ein Taxi zugewiesen. Das Thermometer zeigt 29 Grad. Auf dem Campingplatz stellen wir unseren Camper wieder auf eine powered site und genießen den restlichen Abend. Lang wird er allerdings nicht, wir sind hundemüde.

Tag 91, Melbourne – Portland, 352 km, erst wolkenlos, dann sonnenlos, 27 Grad

Unsere Campingplatz-Nachbarn, die Corellas

Wie gut, dass wir die Great Ocean Road schon gefilmt haben, denn die Sonne lässt sich auf unserer Fahrt Richtung Adelaide nicht ein einziges Mal blicken. Deshalb nehmen wir auch die „unscenic route" bis Warnambool und fahren dann weiter ins nette Städtchen Port Fairy. 280 Kilometer bringen wir so schnell wie möglich hinter uns. Zur Belohnung soll's dann in Port Fairy einen Kaffee und einen Blueberry Muffin geben. Wir halten an einer Bäckerei und freuen uns über ein frisches Sauerteigbrot mit Namen „Vienna" und nippen am Kaffee. Nach den ersten Schlückchen schauen wir uns um und entdecken gleich mehrere nette Cafés und Läden und ärgern uns fast, dass wir bei der erstbesten Gelegenheit schon zugeschlagen haben. Kaum zu glauben, dass so ein kleiner Ort mehr Cafés, Krimkrams- und Klamottenläden hat als eine Stadt wie Perth! Nach einem Blick zum Strand und auf die Uhr fahren wir 60 Kilometer weiter bis nach Portland. Weiter kommen wir nicht. Die Tankanzeige prophezeite zwar schon seit einigen Kilometern das nahende Ende des Tankinhalts, aber wir haben uns schlichtweg verschätzt mit der Reserve. Da Silke in 24 Jahren Autopraxis noch nie liegengeblieben ist, verwandelt sich ihr ungläubiger Blick beim ersten Ruckeln in ein Entsetzen, als wir gerade noch so auf den Seitenstreifen mitten in der Stadt rollen. Und dann geht nichts mehr. Der Versuch, den Riesencamper vom Busstreifen zu schieben, scheitert natürlich. Also marschiert Christian zur nächsten Tankstelle mit dem Auftrag, einen Reservekanister zu besorgen. In der Zwischenzeit sitzt Silke im Camper und schaut möglichst hilflos drein, während die Polizei viermal vorbeifährt und das Touri-Geschoss auf der Busspur anstarrt. Eigentlich ungewöhnlich für Australien, dass nicht jeder dritte Autofahrer hält und fragt, ob alles in Ordnung sei oder ob wir Hilfe bräuchten. Im Straßenverkehr sind die Aussies ja dermaßen entspannt! Das Vorhandensein ihrer Hupe haben sie wohl noch nie überprüft, sie drängeln nicht auf der Straße, lassen uns trotz dreister Überholmanöver großzügig einscheren, ohne uns einen Vogel oder ähnliches zu zeigen – auch nach drei Monaten im Land ist das für uns immer noch kaum zu glauben! Aber immerhin zeigen die Aussies eine gewisse Neugierde, denn alle werfen einen Blick in den Camper. Wir sind überzeugt: Wenn Silke hilflos gewunken hätte, hätte es im Nu die ersten freiwilligen Helfer gegeben. In diesem Fall aber sind wir froh, in Ruhe gelassen zu werden. Ist schon peinlich genug, das Auto trockenlaufen zu lassen. Eine halbe Stunde später kommt Christian endlich mit dem Reservekanister zurück. Rein mit dem Diesel, und nach ein paar unrhythmischen Zuckungen surrt der Camper auch wieder brav vor sich hin. Bevor wir nun einen Campingplatz suchen, müssen wir als allererstes natürlich eine Tankstelle anfahren. Dort haben wir dann eine Begegnung der dritten Art. Als wir auf die Tankstelle fahren wollen, sind wir kurzzeitig irritiert: Wo ist denn nun die Einfahrt? Wir passieren ein „No Entry"-Schild und stehen als Nächstes vor einem Schild mit der Aufschrift „No Exit". Kurzes Überlegen: Also, vorne dürfen wir nicht reinfahren und hinten nicht raus. Aha. Warum um alles in der Welt schreiben die Australier denn nicht einfach vorne „Exit" und hinten „Entry" hin? Dieses Um-die-Ecke-Denken ist symptomatisch für das Land. Es zeigt, wie unterschiedlich Denkweisen sein können.

Weil es schon nach fünf Uhr ist, hat das Visitor Center bereits geschlossen, aber immerhin liegt ein Willkommenspaket mit den nötigsten Infos zum Mitnehmen bereit. Unser anvisiertes Ziel ist ein Campingplatz am Strand, nur vier Kilometer außerhalb. Als wir dort anrufen, ob noch jemand im Büro ist, wenn wir kommen, trällert uns eine weibliche Stimme entgegen: „Aber ja, wann immer ihr wollt! 27 AUD powered und wir freuen uns auf euch!". Na, das klingt ja vielversprechend. Sofort schmeißen wir unsere aufgetankte Kiste an und fahren los. Ein entzückendes älteres Pärchen öffnet uns die Tür, schnackt mit uns über dies und das und zeigt uns in aller Ruhe den Platz und die Regenwassertonne, wo wir morgen früh unser Kaffeekochwasser herbekommen. Es ist einfach herrlich, so herzlich aufgenommen zu werden, einen netten Klönschnack zu halten und dann zwischen zwitschernden Vögeln etwas Leckeres zu kochen. Heute gibt's selbst gemachte Veggie Burger deluxe mit frischem Salat und australischem Olivenöl. Das Leben ist schön.

South Australia

So trocken wie in South Australia ist es in keinem anderen Bundesstaat. So unaufgeregt wie Adelaide ist keine andere Hauptstadt. So stolz wie hier sind die anderen Aussies nicht auf ihre Herkunft: South Australia wurde als einzige Provinz von freien Bürgern gegründet. Männer und Frauen, egal welcher Herkunft und Religion, sollten gleichberechtigt sein, das war das Gesellschaftsideal der Gründer. Nach South Australia kamen ab 1838 über 800 deutsche Farmer und Handwerker, weil sie als Lutheraner in Preußen verfolgt wurden. Mehrere deutsche Relikte sind noch zu besichtigen. Im Barossa Valley ließen sich einige Winzer nieder, heute ist das Gebiet eine der berühmtesten Weinregionen Australiens. Dass die Südaustralier liberaler und weltoffener sind, lässt sich an politischen Entscheidungen ablesen: Ab 1894 durfte man Frauen ins Parlament wählen, Rassen- und Geschlechterdiskriminierung wurde früh unter Strafe gestellt und Homosexualität legalisiert. Von den 1,8 Millionen Einwohnern leben allein eine Million Menschen in Adelaide. Das Outback macht 75% des Bundesstaats aus.

Das Wappen von South Australia trägt den sogenannten „Piping Shrike" (flötenden Würger) . Allerdings gibt es gar keine Vogelart dieses Namens

Tag 92, Portland – Kingston S.E., 353 km, bewölkt, 25 Grad

„Let's do the time warp again!", singen wir, denn wir überqueren die letzte Bundesstaatengrenze auf unserer Reise von Victoria nach South Australia. Dieses Mal müssen wir die Uhr um eine halbe Stunde vorstellen. Damit uns die Polizei kein Verwarnungsgeld wegen Missachtung der Quarantäne-Vorschriften aufhalst, essen wir kurz vor der Grenze noch unsere letzte Orange, lesen nach, dass wir Salat nach South Australia mitnehmen dürfen, und gehen davon aus, dass dies auch für Reis gilt. Die Orangenschalen entsorgen wir brav im Quarantäne-Mülleimer an der Grenze. Beim Öffnen des Deckels fliegen Silke 100.000 Fruchtfliegen ins Gesicht und der Geruch nach verdorbenem Obst kriecht aus dem gelben Mülleimer. Bäh. Auf dem Weg zu unserem heutigen Zielort Kingston fahren

wir durch einige kleine Fischerstädtchen, wie zum Beispiel Port Mac Donnell, und filmen in Mount Gambier einen wunderschönen See, der einmal im Jahr aus bisher ungeklärter Ursache seine Farbe ändert, von grau nach leuchtendblau. In Kingston ist das Wetter nicht nett zu uns, seit Stunden regnet es immer wieder, der Himmel zeigt sich grau in grau und an der Küste weht ein rauer Wind, der unseren Camper zum Schaukeln bringt.

Kingston ist für seine Hummer bekannt. Und für einen gigantischen Riesen-Hummer, 17 Meter lang und 4 Tonnen schwer. Er steht direkt an der Straße und ist ein begehrtes Fotoobjekt, aufgrund seiner Größe stellt er aber auch eine echte Herausforderung für Fotografen dar. Wie kommt das Riesending nun dorthin? Wir lesen, dass ein Fischer einst ein 17 Fuß langes Hummermodell bestellt hat, um

„Larry the Lobster" begrüßt die Gäste Kingstons

es auf das Dach eines neuen Visitor Centers zu montieren. Irgendet-
was muss bei der Bestellung schiefgelaufen sein, denn die Handwerker
haben einen 17 Meter langen Hummer gefertigt, der jedes Haus platt-
gemacht hätte. Trotzdem hat sich besagter Hummerfischer des orangefarbenen Riesenhummers angenommen und Larry, so nannte er das
Tierchen, in den Vorgarten seines neuen Souvenirladens gesetzt. Es ist
nicht das einzige „Big Thing" in Australien. Wir sind schon an einer
Riesen-Banane, einem Riesen-Krokodil und einem Riesen-Hammel
vorbeigekommen. Rund hundertfünfzig solcher Giganten gibt es in
Australien. Auf dass die Touris kommen und der Rubel rollt...

Tag 93, Kingston S.E. - Williamstown (Barossa Valley), 348 km, sonnig, auch mal bewölkt, 21 Grad

Wir wachen bei strahlendem Sonnenschein auf, huschen in die Dusche, frühstücken in Rekordzeit und sitzen wenig später im Camper.
An der „Limestone"-Küste entlang geht es Richtung Adelaide. Heute
Abend wollen wir im Weingebiet Barossa Valley sein, gut 65 Kilometer
nordöstlich von Adelaide. Das bedeutet: 320 Kilometer, mindestens

Richtig ländlich, der Weg nach Adelaide

vier Stunden fahren und zwischendurch mal anhalten und filmen. Ungefähr 70 Kilometer nördlich von Kingston entfernt liegt Salt Creek. Eigentlich wollten wir den Ort links liegen lassen, aber schon vom Highway blitzt uns ein weißer See entgegen. Auf dem „Coorong Scenic Drive", einem 13 Kilometer langen Schotterpistenrundkurs, können wir uns die Salzseen genauer anschauen. Zentimeterhoch liegt das Salz grobkörnig im ausgetrockneten See. Die Kristalle glitzern in der Sonne und die am Rand abgelagerte ockerfarbene Erde erinnert an Elefantenhaut.

Keine zwei Kilometer weiter strahlt uns ein pinkfarbener Salzsee entgegen. Im Wasser lebt eine Alge, die bei Wärme rötlich leuchtet. Mit dem weißen Salz zusammen ergibt das ein sanftes Pink. Nur einige Kilometer weiter stehen wir auf einer Landzunge, vor uns erstreckt sich eine Lagune, deren Wasser flaschengrün ist. Unterwegs laufen uns noch einige Echsen vors Auto. Eine Vollbremsung ist notwendig und offenbart: 30 Zentimeter ist die Echse lang, wenn sie züngelt, kommt eine schwarzblaue Zunge zum Vorschein, und ihre braunschwarze schuppige Haut ist gemustert wie ein Tannenzapfen. Passenderweise heißt das schöne Tier auch Tannenzapfenechse.

Salt Creek: Rosafarbener See, weiße Salzkrusten und an Elefantenhaut erinnernder Boden

Christians Unfall

Beim Versuch, die Echse zu filmen, passiert es: Silke stoppt den Camper, ich reiße die Tür auf und flitze um das Auto herum, rutsche dabei aber mit vollem Tempo auf der Schotterstraße aus. In einem meterlangen Sinkflug stürze ich auf die grobschottrige Piste. Beim Fallen habe ich nur einen Gedanken im Kopf: Kamera retten! Da ich das gute Stück in der rechten Hand halte, entscheide ich in einer Millisekunde, mich beim Fallen zu drehen, um den Sturz mit links abzufangen. Gut gedacht - schlecht gemacht. Meine linke Handfläche scheuert eineinhalb Meter über den Schotter, meine linke Schulter, auf die ich rolle, schrabbt noch einen halben Meter über den Kies. Und die Kamera? Sie fällt im niedrigen Bogen auf die Straße. Die letzten Schottersteinchen kommen zum Liegen. Stille. Dann ein Aufschrei. Mein linker Handballen ist bis in die tieferen Hautschichten aufgeschrappt. Silke, die im Auto Zeugin dieser zirkusreifen Vorstellung wurde, öffnet schnell die Tür und rechnet mit dem Schlimmsten: Kamera und Kameramann kaputt. Schnell versuche ich aus der klaffenden Wunde in der Handfläche die Steine rauszulutschen. Auch an der Schulter zeigt sich eine ordentliche Schürfwunde unter dem zerrissenen T-Shirt. Die Kamera liegt einen Meter entfernt von mir und ist wunderbarerweise auf der Stativplatte gelandet und nicht auf dem Objektiv. Nur ein paar Schrammen hat sie abbekommen und funktioniert noch- Glück gehabt! Meine Hand aber blutet wie verrückt. Nach den ersten Schrecksekunden und mit einem unerbittlichen Pulsieren in der Hand rappel ich mich auf und versorge meine Wunden. Von Echsen will ich gerade nichts mehr wissen, auch nicht von Salzseen. Silke holt eine eiskalte Dose Bier aus dem Kühlschrank, die die Hand kühlen soll. Ich brauche die Abkühlung aber auch von innen und hoffe, sie betäubt die Schmerzen ein bisschen. Was für ein Glück, dass heute Tag 93 und nicht Tag 3 ist. Ab sofort wird nur noch einhändig gedreht...

Nach eineinhalb Stunden kommen wir in Hahndorf an. Hier haben sich vor sieben Generationen deutsche Auswanderer aus Ostpreußen niedergelassen, genauer gesagt war es im Jahr 1839, als 54 Deutsche hier sesshaft wurden. Als Lutheraner wurden sie in ihrer Heimat verfolgt und daraufhin schipperten sie nach Australien. Auf der Suche nach etwas typisch Deutschem, das im Reiseführer angeblich an jeder Ecke lauert, laufen wir die lange Hauptstraße rauf und runter. Wir lesen „Ottos Bakery" und „Kaffeehaus" und könnten für 9 AUD eine Tüte Erdnusslocken erstehen. Im „Hahndorf Inn" servieren Nikoläusinnen „German Bratwurst" und Haxen zu bayerischem Weißbier und Brezeln. Gegen Mittag herrscht hier ein ordentliches Gedränge. Nur 25 Minuten von Adelaide entfernt, verbringen hier viele ihren Sonntagnachmittag. Es gibt nette

Schwarze Echse von links nach rechts: Das bringt Unglück, jedenfalls für Christian

Cafés, einen Käsehändler, einen Weinhändler und jede Menge Souvenir-Shops. Da wir ein Interview mit jemandem machen wollen, der hier aufgewachsen ist und noch Deutsch sprechen kann, fragen wir in der Touristeninformation nach. Dort gibt man uns den Tipp, im Kaffeehaus gegenüber nach Heidi Ausschau zu halten. Ihr Vater, Otto von der Bäckerei, spricht noch deutsch, heißt es, Heidi wohl auch. Also nichts wie hin, wir sind gespannt auf die Geschichte Hahndorfs. Doch es stellt sich heraus, dass Heidi des Deutschen nicht mächtig ist. In ihrer Generation, so erzählt sie, sei das überall so. Leider sei ihr Vater im Moment nicht da. Sie selbst gibt sich als kamerascheu zu erkennen, und so ziehen wir weiter, in der Hoffnung, noch einen Gesprächspartner zu finden. Im „Hahndorf Inn" werden wir schließlich fündig. Dort sitzt eine vergnügte Motorradgang, die sich aus Deutschen, Iranern und Iren zusammensetzt. Die Auswanderer fahren einmal im Jahr nach Hahndorf, um hier Bratwust mit Kartoffelsalat zu essen, und erzählen begeistert, dass sich das anfühle, als käme man nach Hause zu Muttern.

Anders als man vermuten sollte spricht in Hahndorf niemand mehr deutsch

Da wir heute noch ins Barossa Valley fahren wollen, geht's gegen vier Uhr weiter über die kurvige Strecke bis nach Williamstown, dem südlichsten Ort der berühmten Weinbauregion. Aus einem „Barossa Valley"- Touristenführer haben wir uns eine Winzerfamilie ausgesucht, die wir fragen möchten, ob sie morgen Zeit und Lust auf ein Interview hat. „TeAro Estate" hat einen schönen „Tasting Room" direkt an der Hauptstraße und wir treffen dort auf Trevor Fromm. Seine ostpreußischen Großeltern haben das Weingut gegründet, sein Vater hat es weitergeführt, und inzwischen sind auch sein Sohn und Schwiegersohn mit dabei. Ein kleines Familienunternehmen also, das Shiraz, Merlot, Grenache, Riesling und Pinot Grigio produziert. Trevor ist von der Idee begeistert, uns morgen das Weingut zu zeigen, und wir verabreden uns für zehn Uhr mit drei Generationen aus der Fromm-Familie. Nach einer kleinen Weinverkostung kaufen wir noch zwei

Das Barossa Valley ist eines der bekanntesten Weinanbaugebiete Australiens

Flaschen der leckeren Rotweine und freuen uns auf den Abend auf
dem nahe gelegenen Campingplatz. Heute gibt's mal Wein zum frisch
gekochten Abendessen. Hicks.

Tag 94, Williamstown – Adelaide, 154 km, bewölkt, 21 Grad

Ryan ist 31, sein Vater Trevor 60 und Grandpa Ron 80 Jahre alt. Drei
Generationen arbeiten zusammen, um 60 Hektar Rebfläche zu bewirt-
schaften. Im Barossa Valley hängen jetzt im Dezember schon überall
erbsengroße, grüne Trauben am Rebstock und im März/ April werden
sie geerntet. Das Barossa Valley ist nur 25 Kilometer lang, doch rund
80 Winzer haben hier ihr Weingut. Die Konkurrenz ist also groß und
jeder versucht, aus seinen Trauben das Beste herauszuholen. So auch die
Fromms. Schon 1919 wurde das Weingut von Rons Eltern gegründet.
Sie mussten erst einmal den Hügel roden, um hier die Weinstöcke zu
pflanzen. Als wir auf dem Weingut ankommen, sind die drei Nachkom-

*Drei Generationen kümmern
sich auf dem Weingut „TeAro
Estate" darum, das Potenzial
der edlen Gewächse auszu-
schöpfen*

men gerade auf dem Weg in den Weinberg, um den Feuchtigkeitsgehalt des Bodens zu bestimmen. Der ist wichtig für den späteren Geschmack der Trauben. Es macht Spaß, den Dreien mit der Kamera bei ihrer Arbeit zuzusehen und ihnen Löcher in den Bauch zu fragen. Das Besondere an den Weinen aus dem Barossa Valley ist der unvergleichliche Geschmack, erzählen sie. Der Shiraz schmeckt nach Pflaumen oder Waldbeeren, manchmal sind Kaffeearomen und Schokolade zu schmecken. Die Weine haben einen hohen Alkoholgehalt, was daran liegt, dass es hier im Sommer ganz schön heiß wird und die Trauben viel Sonne abbekommen. Ryan muss noch in seinen Weinkeller gehen und eine Probe nehmen. Die Grenache Traube ist eine der traditionsreichsten im Barossa Valley, ein „hidden gem" ein versteckter Edelstein, sagt Ryan. „Das ist der beste Teil meiner Arbeit", lacht er, als er mit der Stahlpipette Rotwein aus dem Eichenfass holt und in ein Glas füllt. Er schwenkt das Glas, hält es an die Nase, nimmt erst einen tiefen Zug und dann einen Schluck und lässt sich den Wein über die Zunge gehen. „Ja, das wird ein toller Wein", sagt er. Einige Monate muss er hier noch reifen, dann kommt er in die Flasche und in den Verkauf (www.tearoestate.com).

Nach dem Dreh fahren wir noch ein wenig durch die Orte des Barossa Valleys. Wir stellen fest, dass das Valley, also das Tal, nicht im klassischen Sinne ein Tal ist. Hier gibt's eigentlich keine richtigen Hügel, also auch kein Tal, so dass wir über viele Kilometer an Weinreben vorbeifahren, die ebenerdig liegen. In den kleinen hübschen Winzerorten werden auf vielen Weingütern Weinproben angeboten. Da wir heute aber noch in Adelaide auf einen Campingplatz fahren wollen, widerstehen wir der Versuchung und machen uns auf den Weg. Im Feierabendverkehr rollen wir Stoßstange an Stoßstange auf einen Campingplatz in der Millionenstadt. Heute müssen wir so einiges an Filmaufnahmen auf die Festplatte laden und uns auch mal wieder um so etwas Profanes wie Wäsche waschen kümmern. Das ist wirklich leicht in Australien, weil jeder Campingplatz Waschmaschinen und Trockner hat. Im Toplader allerdings, der die Wäsche im besten Fall ein paar Mal lieblos durch das Wasser schwenkt, werden die Klamotten nie richtig sauber. Unsere Lieblingskleidungsstücke haben wir deshalb auch zum großen Teil gar nicht erst mitgenommen, denn nach dreieinhalb Monaten Australien wären sie reif für die Tonne...

Tag 95, Adelaide – Second Valley, 127 km, kühl und bewölkt, 19 Grad

Zum Shoppen und Essen gehen sehr nett: die Rundle Street in Adelaide

Unser Campingplatz liegt nur zweieinhalb Kilometer von Adelaides Hauptgeschäftsstraße entfernt, weshalb wir in die Stadt laufen, anstatt den Bus zu nehmen. Adelaide rühmt sich, die einzige Stadt Australiens zu sein, die damals nicht als Sträflingskolonie gegründet wurde. Vielleicht hat sie deshalb den Ruf, langweiliger zu sein als die anderen vier Großstädte, die vor Adelaide auf der Rangliste der höchsten Einwohnerzahlen stehen (Sydney, Melbourne, Brisbane und Perth). Wir laufen durch einen großen, angelegten Park, rechts der Adelaide Zoo, links der Botanische Garten, in der Mitte auf dem Reißbrett angelegte Straßen. Die Rundle Street, auf die wir als Erstes stoßen, ist eine sehr nette Straße mit Kneipen, Klamotten- und Krimskramsläden. Hier finden wir zum ersten Mal auf unserer Tour Läden, in denen wir etwas Passendes für unsere Lieben zu Hause finden. Die Rundle Mall, die sich direkt anschließt, ist voll mit Läden, netten Arkaden und Einkaufsmalls.

Auf der Straße spielen alle halbe Stunde andere Musiker um die Gunst der vorbeischlendernden Leute. Obwohl hier der große Weihnachtseinkauf stattfindet – in elf Tagen ist Weihnachten - sind alle bester Dinge. Die Gelassenheit der Aussies wird uns in Deutschland echt fehlen. Nach einigen Stunden Stadtbummel fahren wir zum Aussichtspunkt auf den Mount Lofty. Nach vielen Kilometern auf dem Freeway geht es dann noch in Serpentinen auf den 700 Meter über der Stadt liegenden Aussichtspunkt. Wir genießen den Ausblick. Fast bis nach Südaustralien können wir blicken, bei klarer Sicht

Eine Shoppingmall in der Fußgängerzone von Adelaide

sieht man sogar unser nächstes Ziel, Kangaroo Island. Da wir morgen schon um halb neun an der Fähre im 90 Kilometer entfernten Cape Jervis sein müssen, fahren wir noch bis zu einem Campingplatz kurz vor der Ablegestelle. In Second Valley strahlt uns ein blau glitzerndes Meer entgegen, auf dem Jetty stehen einige Angler, die ihr Glück in dem glasklaren Wasser versuchen, und auf dem Campingplatz machen Kakadus den schönsten Alarm, den wir uns vorstellen können. So viel Gekreische, aber keineswegs störend. Wir schauen noch ein bisschen den hübschen weißen Vögeln zu, die umeinander herumscharwenzeln. Auch das werden wir bald sehr vermissen!

Tag 96, Second Valley - Kangaroo Islands, 180 km, mal Sonne, mal Wolken, 13 - 22 Grad

„Na, haben die Vögel euch geweckt?", fragt der Campingplatzbesitzer scheinheilig. Die hübschen Kakadus haben zwischen fünf und sechs wieder einen Mordsradau gemacht. Und zwar so richtig. Ihr KraKra-Gekreische weckt uns besser als jede Melodie unseres Handys. Wer davon nicht wach wird, hat einen beneidenswerten Schlaf. Um acht Uhr fahren wir Richtung Kangaroo-Island-Fähre, eine halbe Stunde vor Abfahrt sollen wir uns dort einfinden. Es warten noch 50 andere Autos auf die Verladung, außerdem auch einige LKW. Auch wenn Sealink mindestens viermal am Tag zwischen Festland und Insel hin- und herpendelt, ist Vorbuchen wohl zu empfehlen. Das Schiff sieht gar nicht so groß aus... Ob wir noch mitkommen? Der Verlademeister lässt zuerst die PKW auf die Fähre fahren und weist sie an, an den Seiten zu parken, dann kommen die Brummis und fast zuletzt verschluckt der Schiffsbauch auch unseren Camper, den wir rückwärts auf die Fähre fahren müssen, weil die Fähre nur auf einer Seite eine Verladerampe hat. 45 Minuten dauert die Überfahrt. Das Meer sieht wie die Aquamarin-Farbe im Tuschkasten aus. Und dann erst die Wellen! Etwa vier Meter hoch sind sie, sehr lang, und sie bringen das große Schiff ordentlich zum Schaukeln. Da sie von der Seite kommen, ist es für die Leute an Board ganz schön schwierig, an Deck zu laufen. Wenn sie vom Heck zum Bug wollen, müssen sie das in sehr weit angelegten Schlangenlinien tun, was sehr lustig aussieht.

Überfahrt nach Kangaroo Island bei steifer Brise

Im kleinen Ort Penneshaw kommen wir an und im Nu leert sich das Schiff. Alle wollen sich ins Abenteuer stürzen, denn Kangaroo Island ist für atemberaubende Natur und eine reiche Tierwelt bekannt. Weil es 16 Kilometer vom Festland entfernt liegt, gibt's hier seltene Tierarten wie das Kangaroo Island Känguru, dessen Fell dunkler und dicker ist als bei seinem grauen Känguru-Verwandten vom Festland. Auch die Tammar Wallabies und australische Seelöwen sind hier besonders. 155 Kilometer ist die Insel lang und 55 Kilometer breit. Viele Straßen sind noch Schotterpiste, und weil es in den letzten Wochen viel geregnet hat, sind sie in einem schlechten Zustand. Im Visitor Center, das wir als Allererstes anfahren, rät man uns ab, mit dem Camper die ungeteerten Straßen zu benutzen. Höchstens, wenn es absolut keine

Alternativroute gibt. Die Hauptwege aber sind asphaltiert und so erreichen wir unser heutiges Ziel, die Sea Lions, die hier auf einem fünf Kilometer breiten Streifen ihr Revier haben. Um sie aus der Nähe zu betrachten, gibt's es zwei Möglichkeiten, die beide Geld kosten: Für 15 AUD darf man auf einem Bohlenweg fast bis zum Strand laufen. Von dort aus sehen wir bis zu 150 Tiere, allerdings kommen wir selbst mit unserem Teleobjektiv nicht nahe genug an sie heran. Wir entscheiden uns deshalb noch für eine geführte Tour für 30 AUD, denn dann geht ein Guide mit einer kleinen Gruppe direkt an den Strand, an dem die Seelöwen liegen. So kommen wir den Tieren bis auf 50 Meter nahe. Lilly, unser Guide, erklärt, dass 1600 Tiere zur Kolonie gehören und sie meist drei Tage im Wasser sind, um im sieben Kilometer entfernten Fischrevier auf Beutezug zu gehen. Dann kommen sie für drei Tage an Land, um sich von den Strapazen auszuruhen. Aber die Seelöwen liegen nicht nur faul am Strand, wir bekommen einiges geboten: Die ausgewachsenen Seelöwen schleppen ihre 350 Kilo den Strand runter und lassen sich von den Wellen immer weiter ins Wasser schwemmen. Die jüngeren Seelöwen tragen ständig

Kangaroo Island ist nicht nur für seine Kängurus bekannt, sondern auch für seine Seelöwenkolonie

kleine Revierkämpfe aus, sie stupsen und beißen sich, wobei ihre Brust beim Seelöwengeheul anschwillt. Manche jagen sich gegenseitig und wir sind baff, wie schnell die Tiere den Strand entlangwetzen können. Einige ganz kleine Seelöwen liegen bei ihren Müttern am Strand und die etwas größeren gehen schon alleine schwimmen. Wenn sie dann aus dem Wasser kommen, stimmen sie ein herzzerreißendes Geheul an, um wieder zu ihren Müttern zu finden.

Ein großes männliches Tier schenkt uns nicht einen Blick, als er, keine 15 Meter von uns entfernt, aus den Dünen Richtung Strand robbt (oder sagt man in diesem Fall „seelöwt"?) Wir dürfen ziemlich lange gucken und wechseln dreimal unseren Standort. Irgendwann bläst Lilly zum Aufbruch. Fazit: Eine tolle Gelegenheit, diese faszinierenden Tiere zu beobachten. Wie immer stellen wir uns die Frage, ob der Eintritt von 30 AUD p.P. gerechtfertigt ist. Als wir einer Gruppe Studenten begegnen, die darüber beraten, ob sie sich das zu viert leisten können oder 120 AUD lieber anderweitig ausgeben, finden wir es schade, dass sich die Australier so viel für ihre Natur bezahlen lassen und sie damit Menschen vorenthalten, die nicht so viel Geld zur Verfügung haben.

Auf dem Weg ganz in den Westen zum Flinders Chase Nationalpark und dem davor liegenden Campingplatz halten wir spontan an den Kelly-Hill-Höhlen. Abgesehen von uns macht nur noch ein Pärchen aus Schottland die 45-minütige Tour mit. Jane ist unser Guide. Sie sperrt eine unscheinbare Holztür auf und lässt uns auf einer steilen Treppe 25 Meter in die Tiefe steigen. Sie knipst effektvoll die ersten Scheinwerfer an und wir schauen auf ein Meer von Stalaktiten und Stalagmiten. Hier unten ist fast nichts zu hören, nur das Atmen der Mit-Höhlenentdecker, ganz selten ein Tröpfchen und zwischendurch immer mal wieder Jane, die uns leuchtenden Auges von diesem besonderen Höhlensystem erzählt. Wir befinden uns in einer Kalksteinhöhle, dies alles war einmal Sand einer riesigen Düne. In deren Untergrund hat sich vor 500.000 Jahren die Höhle ge-

In der Tropfsteinhöhle von Kelly Hill

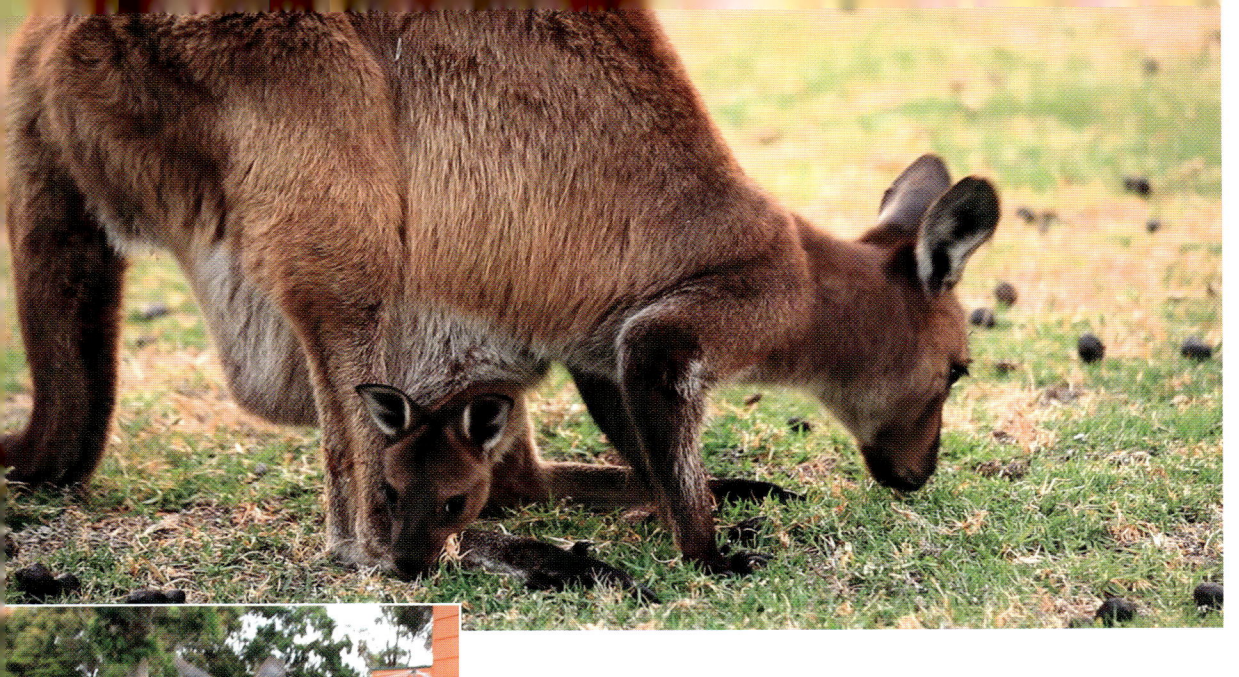

Verspielte Kängurus auf dem Campingplatz

formt. Nur dort, wo sich alle paar Minuten ein winziger Tropfen löst, wachsen die Stalaktiten ganz langsam weiter. In insgesamt vier Höhlenräume dürfen wir einen Blick werfen. Keine Sekunde können wir die Kamera aus der Hand legen, so spannend ist es hier. Auch wenn uns die dunklen Lichtverhältnisse etwas Schwierigkeiten bereiten. Deshalb bitten wir Jane, einzelne Objekte mit ihrer Taschenlampe anzuleuchten. Kopfschüttelnd sagt die Schottin: „So etwas Wunderbares bringt nur die Natur fertig. Kein Mensch könnte dies mit seinen Händen formen. Es ist so überwältigend schön hier unten!" Weise, wahre Worte.

Weil es schon wieder fast 17 Uhr ist, fahren wir ohne weiteren Stopp zum Campingplatz, auf dem viele Inselbewohner zwischen den Campern und Zelten unterwegs sind. Wir sind noch nicht richtig in unsere Parkbucht gefahren, da schaut uns schon das erste Känguru an und mäht dann weiter die Wiese. Viele Camper laufen mit Fotoapparaten über das Terrain, denn in den Eukalyptusbäumen sitzen Koalas und über unseren Köpfen fliegen grau-rosa-farbene Vögel, die Pink Kakadus. Wir nehmen natürlich auch gleich die Kamera in die Hand und filmen ein Babywallaby, das eifrig Gras frisst und mit ungeübten Hopsern von einer Wiese zur nächsten springt. Ein anderes Känguru spielt gerade mit frisch gewaschenen Handtüchern, die auf einem Wäschegestell im Wind wehen. Es ist eines der Kangaroo-Island-Kängurus, die uns mit ihrem dichten braunen Fell und den Knopfaugen an Rehkitze erinnern. Silke geht in Position und filmt. Das Känguru erblickt sie und hüpft sofort in ihre Richtung. Anstatt vor ihr anzuhalten, packt es seine Fäuste aus, verfolgt sie eine Weile, stellt sich auf den muskulösen Schwanz und teilt auch noch einen Tritt aus. Christian kommt dazu und freut sich über die Szene, die er geboten bekommt. Zu früh gefreut: Das Känguru lässt von Silke ab und jagt nun Christian über den Platz. So nah waren wir den Tieren noch nie.

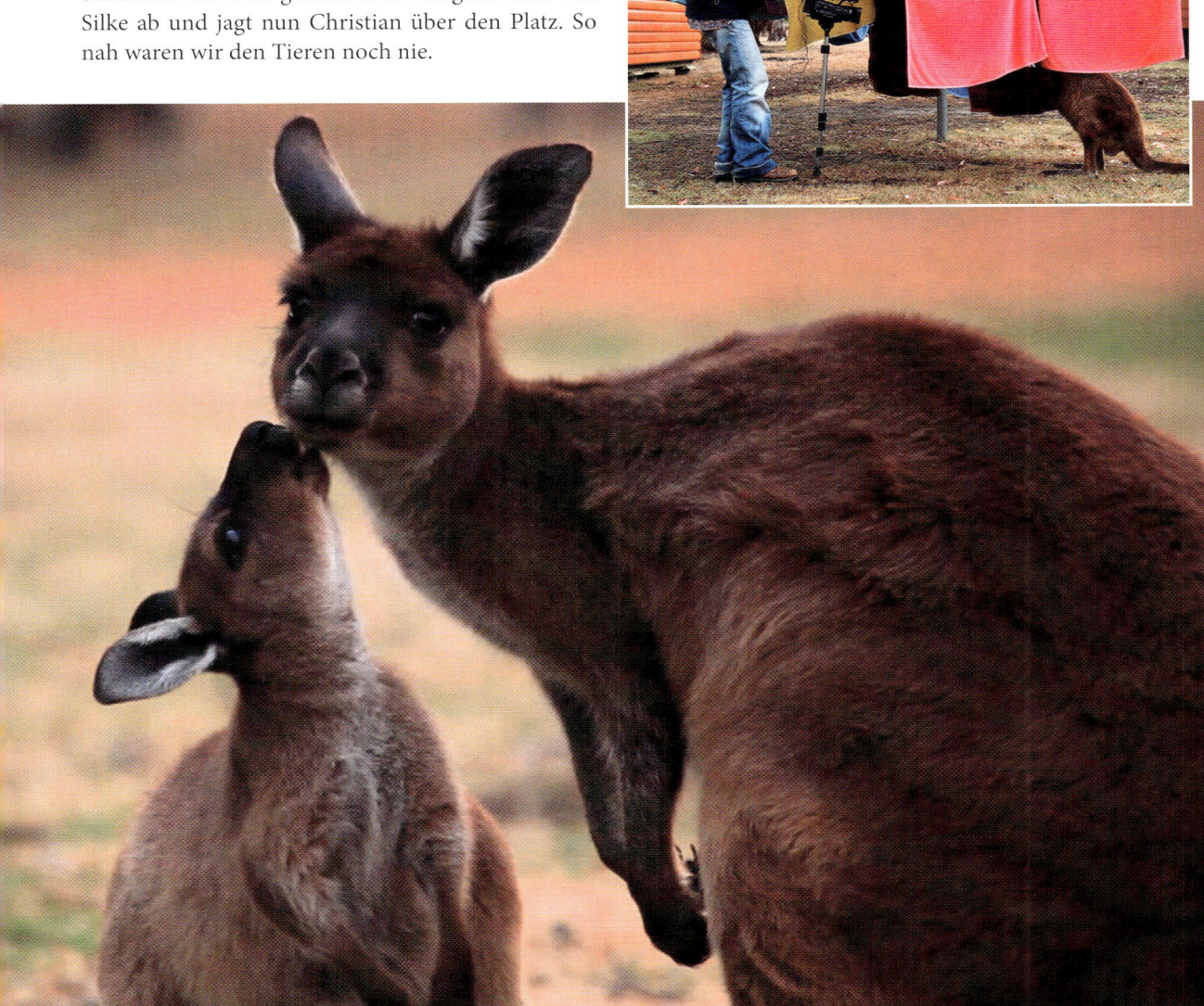

Fünfzehnte Woche

Kangaroo Island bis Adelaide

Ein graues Asphaltband zieht sich durch das Buschland

Heute ist unsere letzte Chance, ein Schnabeltier ganz nah vor die Kamera zu bekommen. Lange ist es her, dass wir im Eungella Nationalpark in Queensland ein Platypus haben auftauchen und wieder verschwinden sehen. Hier im Chase Flinders Nationalpark gibt es extra einen „Platypus Walk". In der Morgendämmerung laufen wir los und sind alleine auf dem markierten Weg unterwegs. Es geht zu einem Wasserloch. Auf Hinweisschildern steht, dass wir nur flüstern sollen, weil die Platypusse gut hören können und sehr scheu sind. Also tappen wir so leise wie möglich durch das Gehölz und halten bei jedem kleinen Geräusch inne. Es gibt ja auch an Land genügend nachtaktive Tiere, die in der Morgendämmerung noch einmal füttern. Außer einem Känguru, das uns erstaunt anschaut und sofort - doing doing doing - das Weite sucht, sehen wir aber leider keine anderen Tiere. Am Wasserloch wurden drei Aussichtsplattformen errichtet, von denen man auf Platypus-Fotojagd gehen kann. Uns wurde empfohlen, auf Blubberblasen an der Wasseroberfläche zu achten und dann zu warten, bis das Schnabeltier ganz in der Nähe der Blasen auftaucht... Wir schleichen auf die Plattform, machen uns mit der Umgebung vertraut, sondieren im Wasser Äste und Steine und heften unseren Blick bei jeder noch so kleinen Bewegung aufs Wasser. Wir starren, wir lauschen, wir sind voll konzentriert. Eine Ewigkeit geht das so, es tut

sich aber nichts. Langsam verlieren wir die Geduld und ziehen weiter zum nächsten Beobachtungssteg am Wasser. Aber auch da: Nichts. Am dritten Steg liegt die größte Wasserfläche vor uns und ja, da ganz hinten, das sind doch Blasen? Wir halten die Kamera auslösebereit auf die Blubber-Stelle - und sehen einen Fisch hopsen. Resigniert zucken wir mit den Schultern und halten fest, dass wir den Spaziergang am frühen Morgen sehr genossen haben. Kein Mensch weit und breit. Leider auch kein Platypus. Im Visitor Center des Chase Flinders Nationalparks kaufen wir uns für je 10 AUD eine Tageskarte für den Tag im Nationalpark und fahren zum wohl beliebtesten Fotoziel auf der Insel: den Remarkable Rocks. Das Praktische an den Felsen ist, dass sie schon seit Millionen von Jahren dort stehen und sich nicht bewegen. Die Felsen werden wir also definitiv im Bild haben.

Eine sehr fotogene Straße führt zur Küste, grauer Asphalt zieht sich durch eine Buschlandschaft und überwindet dabei mehrere kleinere Hügel. Die Remarkable Rocks sind schon von Weitem zu sehen. In der Morgensonne sehen sie einfach toll aus, einige sind mit orangefarbenen Flechten bewachsen, die einen schönen Kontrast zum blauen Meer, der grünen Vegetation und den sonst grauen Felsen bilden. Die Steine sind in Jahrmillionen Jahren ausgehöhlt worden, sie sind durchlöchert und haben durch Wind und Wetter ihre runde Form er-

halten. Da die Felsen eine so außergewöhnliche Form haben, manche aufeinander getürmt sind und andere, freistehende mit ihrer Form an eine Chaiselongue, ein Gesicht oder ein Hühnerei erinnern, bieten sie eine Vielzahl an tollen Motiven für die Kamera. Obwohl wir auf der Reise schon viele Steinformationen gesehen haben, begeistert uns diese am meisten. Eine schöne Kameraeinstellung jagt die nächste. Schließlich setzen wir uns auf den steil zum Meer abfallenden Felsen und schauen eine halbe Stunde lang der donnernden Brandung zu.

Da heute aber noch ein Ziel auf unserer Liste steht, müssen wir dann doch irgendwann weiterfahren. Einige Kilometer entfernt gibt es die „Admirals Arch", einen

344

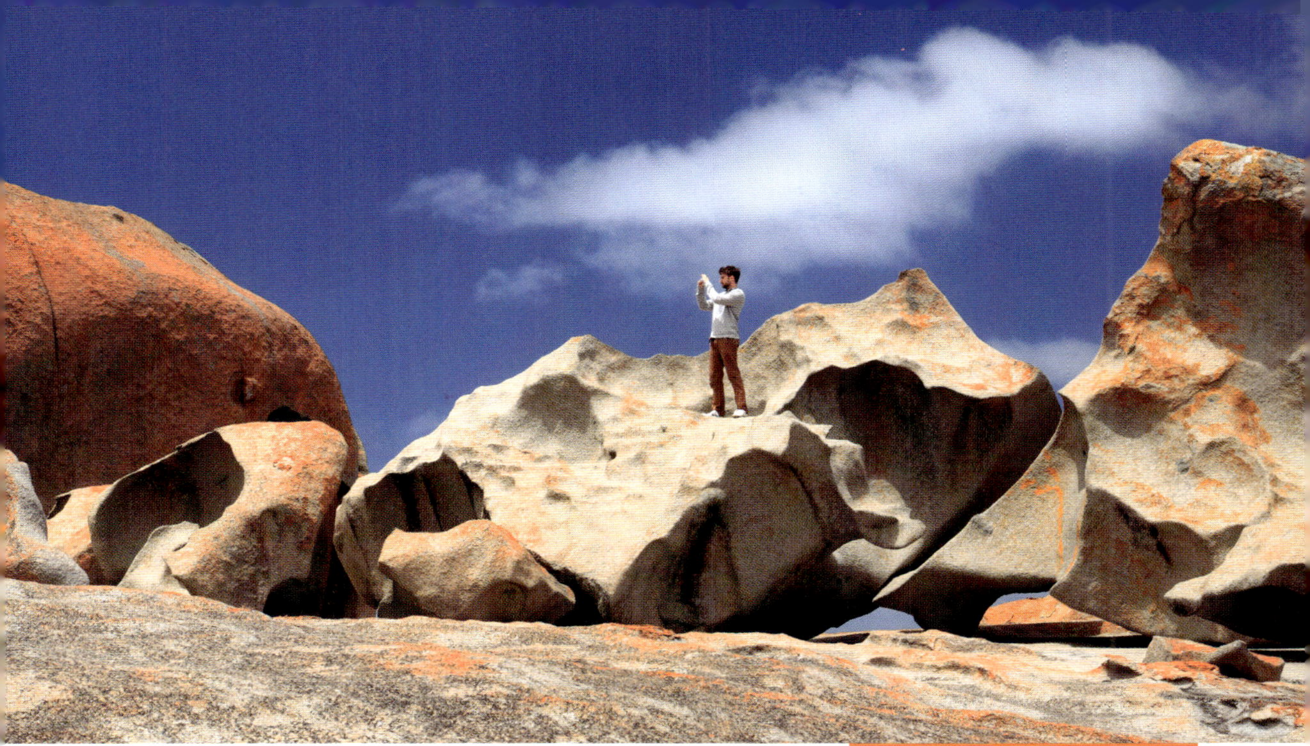

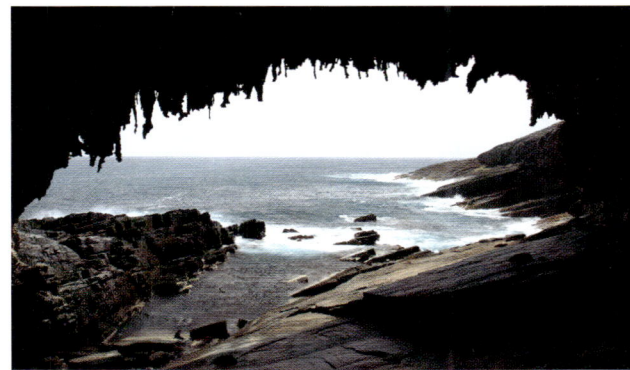

großen Höhlenbogen, an dessen Klippen eine Kolonie Neuseeländische Pelzrobben lebt. Bevor wir sie sehen können, riechen wir sie. Da eine steife Brise weht, kommt immer wieder schwallartig der Robbenmief an unserer Nase vorbei. Dann sehen wir die Pelzrobben auch: Die jüngeren spielen miteinander, hopsen hintereinander über die Klippen, so, als würden sie Fangen spielen. Einige von ihnen schwimmen in mit Meerwasser gefüllten Felslöchern. Immer wenn eine besonders große Welle reinschwappt, werden sie mit der Welle aus dem Pool herausgezogen, um dann pfeilschnell in das natürliche Wasserbassin zurückzuschwimmen. Es ist sehr unterhaltsam, den Robben bei ihren Spielereien zuzuschauen. Über einen langen Bohlenweg laufen wir zur Admirals Arch hinunter. Unter dem steinigen Torbogen, der vom Meer ausgehöhlt wurde, haben es sich auch einige Pelzrobben gemütlich gemacht, ziemlich nah an der Aussichtsplattform. Im seichten Wasser plantschen hier die kleinen Pelzrobben, beaufsichtigt von den Müttern.

Wir finden, dass die Natur mit ihren Geschäftspartnern Zeit, Wind und Wasser die beste Baumeisterin ist

Admirals Arch am Cape du Couedic

Als Landmarke steht am Cape du Couedic ein wunderschöner Leuchtturm. Sein Korpus besteht aus hellbeigen Sandsteinquadern und eine geschwungene Treppe führt zu einer weißen Tür. 1909 ist der Leuchtturm in Betrieb gegangen. Bevor es ihn gab, kam es nicht selten vor, dass Schiffe aufgrund des hier herrschenden Seegangs an den Klippen Schiffbruch erlitten. Durchgefroren und nass von der Gischt fahren wir wieder auf den gleichen Campingplatz wie gestern. Vielleicht, so hoffen wir, gibt es wieder einen Boxkampf? Um diesbezüglich die besten Voraussetzungen zu schaffen, stellen wir unseren Camper auf die große Wiese, die vor lauter Kängurudreck eher braun als grün ist. Da Kängurus aber Vegetarier sind und ziemlich trockene Knüddel hinterlassen, sind diese eher geruchlos und es sind auch keine Tretminen dabei. An diesem Abend sind nicht ganz so viele Kängurus unterwegs,

346

auch der kleine Boxer von gestern lässt sich nicht blicken. Dafür entdecken wir eine Känguru-Mama, aus deren Beutel ein kleines Känguru herausguckt. Wenn sie sich zur Wiese beugt, um das Gras abzuzupfen, isst das Kleine eine Etage tiefer parallel mit. Wir schauen den Tieren so lange beim Grasen zu, bis die Sonne untergegangen ist. Mit geschlossenem Fliegengitter statt Campertür hören wir aus der Dunkelheit vielstimmiges Schmatzen um uns herum. Als wir kurz mal die Außenbeleuchtung anschalten, sehen wir außer Kängurus auch die vielen kleineren Wallabies, die die Wiese um uns herum mähen. Dass es in der Tat faszinierend ist, so nah an diese Tiere heranzukommen, sehen wir auch an den anderen Touristen. Ob Schweizer, Franzosen oder Holländer, alle stehen sie dick eingemummelt bis spät abends auf der Wiese und schauen den Tieren zu. Obwohl diese wirklich nichts anderes machen als Schafe, nämlich mit gesenktem Kopf einen Zentimeter Wiese nach dem anderen abzuknabbern.

Die Kängurus auf dem Campingplatz sind Fotografen gewöhnt

Tag 98, Kangaroo Island, Caravanpark - Kingscote. 217 km, Sonne und Wolken, 23 Grad

Im Morgengrauen sind von den ca. 40 Tieren nur noch zwei übrig, die um uns herum grasen. Hinten auf der Wiese liegt ein Känguru auf der Seite, verschränkt seine Vorderläufe und guckt uns erhobenen Hauptes an. Ein echter Pascha. Nur noch ein paar Minuten, dann verzieht sich das Tier für den Rest des Tages ins Unterholz und pennt. Heute wollen wir den Norden der Insel entdecken. Im Reiseführer steht, dass hier die schönen Strände auf uns warten. Das Wasser sei angenehm warm, sodass wir uns schon aufs Schwimmen freuen. 90 Kilometer später halten wir an der Stokes Bay und gucken auf einen felsigen Strand. Wo ist denn nun die schöne Bucht, von der im Reiseführer geschwärmt wird? Wir parken neben einigen Autos und fragen uns, wo die Leute bloß alle sind, die hier parken. Doch dann entdecken wir ein Schild an der nahe gelegenen Felswand, auf dem „Beach" steht, mit einem Pfeil nach rechts. Es geht an Felsen vorbei, durch enge Felsspalten und eine 20 Meter lange Höhle. Keine zwei Minuten später sagen wir „Wow!." Eine schöne sandige Bucht liegt vor uns mit nur einer Handvoll Leute am Strand. Leider ist das Wasser gerade mal 18 Grad warm.

<< Linke Seite
Der 1909 in Betrieb genommene Leuchtturm am Cape du Couedic

Richtung Snelling Beach fahren wir 15 Kilometer über Schotter, weil der Reiseführer von der schönen Anfahrt schwärmt und auf der Inselkarte ein Fotoapparat abgebildet ist, der anzeigen soll: Alle Touris bitte hier anhalten und knipsen! Vom Constitution Hill haben wir tatsächlich einen tollen Blick auf die ganze Kulisse. Sanfte Hügel runden

die Bucht ab, der Strand ist weiß, der Himmel mit schönen Wolken verziert, da lacht das Herz der Kamerafrau und des Kameramanns. Der „Hauptstrand" der Insel nennt sich „Emu Bay". Wir erwarten einen Ort mit vielen Unterkünften und Hotels direkt am Strand. Aber so ist das nicht auf Kangaroo Island. In Emu Bay stehen vielleicht 50 Häuschen in zwei Straßen an der fünf Kilometer langen Bucht, alle halbe

Stunde fährt mal ein Auto vorbei. Richtig schön stressfrei hier! Wir filmen die hübschen Pelikane, die keine 10 Meter von uns entfernt auf den Steinen sitzen. Wir haben alle Zeit der Welt, ihre gelb umringelten schwarzen Augen, ihre rosafarbenen Schlabber-Schnäbel und ihr schwarz-weißes Gefieder, das am Kopf so lustig vom Wind zerzaust

In der Emu Bau leben die hübschen Brillenpelikane

wird, zu filmen. Die Flügel der Pelikane haben eine Spannweite von bestimmt 2,50 Meter. Das können wir beobachten, als ihnen die Filmerei dann doch irgendwann zu viel wird, sie ihre langen Flügel ausklappen und sich in die Luft schwingen. Sehr majestätisch sieht das aus.
Unserer Meinung nach wäre die Insel der perfekte Start für einen Australienurlaub, wenn man in Adelaide landet. Was wir hier alles an Tieren in freier Natur sehen, ist überwältigend! Es sind nur

wenige Menschen unterwegs, ähnlich wie in Westaustralien. Aber statt großer Distanzen gibt es auf der Insel auf kleinem Raum viel zu sehen. Da wir noch etwas Proviant für die letzten zwei Tage im Camper benötigen, fahren wir zum größten Ort der Insel, Kingscote. 1450 Einwohner soll es hier geben. Also, zu Hause würden wir dazu „Kaff" sagen. Es gibt einige Geschäfte mit Touristenbedarf, aber auch Banken, eine Tankstelle und einen Supermarkt. Wir entscheiden uns für die Klassiker der australischen Brot- und Backkultur: labberige Brötchen, die „Roll" heißen und ein Toastbrot mit einem geringen Roggenanteil. Das macht es nicht ganz so knatschig.

Wir sind heute um 20:45 Uhr noch zu einer Pinguintour verabredet. Rund fünf Kilometer ist die Kolonie der Little Penguins um den Ort Kingscote herum verstreut. Die Zwergpinguine sind mit 30 Zentimetern die kleinsten Pinguine und es gibt sie nur in Südaustralien und in Neuseeland. Dort werden sie auch Blue Penguins genannt, weil ihr Gefieder auf dem Rücken bläulich wie Schiefer schimmert. Zum Ende der Brutsaison leben immer noch 25 alte und junge Pinguine an einem für Menschen abgesperrten Strandabschnitt auf Kangaroo Island. Roger ist unser Tour-Guide im Dämmerlicht. Er ist ausgerüstet mit einer Lampe, die rot leuchtet, denn die Pinguine können kein rotes Licht sehen und fühlen sich deswegen nicht gestört. Da sie den Tag über im tiefen und dunklen Wasser unterwegs sind, sind ihre Augen sehr lichtempfindlich. Deswegen ist auch Blitzlicht an der Kamera nicht erlaubt. Roger schließt die Pforte auf, die uns von der Pinguinkolonie trennt. Auf einem Bohlenweg laufen wir an den ersten Nestern vorbei, die die Pinguine in niedriges Buschwerk gebaut haben. Die ersten Versuche, einen Pinguin mit der Kamera zu erwischen, scheitern. Roger dämpft unsere Erwartungen, es sei ja schließlich Natur, die könne man nicht bestellen wie eine Pizza. Dabei leuchtet er jeden Zentimeter vom Strand und den Pinguinwohnungen ab. Und tatsächlich, wir entdecken den ersten Pinguin, oben blau und unten weiß. Es ist ein vier Wochen altes Jungtier, das auf seine Eltern wartet. Diese haben den ganzen Tag lang gefischt, sind bis zu dreihundert Mal 15 Meter tief getaucht, um genug Nahrung für sich selbst und ihre Nachkommen zu finden. An Land würgen sie dann den Fischbrei in die Babyschnäbel. Auf unserer Tour durch die Pinguinwelt sehen wir mehr als zehn kleine Pinguine, die alle hungrig auf ihre Eltern warten und sich deshalb schon ungeduldig vor ihrer Behausung aufhalten. Das ist nicht ungefährlich, denn auf Kangaroo Island leben Wildkatzen. In zwei Wochen sind die Kleinen flügge. Sie watscheln dann einfach ins Wasser und schwimmen los. Ihre Eltern zeigen ihnen nicht, wie sie schwimmen oder jagen müssen, das klappt instinktiv sofort, erzählt uns Roger. Die Eltern werden nächstes Jahr wieder nach Kingscote kommen. Sie beziehen nicht unbedingt dasselbe Loch, aber sie kommen auf jeden Fall hier an diese Küste zum Brüten und Aufziehen der Kleinen.

In Kingscote gibt es eine Zwergpinguin-Kolonie. Weil sie rotes Licht nicht sehen können, spürt unser Guide sie mit seiner Spezial-Taschenlampe auf

Tag 99, Kingscote – Adelaide, 43 km, wolkenverhangen, dann Wolkenbruch, 18 Grad

Ein ganz besonderer Tag liegt vor uns. Wir haben eigentlich alles gefilmt, was wir von Kangaroo Island zeigen möchten, und wollen uns einfach mal ein Stündchen am Strand (ohne Kamera!) gönnen und noch einige Abstecher auf der Insel machen, auf die wir gerade Lust haben. Der pure Luxus. Am Morgen lassen wir es gemächlich angehen, das Wetter ist noch grau in grau, aber es klart bestimmt noch auf, so wie in den letzten Tagen. Denken wir. Hoffen wir. Falsch gedacht. Vom schönen Ausguck am Prospect Hill haben wir nach der Besteigung unzähliger Stufen zwar einen schönen Blick auf die Landzungen, die wie große Lappen in die türkisblaue See hineinragen, aber am Himmel schieben sich Wolken in verschiedenen Graustufen und Schattierungen übereinander. Bei unserer Mittagspause am Surferstrand Pennington Bay öffnen sich die Himmelsschleusen über uns und anstatt am Strand zu sitzen, essen wir im Camper mit dem extra dafür aufgehobenen und perfekt gekühlten Wein. Der Blick auf die großen Wellen entschädigt ein bisschen. Auf dem heutigen Programm steht ebenfalls noch, unsere Klamotten und den ganzen Technikkram wieder sicher für den Heimflug zu verpacken. Dafür suchen wir uns ein lauschiges Plätzchen mit Ausblick. In der Nähe des Fähranlegers finden wir eines. Unser Blick fällt auf die gerade ankommende Fähre, die in den hohen Wellen beängstigende Schaukelbewegungen vollführt. Na, das kann ja später ne lustige Seefahrt werden. Besiegelt wird unsere Vorfreude auf die Überfahrt mit einem Donnerschlag. Innerhalb weniger Minuten hängt eine dicke Wolkenschicht über der Insel, von dunkelgrau bis schwarz. Wir zählen keine fünf Sekunden zwischen Blitz und Donner und dann macht einer den Wasserhahn auf und lässt kubikmeterweise dicke Tropfen auf uns prasseln. Das ist vielleicht ne Schau! Mit dem Scheibenwischer auf Maximalquietschfrequenz fahren wir zum Fähranleger. Um uns herum rauschen Wassermassen die Straßen herunter, es ist wahnsinnig laut, weil die Tropfen auf die Wellblechhäuser hämmern. Um die Tickets kümmern wir uns später, bei dem Thunderstorm, wie die Aussies dazu sagen, ist sowieso das Beladen des Schiffes eingestellt. Wir können gerade noch 20 Meter weit gucken, den Rest der Welt verschluckt eine Regenwand. Weil die Zeit drängt, kommen die Fährleute doch irgendwann heraus, weisen uns an, rückwärts auf die Fähre zu fahren, und wir sind noch nicht richtig drauf, da klappt auch schon das Tor zu und wir legen ab.

Zunächst brüllen die Passagiere bei jeder Riesenwelle noch fröhlich „Yeah", doch kurze Zeit später ertönt nur noch ein kleinlautes „Uui", als das Schiff direkt auf eine Welle brettert. Dann werden die Fahrgäste zusehends grün um die Nase. Als sich die erste Frau übergeben muss, hat das einen Dominoeffekt. Einige Passagiere gehen in die Mitte des Schiffs, wo die Bewegungen nicht ganz so extrem sind. Nordlicht Christian, auf einem Boot groß geworden, ist in seinem Element. Silke wird auch ein bisschen blass und entfaltet schon mal die Kotztüte, aber der gute Rat, den Horizont zu fixieren und sich ansonsten mit Reisebericht schreiben abzulenken, funktioniert. Die nette Frau an der Kaffeetheke erzählt stolz, dass die „Backstairs Passage", die Meerenge zwischen Kangaroo Island und Cape Jervis, zu den fünf kabbeligsten Schiffspassagen gehört. Hier muss das gesamte Wasser durch, das um Südaustralien fließt.

Wir haben wieder festen Boden unter den Füßen und fahren eine gute Stunde bis zu einem Campingplatz am Strand kurz vor Adelaide. Es regnet nicht mehr, wir schaffen es gerade noch, um halb

neun vor Sonnenuntergang zum Strand zu gehen und die Kameras herauszuholen. Der Himmel ist voller dunkelblauer und orangefarbener Wolken, jede Wolke zieht in einer anderen Geschwindigkeit über unsere Köpfe hinweg. Nur das Plätschern einzelner Wellen ist zu hören, das Wasser ist flach wie ein Bügelbrett. Eine Großfamilie ist im Wasser und gluckst vor Vergnügen. Was für Farben! Was für ein toller Himmel! Das Schlussbild ist im Kasten.

Tag 100, Adelaide, 5 km, Wolken und Regenschauer, 19 Grad

Als Erstes müssen wir den Camper abgeben. Natürlich hat das Packen wieder Stunden gedauert. Der letzte Kilometerstand offenbart, dass wir in den letzten dreieinhalb Monaten rund 22.000 Kilometer gefahren sind. Mit viel Gepäck steigen wir in ein Taxi. Eine Nacht werden wir noch im Hotel in Adelaide verbringen. Da am heutigen Sonntag die Geschäfte ab elf Uhr fürs Weihnachtsshopping geöffnet haben, beziehen wir unser Zimmer auf der Gouger Street in Chinatown und ziehen los in die Innenstadt. Bei uns kommt so gar keine Weihnachtsstimmung auf. Liegt es an den viel zu warmen Temperaturen? Oder daran, dass so gut wie nichts dekoriert ist und die Leute ganz entspannt einen Sonntagsbummel unternehmen? Wir bestellen ein leckeres Mehr-Gänge-Menü bei einem Thai namens „Lemongrass" und schwelgen in leckerem Essen. Zum krönenden Abschluss bestellen wir noch eine Flasche Wein aus dem Barossa Valley und trinken darauf, dass wir es geschafft haben, in 100 Tagen fast den ganzen Kontinent zu bereisen!

Die Rucksäcke sind gepackt, der heutige Eintrag ins Reisetagebuch fast fertig, jetzt müssen wir nur noch unsere Spuren im Camper beseitigen

Flug Adelaide - Singapur - Frankfurt, 19648 km

Wir bringen die letzte Festplatte mit unseren Aufnahmen zur Post. „Das wird bis Weihnachten aber nichts!", warnt uns die Postangestellte. „Das macht nichts!", erwidern wir lächelnd. Erst am 2. Januar wollen wir mit dem Schnitt anfangen. Außerdem reisen die Originalaufnahmen mit uns im Flugzeug nach Hause, aber bevor uns einer den Rucksack klaut, schicken wir eine Kopie hinterher - sicher ist sicher. Ein Taxi mit glücklicherweise großem Kofferraum hat Platz für unsere beiden bis zum Bersten gefüllten Rucksäcke und unsere in Melbourne erstandene Extra-Tasche. In dieser befinden sich alleine 15 Kilo Recherchematerial. Die nette Frau am Check-in bei Singapore Airlines leitet unser Gepäck direkt nach Frankfurt. Sieben Stunden später sind wir schon in Singapur und fahren mit dem Taxi in die Stadt zu unserem Hotel. Nach einem kurzen Bummel durch eine Shoppingmall hauen wir uns aufs Ohr.

Da unser Hotel mitten in der Innenstadt liegt, nutzen wir am Morgen die wenigen Stunden, die wir noch bis zum Abflug haben, und laufen durch die Stadt. Hier mischen sich alle möglichen asiatischen und westlichen Baustile auf wenig Raum und bei schwülen 32 Grad streifen wir durch eine Stadt, in der es - nach der Anzahl der Büros und Lokale zu urteilen - um Arbeit und Essen geht. Mit dieser oberflächlichen Erkenntnis nach nur eineinhalb Stunden Stadtrundgang fahren wir wieder zum Flughafen, bereit für unseren letzten Teil der Reise. 12,5 Stunden Flug sagt der Flugkapitän

Abschied von Adelaide – Abschied von Australien. Wie können denn 100 Tage schon vorbei sein?

voraus. Der Flieger ist höchstens halb voll. Jeder sucht sich eine eigene Reihe und schon kurz nach dem Mittagessen schnarcht um uns herum ein Männerchor, der seinesgleichen sucht.

Top 10 & Tipps

Unsere 10 Lieblingsorte in Australien

Daintree National Park

Kings Canyon Rim Walk

- Daintree National Park, Queensland: Nach der kurzen Fährfahrt über den Daintree River ist man in einer anderen Welt, den Regenwald muss man gesehen und die Tiere darin gehört haben.
- Ningaloo Marine Park, Western Australia, Turquoise Bay: Hier kann man direkt vom Strand aus ein Stückchen ins Meer schwimmen und sich dann mit der heftigen Strömung über die Korallen treiben lassen. Nach 500 Metern wieder an Land schwimmen, am Strand zurück zum Ausgangspunkt laufen und das Ganze nochmal und nochmal...
- Salt Creek, South Australia, Coorong Scenic Drive: Salzseen leuchten durch verschiedene Algen pink oder knallegrün. Viele Echsen bevölkern das Gebiet.
- Strahan, Tasmania: Schöner kleiner Ort, unfassbar toller Strand, etwas weiter nördlich gibt es riesige Sanddünen.
- Lady Elliot Island, Queensland: eine sehr besondere kleine Koralleninsel mit einem fantastischen Schnorchelrevier (Ausflug allerdings teuer, da man die Insel nur mit einem kleinen Flugzeug erreichen kann)
- Kings Canyon, Northern Territory, Kings Canyon Rim Walk: Unsere schönste Wanderung rund um die Schlucht mit atemberaubenden Blicken und mit etwas Glück läuft ein Perentie, ein Riesenwaran über den Weg.
- Mount Kosciuszko, New South Wales: Der 360 Grad Blick vom Gipfel des höchsten Berges auf dem australischen Festland ist umwerfend.
- Great Ocean Road, Victoria: Der Weg ist das Ziel auf der in den Fels gehauenen Küstenstraße.
- Fraser Island, Queensland: die Sandstraßen, der Süßwassersee Lake McKenzie, der Blick vom Indian Head
- Pinnacles, Western Australia: bei Sonnenuntergang auf der 4WD-Strecke um die Gesteinsformationen fahren

Die schönsten Städte – unsere Favoriten

1. Hobart (Tasmania)
2. Melbourne (Victoria)
3. Sydney (New South Wales)
4. Adelaide (South Australia)
5. Perth (Western Australia)

Der Hafen von Hobart

Die 10 schönsten Erlebnisse auf unserer Reise

- Auf Lady Elliot Island, Queensland, schnorcheln wir und sehen mehrere Green Turtles - Grüne Meeresschildkröten.
- Die Wasserfälle und Pools im Litchfield Nationalpark, Northern Territory: zum Schwimmen in die Pools springen, sich vom Wasserfall den Rücken massieren lassen, einfach herrlich
- Tauchen am Great Barrier Reef, Queensland: Wir haben so viele kleine, große und bunte Fische gesehen, dass wir sie hier nicht alle aufzählen können.
- Der Flug mit Barrier Aviation in Cairns, Queensland, über das Great Barrier Reef: Von oben ist das Riff mindestens genauso faszinierend.
- Die Begegnung mit einem Thorny Devil mitten auf der Landstraße in der Nähe von Monkey Mia, Western Australia: Der Dornteufel sieht aus wie ein kleines, stacheliges Monster.
- Hafenrundfahrt mit Rudi und Gerda in Sydney, New South Wales
- Saphire selbst schürfen und danach mit einem Schweizer Pärchen einen schönen Abend verbringen auf dem Campingplatz in Sapphire, Queensland, Reiseerlebnisse austauschen bei leckerem Bundaberg Rum
- Die Fahrt zum Steep Point, Western Australia: die Sandpiste entlang zum westlichsten Punkt Australiens im tiefen Sand schlingern
- ...als eine Kragenechse tatsächlich ihren Kragen aufgespannt und uns angefaucht hat.
- Tunnel Creek, Western Australia: Die Höhle durchwandern bei Dunkelheit in hüfttiefem Wasser, im Schein der Taschenlampe haben wir ein Süßwasserkrokodil neben uns entdeckt. Schön gruselig.

Lady Elliot Island

357

Die 10 Dinge, die wir unbedingt auf der Reise brauchten

- gemütliche Sweatshirtjacke für kühle Nächte und bewölkte Tage im Frühling Australiens
- Flip Flops für überall, auch für die Campingplatzduschen
- Sonnencreme 25+, am besten in Australien die 1Liter Flasche kaufen
- Insektenspray (leider haben wir keinen speziellen Tipp, sie stinken alle), in Australien kaufen
- Schlapphut, gerne mit Schutz für den Nacken, und Sonnenbrille, gibt's überall in Australien zu kaufen.
- Für Surfer: Telstra Wi-Fi-Stick für ca. 129 AUD inkl. 5 GB Datentransfer kaufen, fünf Geräte können damit gleichzeitig ins Internet. Gibt's im Telefonladen oder auch mal im Angebot bei der Post für 99 AUD. Obwohl wir so gut wie jeden Tag online waren, haben die 5 GB über zwei Monate gehalten. Die Netzabdeckung ist sogar an der Westküste einigermaßen gut, nur in Zentralaustralien gibt's Aussetzer.
- Adapter und eine deutsche Steckdosenleiste zum Aufladen aller technischen Geräte, Adapter gibt's für 13 AUD australienweit zu kaufen.
- Vernünftige Straßenkarten, die gibt's an der Tankstelle. Regionale Karten und richtig gute Tipps gibt es kostenlos in jedem Visitor Center von den ehrenamtlichen Mitarbeitern.
- Für Western Australia: einen Müllbeutel oder einen staubfesten Beutel für alle elektronischen Geräte, der Staub ist tödlich für Kameras, Objektive, Handys etc..
- Kreditkarte, mit der man entweder mit Unterschrift oder Geheimzahl zahlen kann. Mit der EC-Karte, die ein Maestro-Zeichen hat, haben wir an den Geldausgabeautomaten von unserem deutschen Konto abgehoben.

Die 5 Dinge, die man auf der Reise gar nicht braucht

- Korkenzieher: Die australischen Weinflaschen haben Schraubverschlüsse und Campingmobile sind ohnehin damit. ausgestattet

Meistens mit Schlapphut

- Zu viele Klamotten: Überall auf den Campingplätzen und in den Hotels gibt es Waschmaschinen, oft auch Trockner, und mit ca. je 3 AUD fürs Waschen und Trocknen ist man dabei.
- Eine Vodafone-Sim-Karte an der Westküste: Die Konditionen, mit denen wir nach Deutschland telefonieren konnten, waren zwar günstig, aber Empfang hatten wir an der Westküste so gut wie gar nicht. Wer telefonieren oder erreichbar sein möchte, nimmt besser Telstra. Telefonkarten für Festnetztelefone gibt's auch günstig.
- Angst vor gefährlichen Tieren haben: Wir sind auf unserer gesamten Reise nicht einmal in eine gefährliche Situation gekommen. Die meisten giftigen Tiere sind scheu und verduften, bevor man sie zu Gesicht bekommt, oder es stehen gleich 100 Warnschilder am Wasser, die auf Quallen oder Krokodile hinweisen. Wer das beherzigt, hat nichts zu befürchten. Sie werden eher Lottomillionär als von einem Hai gefressen.
- Sich Sorgen machen: Die Australier sind ausgesprochen hilfsbereit und in Gegenden, in denen nicht viel los ist, hält jedes Auto an, wenn man mal auf dem Standstreifen steht (und einfach ein Foto machen will) und die Insassen schauen nach dem Rechten. Mit dem erhobenen Daumen für OK oder dem Hilfe-Armwedeln kann man sich gut verständlich machen.

Keine Angst vor gefährlichen Tieren! – Vorausgesetzt, man beachtet ein paar Regeln

Die 5 Dinge, die auf der Reise praktisch waren

- Ein Navigationssystem, das uns selbst auf unbefestigten Straßen stressfrei von A nach B gebracht hat: Bei Boomerang Reisen kann man ein Gerät mieten, dass mit individuellen Wegepunkten programmiert ist und dazu gibt es ein eigenes gebundenes Buch, das wie ein Reiseführer gemacht ist und tolle Vorschläge für die Route (Wanderung, Restaurant, Bäckerei, Unterkunft…) enthält.
- bei den Supermarktketten Woolworth oder Coles für mehr als 30 AUD einkaufen gehen und dann beim Tanken bei der dazugehörigen Tankstelle 4-8 Cent pro Liter sparen
- eigene CDs mitzunehmen, denn die Radiosender sind schlecht zu empfangen oder aufgrund der Qualität schlecht auszuhalten.
- Bei Campervans von Britz ein All-In-Paket dazu zu buchen,

dann gibt's einen Tisch, Stühle und die Bettwäsche mit Laken, Schlafsack und Kopfkissen und Handtücher.

- Von zu Hause große Mengen Shampoo, Duschgel, Zahnpasta und Creme mitzunehmen, wenn man sich auf eine Marke festgelegt hat. In Australien gibt es wenig Auswahl und vieles stinkt.

Die 10 goldenen Regeln einer Campingreise

- Straßenkarten kaufen, in denen Campingplätze eingezeichnet sind. In Western Australia und im Northern Territory gibt es auch 24h Parkplätze am Highway oder Road Houses, die eine Campingfläche haben. In diesen beiden Bundesstaaten ist es schwieriger, einen Schlafplatz mitten in der Natur zu finden und es stehen fast überall Verbotsschilder. Die Höhe der Strafe steht auch gleich dabei, meist so um die 200 AUD.

- Zur Auswahl stehen Powered Sites und Unpowered Sites, also Plätze mit Stromanschluss und ohne Strom. Wir haben in ganz Australien ca. 32 AUD im Durchschnitt für eine Nacht incl. Strom bezahlt. Ohne Strom ist der Platz 4 - 10 AUD billiger. Ein Handy kann man auch mal schnell in der Gemeinschaftsküche laden.

- Wer mal am Road House übernachtet: Es ist nicht der laute Verkehr, der die Nachtruhe stört, denn es sind nachts kaum Autos und LKWs unterwegs. Es sind die Generatoren der freistehenden Rasthäuser, die brülle laut sind. Einfach das Auto weit von den Generatoren abstellen und sich die restliche Geräuschkulisse als Meeresrauschen vorstellen.

- Die größeren Campervans haben alle eine Klimaanlage. Wer also neben einem dicken Brummer steht, der hört nachts die surrenden und klappernden Geräusche der Kühlung des Nachbarn. Nicht schön, vor allem, wenn man selbst auch noch schwitzt wie blöd! Bei der Stellplatzwahl drauf achten!

- Nur Klamotten mitnehmen, die man zwar gerne anzieht, die aber im schlimmsten Falle auch von der Waschmaschine zerfetzt oder auf dem Campingplatz vergessen werden können. Dafür sehr beliebt: die Wäscheleine am Duschhaus und die Klamottenhaken hinter der Duschtür.

- Wir haben die Campingplätze außer in den Großstädten nie vorgebucht, waren allerdings auch nicht in der Hochsaison unterwegs. Am besten den Tag so einteilen, dass man spätestens um 17 Uhr auf einem Campingplatz ist, dann sind die Chancen auch groß, dass noch jemand im Büro ist. Bei einigen Plätzen steht für einen Late-Check-In eine Telefonnummer an der Tür, andere machen einfach die Schranke runter. Da hat man dann eben Pech gehabt und muss weiter suchen.

- Unsere Campervans waren alle ausgestattet mit Geschirr, Besteck, Gläsern, Töpfen und Pfannen. Selbst auf den kleinen Gaskochern kann man mit zwei Kochfeldern toll kochen und Frühstück machen. Wir hatten auch immer einen eingebauten Kühlschrank an Board. Ansonsten gibt es im Baumarkt auch jede Menge Kühltruhen, Eskies genannt. Bei über 40 Grad in Nord- und Zentralaustralien ist kaltes Bier Gold wert.

- Die australischen Campingurlauber stehen mit der Sonne auf und gehen mit ihr ins Bett. Selbst wenn die schon um halb 6 untergeht. Wir saßen dann meist alleine draußen und haben irgendwann mal aufgehört, uns darüber zu wundern. Die einzigen geselligen Menschen, die dann noch in der Gemeinschaftsküche sitzen, sind meist Europäer. Thema Nr.1 und 2: Wo kommt ihr heute her? Wo fahrt ihr morgen hin?

- Beim Einchecken muss man immer sein Nummernschild angeben. Schön auswendig lernen!

- Es gibt eine Campingplatzkette namens BIG4, die wir empfehlen können. Preis – Leistung hat hier immer gestimmt. Die Plätze haben einen Pool, oft eine gute Lage am Strand, schöne Gemeinschaftseinrichtungen. In einer Broschüre mit Karte sind sie alle drin, das ist für die Reiseplanung praktisch.

10 Tipps für Filmer in Australien

- Unbedingt einen großen Müllbeutel oder eine staubsichere Tasche mitnehmen, auf allen staubigen Pisten und an Stränden benutzen!
- Ein flüssiges Reinigungsmittel für die Optiken mitnehmen: Die Gischt und der Staub gehen nur mit Reinigungslösung und feinen Einwegtüchern weg.
- Stative, auch Einbeinstative nicht aus Versehen ins Handgepäck packen, sonst bleiben sie zu Hause.

Christian filmt die Spinne

- Eine Festplatte aus Deutschland mitnehmen, um die Film- und Fotodaten draufzuladen, denn in Australien gibt's nur vereinzelt „Elektromärkte" mit Kampfpreisen. Wenn, dann nur an der Ostküste, sind aber sehr viel teurer als bei uns.
- Zum Laden am besten einen deutschen Mehrfachstecker ohne Energiesparschalter mitnehmen. (Damit man beim Datentransfer im Campingbus nicht aus Versehen auf den „Aus"-Schalter tritt). Adapter am besten vor Ort kaufen.
- Genügend Akkus für die Kamera mitnehmen: Wir hatten pro Kamera 6 Akkus dabei, denn es gibt nicht jeden Tag Strom und nichts ist ärgerlicher, als wenn einem der Saft ausgeht.
- Wir empfehlen eher ein Zoomobjektiv mit Weitwinkel bis in den Telebereich zu benutzen anstatt vieler Wechselobjektive. Beim Wechseln kam uns immer Dreck auf den Sensor. Und das nervt! Es geht viel Zeit für die Reinigung drauf.
- Für jeden guten Film oder Diavortrag gilt: was ist die Geschichte, worauf möchte ich gerne den Blick lenken. Also nicht einfach wild drauf los knipsen, sondern gezielte Aufnahmen machen.
- Morgens schon sehr früh zu Wanderungen aufbrechen: Viele Tiere sind in der Morgendämmerung aktiv und tagsüber verstecken sie sich im Schatten. Außerdem geht man dann schon vor den anderen Touristen los, die in vielen Fällen so laut sind, dass die meisten Tiere schon Reißaus genommen haben.
- Nach der Reise nicht den Mut verlieren angesichts der Massen an Aufnahmen, sondern einfach dransetzen. Ja, es ist viel Arbeit, aber wenn wir erst mal mit einem Film fertig sind und die Reaktion unserer Zuschauer mitbekommen, spätestens dann wissen wir, warum sich diese Arbeit immer wieder lohnt.

Silke filmt die Spinne auch

362

Ortsregister

Dankeschön

Ohne die Hilfe von Boomerang Reisen wäre es nicht zu dieser Reise und damit auch nicht zum Film oder Buch gekommen. Andreas Macherey war von Anfang an von dem Projekt begeistert und hat uns sehr unterstützt. Vielen Dank an Michaela Litsch, die alles Unmögliche möglich gemacht hat und die Flüge, Kontakte und unsere Wünsche unter einen Hut gebracht hat. Wir danken allen Menschen in Australien, die uns geholfen haben und uns ihr Land gezeigt haben. Danke an unsere Familien, die von Deutschland aus immer mit dabei waren und sich nach 100 Tagen genau wie wir auf ein Wiedersehen gefreut haben. Ein riesiges Dankeschön geht an den MANA-Verlag. Ohne eure Visionen und professionelle Umsetzung könnten wir jetzt nicht dieses Buch in den Händen halten. Und natürlich ein riesiges Dankeschön an alle Kinobesucher und Leser dieses Buches.

Lektorat, Umschlaggestaltung, Layout und Satz: MANA-Verlag
Druck und Bindung: Standartu, Litauen, EU
Bibliografische Informationen der Deutschen Bibliothek:
Die deutsche Bibliothek verzeichnet diese Publikation in der Deutschen Nationalbibligrafie;
detaillierte bibliografische Daten sind im Internet abrufbar unter
http://dnb.ddb.de.
ISBN 978-3-934031-09-8

Sie finden unser gesamtes Programm unter
www.mana-verlag.de

Bildnachweis:
Alle Bilder von Silke Schranz und Christian Wüstenberg,
außer S. 11: Singapur Rob (cc-by-sa), S. 26: Stromatolithen Ruth Ellison (cc-by)
S. 77: Cape Leveque Leuchtturm Bruce Mitchel Brucephyton (cc-by)
S. 124: Ranger3 Tagebau Geomartin (Lizenz Freie Kunst)

Die Lizenz Freie Kunst ist unter folgender Internet-Adresse abrufbar:
http://artlibre.org/licence/lal/de
Die Creative-Commons-Lizenzen sind unter folgenden Internet-Adressen abrufbar:
http://creativecommons.org/licenses/by/3.0/deed.de
http://creativecommons.org/licenses/by-sa/3.0/deed.de